历史 上海市级重点课程和一流课程配套教材

简明全球史

JIANMING QUANQIUSHI

主　编　郭丹彤
参　编　柴　彬　杨长云
　　　　徐之凯　蒋华杰

中国教育出版传媒集团
高等教育出版社·北京

内容简介

本书主要内容包括上古文明的兴起与交往、古代文明的发展与互鉴、中古时期亚欧大陆民族的迁徙与融合、中古时期宗教的兴起与传播、全球化开端、全球化发展、全球互动、全球体系、全球争端的开始、全球争端的升级与全球共同发展,将世界作为一个整体,重点考察世界各文明、各国家、各地区间的交流互动。

本书可作为高等院校相关课程教材,也可供社会读者参考阅读。

图书在版编目(CIP)数据

简明全球史 / 郭丹彤主编. -- 北京 : 高等教育出
版社, 2025. 7. -- ISBN 978-7-04-065054-9

Ⅰ. K10

中国国家版本馆 CIP 数据核字第 20257K99F3 号

策划编辑 刘自挥   **责任编辑** 宇文晓健   **封面设计** 张文豪   **责任印制** 高忠富

出版发行	高等教育出版社	**网　　址**	http://www.hep.edu.cn
社　　址	北京市西城区德外大街 4 号		http://www.hep.com.cn
邮政编码	100120	**网上订购**	http://www.hepmall.com.cn
印　　刷	上海华教印务有限公司		http://www.hepmall.com
开　　本	787mm×1092mm　1/16		http://www.hepmall.cn
印　　张	15.75		
字　　数	282 千字	**版　　次**	2025 年 7 月第 1 版
购书热线	010-58581118	**印　　次**	2025 年 7 月第 1 次印刷
咨询电话	400-810-0598	**定　　价**	39.00 元

前　言

2023 年 3 月 15 日,习近平总书记首次提出全球文明倡议,强调"共同倡导尊重世界文明多样性,坚持文明平等、互鉴、对话、包容,以文明交流超越文明隔阂、文明互鉴超越文明冲突、文明包容超越文明优越"。2023 年 7 月 3 日,习近平总书记在致第三届文明交流互鉴对话会暨首届世界汉学家大会贺信中进一步指出,"在人类历史的漫长进程中,世界各民族创造了具有自身特点和标识的文明。不同文明之间平等交流、互学互鉴,将为人类破解时代难题、实现共同发展提供强大的精神指引"。从古至今,任何文明、国家都不是封闭的、孤立的,都不可能完全依靠自己的力量实现自身的发展演进。可以说,人类文明发展的历史就是一部各文明、各国家、各地区间彼此学习、借鉴的历史,就是全球史观一贯倡导的文明交流互动的历史。

上海大学全校本科通识课"全球史"自 2017 年开设以来,已经讲授 7 轮,选课学生达 3 500 人左右。课程自开设以来,尽管教学效果良好,基本达到了向全校各专业本科生普及全球史相关知识、提升其人文素养、培养其家国情怀的教学目的,却始终因为没有中国学者自己编写的相关教材,而无法在教学过程中让学生更快更好地领会教学内容。为此,基于"全球史"课程始终没有一部教材可使用的困境,更基于响应全球文明倡议的初衷,上海大学"全球史"教学团队决定聚全体教师之力编写一部与本课程的教学目的相契合的教材。

编写一部全球史教材,首先需要厘清的问题就是何为全球史,简单地说,全球史就是一部讲述全球文明互动的历史。作为一门学科,全球史因 1963 年威廉·麦克尼尔《西方的兴起:人类共同体史》的出版而诞生,其特点始终是从广泛的空间视角,研究世界各种族、各民族、各文明间通过外交、贸易、战争和移民等途径发生的跨区域交流互动。由此,世界史不再是国别史、区域史的简单罗列叠加,而是形成了向跨国、跨区域、跨种族和民族、跨文明和文化的历史转向。

由于全球史体现了当下国内外世界史研究的全球转向,我们还需要厘清全球史与世界史的关系,其与世界史和外国史的不同。在中国传统的学术话语体系中，"世界史"就是指"外国史"，不包括中国史，这不仅是因为中国人对世界的认识之旅开启得比较晚（大约在鸦片战争之后），更是中国的传统文化对世界的认识使然，即将中国与世界并立，认为世界就是中国之外的其他国家。而全球史与世界史的一个明显的区别就在于全球史是从全球的角度来书写人类历史发展进程的，具有明确的反欧洲中心主义的思想，世界史则是以国别史、区域史的方式来书写历史。

本书在参考国外通用全球史教材叙述体例的基础上，结合国内全球史研究理念和教材编写的惯例，以期探索出具有中国原创性的全球史编写体例。为此，本书以公元前3500年苏美尔文明诞生到1945年第二次世界大战结束近5500年的世界历史发展演进为经，以近5500年的时间里包括中国文明在内的各文明、各地区、各族群、各国的交往互动为纬，梳理出从分散走向整体的世界史发展趋势。在此需要说明的是，由于在中国学术语境中，中国史和世界史是各自独立的两个学科，在教学中，关于中国史也早已形成了一套系统完整的教学计划，本书只选取了与世界史发展进程关联密切的中国史相关史实，将其融入相关章节，而没有使其单独成章。具体而言，按照世界史发展脉络，本书分成十章。通过十章的讲述，从公元前3500年到1945年，世界从分散走向整体的历史发展进程得到梳理和展现。每一章的结尾部分都附有思考题和扩展阅读书目，以方便读者做进一步的研读。

本书是上海大学本科课程"全球史"教学团队全体成员共同努力的成果。自2021年《简明全球史》获立上海大学一流本科教材建设项目以来，本教学团队便开始了教材的编写，其间团队全体成员曾就教材的编写原则、体例、内容等进行过多次研讨，最后完成这部文稿。根据本教学团队成员的研究专长，本书编写的具体分工是这样的：郭丹彤负责第一章和第二章的编写；柴彬负责第三章和第四章的编写；蒋华杰负责第五章和第六章的编写；杨长云负责第七章和第八章的编写；徐之凯负责第九章和第十章的编写。此外，郭丹彤还撰写了前言，并对全文进行了通审。

最后，感谢上海大学教务处对这部教材出版的资助，感谢高等教育出版社对教材编写的指导。对于本书在编写上存在的不足和纰漏，请读者提出宝贵意见。

郭丹彤

2025年3月

目　　录

第一章　上古文明的兴起与交往 ……………………………………… 1

　第一节　人类社会的缘起 / 1

　　一、旧石器时代 / 1

　　二、新石器时代 / 2

　　三、农业文明的开始 / 3

　第二节　上古西亚 / 3

　　一、苏美尔城邦的争霸 / 4

　　二、巴比伦的兴起与扩张 / 5

　　三、亚述的强盛与霸权 / 6

　　四、两河文明的影响 / 7

　第三节　上古埃及 / 9

　　一、埃及国家的形成与发展 / 9

　　二、埃及的强盛与对外交往 / 12

　　三、埃及的衰落与外族的统治 / 14

　　四、埃及的对外交往 / 19

　第四节　上古印度 / 20

　　一、哈拉帕文化与吠陀时期 / 21

　　二、列国时代 / 22

　　三、孔雀王朝 / 23

　　四、笈多王朝 / 24

　第五节　上古欧亚大陆的文明交流 / 25

　　一、草原上的游牧族群 / 25

　　二、中国的中原与西域的交流 / 26

　本章小结 / 26

　思考题　扩展阅读 / 27

第二章　古代文明的发展与互鉴 …………………………………… 28

　　第一节　古代波斯 / 28

　　　　一、波斯帝国 / 29

　　　　二、安息帝国 / 31

　　　　三、萨珊王朝 / 32

　　第二节　古代希腊 / 33

　　　　一、爱琴文明与黑暗时代 / 33

　　　　二、古风时代 / 35

　　　　三、古典时代 / 36

　　　　四、亚历山大与希腊化时代 / 39

　　第三节　古代罗马 / 43

　　　　一、伊特鲁里亚文明与王政时期 / 43

　　　　二、罗马共和国的对外征服与衰落 / 44

　　　　三、罗马帝国与欧陆的罗马化进程 / 46

　　　　四、西罗马帝国的灭亡与罗马宗教信仰的发展 / 49

　　第四节　丝绸之路上的多元文化交流 / 51

　　　　一、欧亚跨区域文化交流的形成 / 51

　　　　二、丝绸之路上的商业贸易 / 53

　　　　三、丝绸之路上的宗教 / 54

　　本章小结 / 55

　　思考题　扩展阅读 / 56

第三章　中古时期亚欧大陆民族的迁徙与融合 ……………………… 57

　　第一节　亚欧民族大迁徙 / 57

　　　　一、源自中国的亚洲民族大迁徙 / 58

　　　　二、欧洲民族大迁徙 / 59

　　第二节　走向民族大融合 / 65

　　　　一、匈奴人(匈人)在亚欧各地的踪迹 / 65

　　　　二、匈人与欧洲人的融合 / 67

　　本章小结 / 70

　　思考题　扩展阅读 / 71

第四章　中古时期宗教的兴起与传播 ················· 72

　第一节　西欧基督教的兴起与传播 / 72

　　一、西欧基督教的复兴 / 72

　　二、十字军东征 / 75

　　三、拜占庭帝国 / 79

　第二节　伊斯兰教的兴起与传播 / 83

　　一、伊斯兰教的诞生 / 83

　　二、阿拉伯帝国扩张与文化传播 / 85

　　三、阿拉伯-伊斯兰文化体系的形成与发展 / 88

　　四、阿拉伯-伊斯兰文化的传播与影响 / 91

　本章小结 / 94

　思考题　扩展阅读 / 95

第五章　全球化开端 ································· 96

　第一节　大航海时代的来临 / 96

　　一、郑和下西洋 / 97

　　二、葡萄牙与西班牙的竞争 / 97

　　三、英国与荷兰的加入 / 100

　　四、大航海的影响 / 103

　第二节　近代欧洲的转变 / 104

　　一、欧洲绝对主义君主制国家的形成 / 104

　　二、早期资本主义社会 / 107

　　三、17 世纪英国资产阶级革命 / 111

　第三节　近代思想的转变 / 113

　　一、文艺复兴 / 114

　　二、宗教改革 / 116

　　三、启蒙运动 / 117

　本章小结 / 120

　思考题　扩展阅读 / 121

第六章　全球化发展 ································· 122

　第一节　早期殖民与扩张 / 122

一、美洲、澳洲殖民地社会的形成 / **122**

二、非洲与大西洋世界 / **130**

三、俄国的扩张 / **132**

第二节 亚洲的保守与开放 / **135**

一、东亚朝贡体系 / **135**

二、中国与西方最初的接触与碰撞 / **137**

三、日本的改变 / **138**

第三节 伊斯兰世界的发展 / **141**

一、三大伊斯兰帝国 / **141**

二、伊斯兰世界与外部的交往 / **145**

三、伊斯兰世界的衰落 / **146**

本章小结 / **147**

思考题 扩展阅读 / **147**

第七章 全球互动 ································· **149**

第一节 全球政治的形成 / **149**

一、美国革命 / **150**

二、法国大革命 / **152**

三、革命后的全球秩序 / **156**

第二节 全球经济的发展 / **158**

一、欧洲的工业革命 / **159**

二、全球产业部门的发展 / **160**

三、工业化的全球互动 / **163**

第三节 全球政治与秩序的雏形 / **164**

一、大西洋世界的宪政实践 / **165**

二、社会和经济变革的挑战 / **167**

三、不平衡发展 / **170**

四、新的理念 / **172**

本章小结 / **173**

思考题 扩展阅读 / **173**

第八章　全球体系 ·· 175

　　第一节　全球体系形成中的东方国家 / 175

　　　　一、奥斯曼帝国 / 175

　　　　二、大清帝国 / 177

　　　　三、俄国 / 178

　　第二节　全球体系转型中的新帝国 / 180

　　　　一、英国的海外殖民 / 181

　　　　二、1860—1870 年意大利的统一 / 182

　　　　三、1866—1871 年德国的统一 / 182

　　　　四、日本明治维新 / 183

　　第三节　全球体系中的国家变动 / 184

　　　　一、欧洲列强 / 184

　　　　二、美国等美洲国家 / 186

　　　　三、亚非国家 / 188

　　　　四、全球体系的影响 / 192

　　本章小结 / 196

　　思考题　扩展阅读 / 196

第九章　全球争端的开始 ······························· 198

　　第一节　第一次世界大战 / 198

　　　　一、巴尔干危机与一战爆发 / 199

　　　　二、堑壕战僵持与突破尝试 / 203

　　　　三、1917 年变局与一战结束 / 206

　　第二节　一战后的国际新格局 / 209

　　　　一、战后的世界 / 209

　　　　二、凡尔赛-华盛顿体系的建立 / 211

　　本章小结 / 214

　　思考题　扩展阅读 / 215

第十章　全球争端的升级与全球共同发展 ·········· 216

　　第一节　矛盾与对抗的世界 / 216

　　　　一、苏维埃俄国的巩固发展 / 217

二、"大萧条"与法西斯主义 / 220

第二节　第二次世界大战 / 223

一、第二次世界大战的爆发 / 224

二、第二次世界大战的扩大 / 227

三、第二次世界大战的转折与终结 / 230

第三节　走向命运共同体之路 / 234

一、雅尔塔体系与冷战 / 234

二、世界殖民体系的解体 / 235

三、世界多极化的发展 / 236

本章小结 / 237

思考题　扩展阅读 / 238

第一章　上古文明的兴起与交往

　　在经历了旧石器和新石器时代后,大约到公元前 3500 年,苏美尔人率先进入文明时期,此后埃及、印度和中国也相继开启了文明历程。公元前 3500 年到前 500 年是人类的上古时期,其间美索不达米亚、埃及和印度在政治组织、宗教信仰和社会习俗上各具特色:美索不达米亚文明从城邦走向专制主义中央集权统治,美索不达米亚北部的亚述和南部的巴比伦交替统治着该地区;埃及的专制主义中央集权统治一以贯之,却使国家统一与国家分裂循环往复地发展了三千年;而印度社会存在种姓制度。尽管如此,它们的发展轨迹却是相似的,即从农业社会逐步发展出城市文明,每个地区都建立了专制主义中央集权统治,形成了相对稳定的宗教信仰以及社会经济体系。通过贸易、战争、外交和宗教等途径,各地区之间进行着广泛交往,促进了原材料、技术、思想以及人员的流动,推动了诸如东地中海地区等区域文明的共同发展。

第一节　人类社会的缘起

　　在经历了漫长的旧石器时代的发展演化后,世界上的许多地区进入了以植物栽培、动物驯化和石器磨制为基本标志的新石器时代。新石器时代晚期,农业社会在世界各地形成。持续时间最长的农业文明开启。

一、旧石器时代

　　旧石器时代是人类发展的最初阶段,以使用原始的石制工具为特征。旧石器时代的开始时间,距今约 258 万年前,结束的时间大约在 1 万年前。旧石器时

奥杜瓦伊石斧

代通常被分为早、中、晚三个阶段。

旧石器时代,先民们以采集和狩猎为生,并开始制作简单的石制工具;到旧石器时代晚期,一种较为复杂的石制工具在东半球广泛出现,被认为是我们的祖先智人的智慧结晶。一种新的旧石器时代晚期的工具——手斧出现在了欧洲、非洲、亚洲等地,其中现存最早的手斧是在坦桑尼亚的奥杜瓦伊峡谷被发现的。除了手斧,那里还发现了用燧石薄片制作的工具。在欧洲,尼安德特人也制造出了同样的燧石工具。其他可以追溯到旧石器时代中期的物品还有在北非和南非发现的贝壳串珠,在南非南部海岸的布隆伯斯洞穴,人们发现了年代晚一些的串珠。根据磨制程度可以推断,这些串珠是用来佩戴的饰品,其中的一些还雕刻着花纹,并且上面都涂有红赭石。

旧石器时代晚期开始出现地区性的石制工具的生产,如在欧洲的佩里戈尔文化、奥立尼亚文化和莫德林文化区域。这些工具更复杂、更专业化和多样化,如那些由骨头、象牙和鹿角制成的工具。包括绘画、雕塑和乐器在内的地域艺术传统开始出现。

二、新石器时代

新石器时代是史前文化的最后阶段。新石器时代开始的时间大约在公元前10000 年,这一时期先民们学会了种植庄稼、饲养家畜,因此不再依赖狩猎、捕鱼和采集野生植物。新石器时代,人们通过打磨和抛光相对坚硬的石料来制造石制工具。

新石器时代的先民们通过种植可食用的农作物,驯养野生动物,获得了更加固定的食物供给,为其生存提供了保障。妇女开始了对植物的系统化管理,作为食物主要采集者,新石器时代的妇女可能已经开始种植植物,而不再单纯地搜集可食用的野生植物。同时,新石器时代的男性也不再仅仅把狩猎作为获得肉类的途径,他们开始捕获动物并对它们进行驯化畜养。农业经济逐渐形成。

三、农业文明的开始

在底格里斯河和幼发拉底河流域(今伊拉克)以及现在的叙利亚、以色列、黎巴嫩和约旦,小麦首先开始被培育、种植和收藏,人类开启了农业文明。伴随着农业文明的开启,人类从狩猎、采集转向定居,农耕社会开始形成。这些最早的农耕者种植大麦和小麦,饲养绵羊、山羊、牛和猪,并将他们的种植技术向北传播到欧洲;向西南通过北非,传播到西班牙;向东传播到印度河流域。公元前3500年,农业社会在中国和东南亚地区形成。而在中美洲,玉米、豆类和南瓜相继得到种植。

至于各个区域的农业文明是否独立发展起来的则是一个有争议的问题。根据人类学家对澳洲土著部落的研究,农业文明不受外界影响地独立发展起来是不可能的,全球农业文明的兴起是文明传播的结果,或者可以说是在文明传播基础上独立发展的结果。

农耕生活方式得以在全球传播后,人口便开始增长,于是出现了原有的土地养活不了日益增长的人口的现象,随之而来的便是土地争端的产生。为了获得更加广阔的生存空间,人类开始了移民活动,农业也随之传播开来。到大约公元前3500年西亚文明出现之前,全球人口已经有数千万。

农业文明给人类提供了稳定的食物来源,这就使人类可以从事食物生产以外的活动,陶器制作、冶金和纺织便随之产生。手工业开始从农业中分离出来。而且个人拥有的财产,特别是土地财产越来越多,于是这些占有大量财富的人成为部落中的首脑,进而形成统治阶层,而那些失去或者占有较少土地的人逐步下沉到社会底层,成为被统治阶层。更为重要的是,土地等财产的私有化导致财产在家族中被继承,职位也可在家族中世袭,阶级社会开始形成。

● 视　频

农业文明的开始

第二节　上古西亚

上古西亚文明主要包括两河文明以及赫梯文明、希伯来文明和腓尼基文明等,其中两河文明是世界上最早的文明。两河文明即美索不达米亚文明,在希腊语中"美索不达米亚"的含义是"两河之间的土地",该文明因发源于底格里斯河和幼发拉底河之间的流域而得名。两河流域在今天的伊拉克境内,上古时期,两河流域的北部国家被称为亚述,南部地区被称为巴比伦尼亚;巴比伦尼亚北部国家被称为阿卡德,南部国家被称为苏美尔。

一、苏美尔城邦的争霸

(一)苏美尔城邦时期(约前2900—约前2350)

苏美尔人通常指公元前3000年至前2000年生活于美索不达米亚南部的居民。他们或者是大约在公元前4000年到达美索不达米亚的新移民,或者是这一地区的原住民,或者是原住民与进入并定居在同一地区的闪米特人等其他种族融合而来。事实上,苏美尔人很可能是一个多种族融合的群体,因为使用苏美尔语而得名,而苏美尔文明则是在苏美尔人与闪族人相互融合的过程中逐渐形成的。

苏美尔人的行政体制是城邦制,城邦由一座城市和周边农村地区组成,这样的苏美尔城邦主要有基什、拉格什、乌鲁克和乌尔等。城邦的最高统治者被称为恩西(ensi,"领主")或卢伽尔(lugal,"伟人")。在一些城邦,恩西或卢伽尔成为绝对统治者,他们利用军事力量将其权力扩展到邻近城邦,由此引发了城邦争霸战争。苏美尔王表记载,苏美尔城邦之间曾出现过政治联盟,其中一个城邦对其他城邦享有一定程度的政治霸权。苏美尔城邦有着成熟而有效的行政管理体系,并在建立和维护复杂的灌溉系统上发挥了重要作用。

苏美尔人发明了世界上最早的文字——苏美尔文字,也被称为楔形文字,因通过将楔形芦苇的末端压入软泥中书写而得名。苏美尔文字在城邦时期、阿卡德王国时期和乌尔第三王朝时期被普遍使用,直到公元前2000年,阿卡德语成为两河流域广泛使用的语言。在用苏美尔文字书写的文学作品中,最具代表性的是《吉尔伽美什史诗》,它是目前已知最古老的史诗。《吉尔伽美什史诗》以乌鲁克国王吉尔伽美什与其朋友恩奇都之间的友谊展开故事,揭示了先民们试图探寻自然规律和生死奥秘,以及为掌握自己命运所做出努力的历史,具有很高的历史价值。

《吉尔伽美什史诗》

（二）阿卡德王国时期（约前 2296—约前 2112）

位于巴比伦北部地区阿卡德的萨尔贡（约前 2296—前 2240 在位）自称"苏美尔和阿卡德之王"，两河流域进入第一个君主专制的国家阿卡德王国统治时期。阿卡德王国鼎盛时期，其势力范围囊括了整个两河流域，直达地中海和黑海沿岸。阿卡德王国几乎全盘接受了苏美尔文化，后被来自北方的游牧民族库提人灭亡。

（三）乌尔第三王朝（前 2112—前 2004）

阿卡德王国灭亡后，乌尔那玛建立乌尔第三王朝，并统一了两河流域南部诸城邦，国力强盛。由于这一王朝的创建者乌尔那玛是苏美尔人，乌尔第三王朝的建立也被称为"苏美尔复兴"。乌尔第三王朝时期，专制主义中央集权统治得以确立并强化，国王集军事、政治、司法和宗教权力于一身，中央和地方官僚机构日趋完备。公元前 2004 年，乌尔第三王朝被阿摩利人所灭。

二、巴比伦的兴起与扩张

巴比伦指两河流域南部地区，该地区大致从巴格达向南延伸至波斯湾。至少从有文字记载的历史开始，讲苏美尔语和阿卡德语的人就杂居于此，后者在公元前 3000 年逐渐成为这里的主要势力。然而"巴比伦"一词更多是指公元前 2000 年至前 1000 年在此地建立的几个王国。

（一）古巴比伦王国（约前 1894—约前 1595）

巴比伦的崛起始于公元前 1894 年阿摩利人以巴比伦城为首都建立的第一个王国——古巴比伦王国。第六位国王汉穆拉比（前 1792—前 1750 在位）统治时期，古巴比伦王国国力强盛，其统治范围几乎囊括了整个两河流域。

为了稳固统治，汉穆拉比颁布了世界上现存第一部内容完备的法典——《汉穆拉比法典》。《汉穆拉比法典》是一部法律汇编，由序言、正文和结语三部分构成，其中正文共 282 条。该法典以"同态复仇"为原则，即罪犯受到的惩罚与被害人受到的伤害相同，对刑法、民法、商业纠纷、婚姻关系和奴隶地位等都做了相应的规定。《汉穆拉比法典》宣扬了君权神授的思想，具有鲜明的阶级性。

汉穆拉比死后，古巴比伦王国开始衰落。公元前 1595 年，古巴比伦王国被赫梯征服。

（二）中巴比伦王国（约前 1595—前 1155）

古巴比伦王国灭亡后，游牧民族加喜特人在巴比伦地区建立王国，即中巴比伦王国。中巴比伦王国取得了大国的地位,并与其北方邻国亚述冲突不断。同时位于巴比伦东南部的埃兰王国继续侵扰巴比伦,并最终征服巴比伦。

(三)新巴比伦王国(前626—前539)

中巴比伦王国覆灭后,巴比伦几度被亚述征服,但亚述在巴比伦的霸主地位不断受到迦勒底人的挑战,迦勒底人最终胜出。迦勒底首领于公元前626年创立新巴比伦王国后,联合米底进攻亚述帝国。公元前612年,两国联军占领并洗劫了亚述首都尼尼微。

新巴比伦王国在尼布甲尼撒二世(前605—前562在位)统治时期发展到了顶峰,尼布甲尼撒二世在叙利亚-巴勒斯坦地区的战争中将新巴比伦王国的势力范围向西扩展到了地中海东岸。在占领耶路撒冷后,其把犹太人掠往巴比伦。

强大的新巴比伦王国并没有维持多久,尼布甲尼撒二世死后不久新巴比伦王国就开始崩溃了。公元前539年,新巴比伦王国被波斯帝国征服。

三、亚述的强盛与霸权

公元前19世纪,来自两河流域北部的亚述人在底格里斯河流域建立起强大的国家。亚述人主要是由在公元前3000年来到两河流域的游牧民族阿摩利人和阿卡德人混合而成,这是两个讲闪米特语的族群。

(一)古亚述王国(约前2000—约前1800)

在乌尔第三王朝于公元前2004年灭亡时,一个以底格里斯河西岸的阿淑尔城为中心的小国崛起,这就是古亚述王国。沙姆什阿达德(前1813—前1781在位)统治时期,古亚述王国开始强盛起来。经过一系列的军事行动,古亚述王国基本征服了两河流域北部地区。

沙姆什阿达德统治时期,亚述还获得了对连接阿淑尔城和叙利亚地区以及安纳托利亚东部和中部的主要贸易路线的控制,还与波斯湾南部的国家,即现在的巴林建立了贸易联系。沙姆什阿达德去世后不久,在阿摩利人的侵扰下,古亚述王国开始走向衰落。古亚述王国被古巴比伦国王汉穆拉比所灭。

(二)中亚述王国(约前1400—约前1050)

大约在公元前1595年,赫梯人摧毁古巴比伦王国后,亚述被胡里人建立的米坦尼王国所统治。但随着米坦尼王国被赫梯摧毁,亚述在阿淑尔乌巴里特(前1365—前1330或前1353—前1318在位)统治时期再次崛起。

中亚述王国在迅速夺取米坦尼王国在两河流域北部的领土后,通过与埃及结盟进一步巩固其在东地中海世界的地位;在与赫梯争霸的同时,入侵中巴比伦王国,占领巴比伦城,将其纳入亚述版图。提格拉特皮莱塞尔一世(前1114—前1076在位)统治时期,中亚述征服了东地中海沿岸的腓尼基城市。提格拉特皮莱塞尔一世死后,亚述进入了衰败期,亚述的领土已经缩小到底格里斯河沿岸的狭窄地带。

(三) 亚述帝国(前934—前612)

公元前10世纪的最后几十年,亚述国王阿淑尔丹二世(前934—前912在位)统治时期亚述再次强盛起来,并逐步恢复了其作为西亚强国的地位,由此,亚述历史进入亚述帝国时期。

公元前9世纪末,亚述帝国开始走向衰落。公元前744年,提格拉特皮莱塞尔三世继位后,亚述帝国重新强大起来。在亚述国王阿淑尔巴尼拔(前668—约前630在位)统治时期,亚述帝国的领土范围达到了顶峰:东起埃兰,西至安纳托利亚中东部,北起亚美尼亚(乌拉尔图),西南至埃及,东南至波斯湾。亚述帝国时期的行政中心几经变化,最后又迁回尼尼微,直到帝国灭亡。

整个亚述帝国时期,成功的军事征服与被征服地的反叛以及亚述帝国内部的政治动荡交替出现,这主要是因为亚述帝国推行的军事征服政策。亚述国王对被征服地实行高压政策,不仅征收重税,而且大规模地迁徙被征服地的人口来维持他们对这些地区的控制。到阿淑尔巴尼拔统治时期,亚述国王已经无法有效控制这个庞大而又纷争不断的帝国了。公元前615年,米底人入侵了亚述帝国,并于第二年占领了阿淑尔城。公元前612年,巴比伦和米底的军队围攻亚述首都尼尼微,尼尼微陷落。亚述在西亚的统治宣告终结。

四、两河文明的影响

作为最古老的文明,两河文明对周边文明均产生过影响,其中来自两河流域的希伯来人是受其影响最深的一个族群。

(一) 希伯来人

《旧约全书》记载,希伯来人的祖先亚伯拉罕来自苏美尔地区的乌尔城,大约在公元前1850年迁徙到两河流域北部。希伯来人的宗教信仰和社会伦理都借鉴两河文明,希伯来律法的制定原则也参照古巴比伦王国的《汉穆拉比法典》,而《旧约全书》中的洪水传说则是苏美尔史诗《吉尔伽美什史诗》相关章节的变体。大约在公元前18世纪,希伯来人开始移民到埃及。大约在公元前1300年,移民到埃及的希伯来人在摩西带领下返回巴勒斯坦地区。在巴勒斯坦地区,希伯来人组成 12 个部落,大卫王统一了 12 个部落后建立王国。大卫王(前1000—前 960 在位)和所罗门王(前 960—前 931 在位)统治时期,王国强盛。希伯来人信奉犹太教,犹太教认为世上只有一个神——耶和华,他是世界的创造者和眷顾者,拥有至高无上的权力。

所罗门王死后以色列国分裂,北部叫以色列国,领土较大,南部是领土较小的犹太国。公元前 722 年,亚述帝国征服北部的以色列国。公元前 586 年,新巴比伦王国征服犹太国,摧毁其首都耶路撒冷,将当地的居民掳往巴比伦城,史称"巴比伦之囚"。北部的以色列国覆灭后,那里的居民纷纷改信了其他宗教,而南方希伯来人尽管离散,却始终坚持着自己的信仰,并给后来的基督教和伊斯兰教的发展带来了深刻影响。

(二)赫梯人

赫梯人是印欧人的一支,大约在公元前 1900 年迁徙到小亚细亚中部地区,印欧人以其语言——印欧语被命名。公元前 17 世纪到前 16 世纪,赫梯强盛。赫梯人与两河流域的巴比伦人和亚述人进行贸易,受到两河流域文字的影响,也采用楔形文字,并信奉两河文明的神祇。

公元前 1595 年,赫梯人征服古巴比伦王国。公元前 1450 年到前 1200 年,赫梯的国力达到顶峰,与当时的埃及、米坦尼、巴比伦和亚述并立于古代东地中海世界。公元前 1200 年,因海上民族的入侵,赫梯土崩瓦解。

(三)腓尼基人

腓尼基人是西闪米特人的一支,自称迦南人,腓尼基人是希腊人对其的称谓。古代腓尼基人主要生活在地中海东岸和黎巴嫩山脉中间的狭长平原地带,并在这一地区建立了一系列城邦国家,如推罗、西顿。

腓尼基大部分地区曾归入埃及版图。公元前 9 世纪,亚述控制了腓尼基。公元前 538 年,腓尼基处于波斯的统治之下,后又被马其顿帝国征服。公元前64 年,该地区被合并入罗马帝国的叙利亚行省。

腓尼基人曾将海上贸易扩展到了非洲北岸,地中海的马耳他岛、西西里岛、撒丁岛及西班牙东岸一带。此外,腓尼基人还进行转口贸易。基于其地理位置,腓尼基的手工制品体现了埃及、两河、爱琴文明与叙利亚风格的融合。

公元前 1500 年,腓尼基人创造了由 22 个辅音字母组成的字母文字。大约在公元前 9 世纪,希腊人在腓尼基字母的基础上添加了元音符号,构成希腊字母。罗马人又对希腊字母进行了改造,使之成为适合自己使用的文字,随后字母文字传播到中亚、南亚,直至整个世界。腓尼基字母是希腊字母的祖先,因此也是所有西方语言文字的祖先,这是腓尼基人对人类文明发展做出的最为卓越的贡献。

第三节 上 古 埃 及

埃及位于非洲北部,地中海南岸。在古代,埃及的东部和西部广布沙漠,东北西奈半岛与西亚毗邻,北部濒临地中海,南部则以尼罗河第一瀑布与努比亚分隔开来。按照尼罗河的南北流向,埃及南部的尼罗河谷地被称为上埃及,埃及北部的尼罗河三角洲被称为下埃及。

一、埃及国家的形成与发展

(一) 埃及国家的形成

大约在公元前 5300 年,埃及的前王朝文化在两个区域同时发展起来,即以三角洲西部边缘地区为主的下埃及文化和以尼罗河谷地为中心的上埃及文化。在两河文明影响下,埃及国家首先出现在上埃及,后通过下埃及对上埃及文化的接受,统一的埃及国家得以形成。由此,埃及进入第一个历史时期——早王朝时期,首都是孟斐斯。

早王朝时期(约前 3000—前 2686)包括第一和第二王朝,这一时期,君权神授思想基本形成。早王朝时期埃及的对外联系频繁,这一时期的坟墓里出土了大量的亚洲木材和巴勒斯坦青铜文化早期的陶器。早王朝为古王国的出现奠定了坚实的物质和文化基础。第二王朝末期,埃及在艺术风格上已经摆脱了两河文明的影响,形成了自己独特的艺术风格,而文字的发明和演进则为古王国埃及文学的繁荣提供了先决条件。

古王国时期(前 2686—前 2125)包括第三至第八王朝,是古代埃及专制主义中央集权统治的形成期,这一时期国王是全国的最高主宰,集政治、经济、军事、宗教等权力于一身。古王国时期的官僚机构已经趋于完善,包括宗教部门、审判部门、军事部门、财政部门和行政部门等,所有部门都要向国王负责,其中维吉尔是中央政府机构中的最高官职。从第五王朝开始,由于太阳神拉崇拜兴起,每一位国王都自称"太阳神之子"。

古王国时期,在专制主义中央集权统治下,灌溉农业、畜牧业和手工业的发展带动了国内外贸易的发展。为了获得缺乏的木材等原料以及天青石等奢侈品,埃及与位于南部的努比亚和位于东北部的西亚的联系日趋频繁。

古王国时期专制主义中央集权统治空前强化的一个主要表现是中央政府组织和支配全国人力和物力的能力的强化,并集中体现在金字塔的建造上。目前埃及境内的金字塔,大部分是古王国和中王国时期国王和王后的陵寝。最早的金字塔是第三王朝国王佐塞建造的梯形金字塔。金字塔中最著名的一座是第四王朝国王胡夫在吉萨建造的大金字塔。大金字塔的原始高度约为 146.59 米。第四王朝国王哈夫拉还在金字塔附近修建了一尊由一块巨石雕刻而成的斯芬克司,即狮身人面像。

● 彩 图

金字塔

金字塔

古王国的繁荣稳定持续了 500 余年,到公元前 22 世纪,埃及开始走向衰落,进入第一中间期。第一中间期(前 2160—前 2055)包括第九和第十王朝以及第十一王朝的前半部分,是古代埃及历史上的第一个分裂时期。

(二)埃及国家的发展

约公元前 2186 年,埃及历史进入第九、第十王朝的统治时期,这两个王朝因建都于埃及北部的赫拉克里奥坡里城而被习惯性地称为赫拉克里奥坡里王朝。第十一王朝兴起于埃及南部的底比斯城,也称底比斯王朝。在底比斯王朝与赫拉克里奥坡里王朝的战争中,底比斯王朝获得了胜利,埃及重获统一。自此,第一中间期宣告结束,埃及历史进入中王国时期。

中王国时期(前 2055—前 1650)是古代埃及专制主义中央集权统治的成熟期,包括第十一王朝的后半期、第十二王朝和第十三王朝。第十一王朝重新统一埃及后,定都底比斯。第十一王朝的末期,埃及重新陷入内战之中。在内战中阿蒙奈姆海特最终夺取了王位,建立了第十二王朝。

第十二王朝创建伊始,阿蒙奈姆海特采取迁都和创立双王共治制度等一系列措施稳定了埃及的政治局面,从而使埃及的社会经济得到进一步的发展。第十二王朝国王塞索斯特里斯一世在卡尔纳克建造了第一座阿蒙神庙,自此,埃及历代国王几乎都在此地留有建筑,从而形成规模宏大的神庙建筑群。中王国时期,因红海商路的畅通,埃及与周边国家和地区的联系更加频繁。这一时期,埃及在努比亚建造了一系列军事防御工事,以保障努比亚商路的畅通,同时防止努比亚人反叛。与此同时,努比亚人也以雇佣兵的身份进入埃及社会。

● 彩　图

卡尔纳克神庙

卡尔纳克神庙

第十二王朝末期,越来越多的亚洲人涌入埃及,他们聚居在东部三角洲地区,为希克索斯王朝的建立提供了先决条件。

中王国灭亡后,埃及历史上的第二个混乱时期——第二中间期开始了。第二中间期(前 1650—前 1550)包括第十四至第十七王朝,第十五王朝即希克索斯王朝。希克索斯人是来自巴勒斯坦地区的亚洲人,当中王国衰落时,他们越过西奈半岛用武力征服了埃及,建立希克索斯王朝,定都三角洲东部的阿瓦利斯城。

希克索斯王朝的行政管理机构埃及化程度很高。希克索斯人征服埃及以后,第十三王朝仍然存于底比斯,这个王朝被顺延成第十七王朝。希克索斯王朝统治时期是埃及历史上第一个民族融合时期。由于希克索斯人的亚洲血统,这一时期的埃及对外交往,特别是与他们的故乡巴勒斯坦地区的交往十分密切。有据可查的埃及与爱琴文明的交往也始自希克索斯王朝统治时期。大量移民的涌入为埃及带来了许多先进文化成果,如复合弓箭、马和战车,它们成为新王国对外战争的制胜法宝。而往来于世界各地的埃及商人和政府官员又把埃及文化传播到国外,促进了各国之间经济和文化的交流和发展,为此后一个真正的世界帝国——新王国的诞生创造了坚实的社会基础。

二、埃及的强盛与对外交往

(一) 对外战争与帝国时代

新王国时期(前1550—前1069)是埃及的全盛时期和帝国时期,包括第十八至第二十王朝。

新王国的创立是以驱逐希克索斯人的战争为先导的。图特摩斯三世统治时期,埃及对亚洲进行了大规模的军事行动。米格都战役是图特摩斯三世一系列亚洲战役中的首战,它是古代世界中记载最为完整的一次战役,此次战役以埃及大获全胜而告终。米格都战役结束后,图特摩斯三世在巴勒斯坦又进行了16次征伐。正是通过这17次战役,埃及确立了在巴勒斯坦的统治地位,从而形成了一个横跨亚非两洲的帝国。图特摩斯三世在对亚洲发动战争的同时,也对努比亚进行了征伐,并将埃及的南部疆域拓展到尼罗河第四瀑布。

(二) 专制主义中央集权统治的强化

新王国时期是埃及专制主义中央集权统治的强化期,其中的一个重要表现是神化王权的进一步发展,国王成为活着的神。此外,新王国时期的国王开始采用"法老"的尊称。在古代埃及语中"法老"的原始含义是"大房子",意指王宫。这一称号体现了国王至高无上的地位,以及臣民对国王的无限敬仰。

从图特摩斯三世统治时期开始,一人之下、万人之上的维吉尔职务被一分为二,上下埃及分别设置一名维吉尔,他们分别负责上下埃及行政事务,并分别向国王负责。不仅如此,埃及还新设两个重要职务与维吉尔相匹敌:一个是"库什总督",他是国王在努比亚地区的代理人;另一个是"阿蒙第一先知",他的地位仅次于维吉尔。

伴随着专制主义中央集权统治的强化,埃及社会内部形成了两大新兴政治势力,一个是军事贵族,一个是祭司集团。由于连年不断的战争,埃及的军队数量剧增,埃及社会上形成了一个靠战功起家的新型军事贵族集团。新王国时期,由于神庙经济成为埃及社会的主要经济类型,掌控神庙经济的祭司的社会地位迅速上升,而且神庙数量的增多导致祭司人数剧增,从而形成了一个不容忽视的社会阶层——祭司集团。

(三)阿玛纳时代与埃赫那吞改革

1. 阿玛纳时代

1887年,一批泥板书信在埃及中部的阿玛纳出土,阿玛纳是第十八王朝国王埃赫那吞时期的首都埃赫塔吞的现代名称,因此,这批泥板书信被命名为阿玛纳信件。通常,人们把阿玛纳信件反映的时期称为"阿玛纳时代",即从公元前1361年的阿蒙霍特普三世统治时期到公元前1321年或前1320年图坦卡蒙死亡之间的时期。

阿玛纳时代是"大国势力均衡"时期,是政治体系构建过程中两个动态阶段之间的一个相对稳定的阶段。埃及、赫梯、米坦尼、亚述和巴比伦五个地域大国之间达到势力均衡,这是在它们长期兼并叙利亚-巴勒斯坦地区城市国家的过程中实现的。在势力均衡时期,各地域大国的势力范围均衡分布,并覆盖了几乎整个东地中海世界。它们中没有一个能够在军事上、技术上或者组织上有进一步动作,进而形成大一统的帝国。

在这种势力均衡的交往体系之下,阿卡德语成为当时东地中海世界的通用语言。与此同时,任何一国的外交文献都使用双语,即本国语言和阿卡德语。阿玛纳时代也是专业技术、艺术风格、纯原料和手工制品交流的高峰期。因此,无论是从物质文化,还是从精神文化来看,这一时代都超越了地域文化的范畴,构建起了国际文化的体系。

2. 埃赫那吞改革

通过第十八王朝国王图特摩斯三世20余年的对外征伐,一个横跨亚非两洲的埃及帝国出现在西亚北非地区的版图上。图特摩斯三世在把埃及带入帝国时代的同时,也把世界主义的观念带给了埃及人。一方面,伴随着埃及世界性帝国时代的到来,埃及人一向推崇的太阳神的统治范围自然也从埃及扩展到了整个世界。另一方面,作为底比斯地方神的阿蒙,因第十八王朝的统治家族兴起于底比斯而成为埃及的国家神。为了强化阿蒙的神性,埃及人把他与太阳神拉合二为一,称为阿蒙·拉神。然而即便如此,阿蒙仍然缺乏作为一位具有世界主义内涵的神明的特质。于是,一位足以与埃及帝国相匹配的新的国家神便应运而生。

在埃及国王看来,他们的对外征伐能够大获全胜,完全得益于神明的护佑。因此,为了报答神明的眷顾,第十八王朝的国王们把大量的战利品奉献给阿蒙神庙,导致阿蒙神庙祭司阶层政治、经济地位的不断提升,进而导致王权和神权之间的矛盾斗争不断升级。最后,在埃赫那吞的宗教改革中,这场斗争达到了顶峰。

公元前1352年,阿蒙霍特普四世登上王位。在他统治的第五年,他把都城从底比斯迁到埃赫塔吞,即现今的考古遗址阿玛纳。接着,他把他的名字从阿蒙霍特普改为埃赫那吞。于是,一场空前的宗教改革运动开始了,废除阿蒙和其他一切阿吞以外的神明崇拜,提倡阿吞崇拜是这次改革运动的核心内容。阿吞是以太阳圆盘为外在表现形式的太阳光芒,光芒所及之地皆为他的统治疆域,这一点完全符合埃及世界性帝国在意识形态领域的要求。埃赫那吞统治的第九年,他下令关闭崇拜阿吞以外的其他神明的所有神庙,同时把阿蒙和复数形式的“神”这一单词逐一从一切铭文中剔除。至此,埃赫那吞宗教改革宣告完成。

埃赫那吞死后,图坦卡蒙继位后不久,埃赫那吞的宗教改革被废止。埃赫那吞的宗教改革虽然失败了,却因其独尊一神阿吞的宗教信仰而在古代埃及宗教史上,乃至世界宗教史上占据重要地位,并导致了埃赫那吞在文学和艺术上的改革。无论是阿玛纳时代的文学作品,还是雕像、浮雕和壁画等艺术作品,都充分体现了自然主义的创作风格。

三、埃及的衰落与外族的统治

(一) 利比亚人和海上民族的入侵

第十九王朝时期,埃及由盛转衰。这一王朝的国王拉美西斯二世统治时期,埃及与当时的小亚细亚强国赫梯为了争夺叙利亚小邦阿姆如而发生冲突,卡代什战役由此发生,最终阿姆如归赫梯所有。作为埃及的西部邻居,自埃及文明开启以来,利比亚人对埃及的侵扰就没有停止过。新王国时期,尽管埃及人多次击退利比亚人的入侵,但大批利比亚人仍然定居在埃及。

新王国时期,威胁埃及安全的另一支力量是海上民族。海上民族是来自小亚细亚沿海和爱琴海诸岛的部族。公元前13世纪末期,爱琴海诸岛因农作物歉收而发生了一次波及范围很广且持续时间很长的饥荒,与此同时,东地中海地区

拉美西斯二世

发生了一次流传甚广的瘟疫。于是,食物充足的地中海沿岸国家成为海上民族攻击和移民的主要目标。

海上民族对埃及的入侵被埃及人成功抵御后,他们沿地中海东北方向横扫西亚地区,沿途消灭了乌加里特等东地中海世界的城市国家,并成为赫梯的终结者。海上民族的入侵改变了古代西亚北非世界的格局。海上民族是亚历山大征服活动之前,东地中海世界最大的一次动荡的始作俑者。他们的活动标志着一个和平稳定时代的结束,以及一个动荡不安时代的开始。

（二）新王国末期社会经济的衰落

新王国末期,在遭受利比亚人和海上民族双重入侵的情况下,埃及内部也出现了严重的社会问题。中央行政管理体系处于瘫痪状态,国王失去了对官僚机构的控制能力,官职世袭现象严重,官僚机构臃肿,行政管理体系混乱,造成政令不行。第二十王朝末期,祭司集团力量过度膨胀,为第三中间期宗教政权的建立埋下伏笔。与此同时,军事贵族集团势力也不断增强,国王不能直接控制军队,"库什总督"因远离埃及而具有极大的独立性。埃及军队中的利比亚人因战功显赫,社会地位逐渐上升,为第三中间期利比亚人最终夺取埃及政权创造了先决条件。

第二十王朝末期,埃及陷入了严重的经济危机。饥荒蔓延,物价上涨带来的通货膨胀加剧。努比亚金矿和西奈铜矿枯竭,且埃及与西亚的贸易中断,无法获得西亚的铁和银,最终导致贵金属和原料短缺,从而使埃及社会经济处于困顿之中。中央政府的瘫痪和经济的衰退,必然导致社会动荡。在内外交困中,第二十王朝走到了尽头,埃及历史上最为强盛的时期——新王国时期宣告终结。其后,先有利比亚人、努比亚人、亚述人和波斯人接踵而至,后有希腊-马其顿人和罗马人入主埃及。自此,埃及国力一蹶不振,直至消亡。

(三) 外族的统治

强盛的新王国时期结束后,埃及进入第三中间期(前1069—前664),包括第二十一至第二十五王朝。第三中间期,利比亚人、努比亚人和亚述人相继入主埃及,故此,这一时期是埃及历史上的外族入侵时代。

1. 利比亚时代

公元前1069年,第二十王朝统治家族的一个旁支斯蒙德斯在三角洲东部地区的塔尼斯建立第二十一王朝(约前1069—前945)。第二十一王朝统治着埃及的北部,埃及南部则被控制在底比斯的高级祭司手中。从表面上看,底比斯的祭司们接受第二十一王朝国王的统治,但是事实上他们具有很强的独立性。

第二十一王朝末期,三角洲地区布巴斯提斯城的一个利比亚家族兴起,这一家族以战功起家,在第二十一王朝统治薄弱的时候,顺势夺取政权,建立第二十二王朝(前945—前715)。

第二十二王朝统治的前100年里,埃及社会稳定,经济繁荣。此后,埃及进入内战时期,内战中派都巴斯特一世创建了第二十三王朝(前818—前715)。

2. 努比亚王朝

公元前8世纪末期,第二十四王朝(前727—前715)兴起于三角洲西部城市塞易斯。与此同时,首都在第四瀑布附近涅帕塔的努比亚王朝入主埃及,这便是埃及历史上的第二十五王朝,即努比亚王朝(前747—前656)。

在努比亚王朝消灭了第二十四王朝和其他地方势力后,亚述开始了对埃及的入侵。公元前671年,亚述入侵埃及,攻陷孟斐斯,埃及向亚述称臣纳贡。两年后,努比亚王朝从亚述人手中夺回孟斐斯。公元前667年,亚述国王阿淑尔巴尼拔再一次征服埃及,任命塞易斯城的尼克一世(前672—前664在位)为埃及国王。公元前664年,努比亚王朝从南到北横扫埃及地区,尼克一世战死,其子菩萨姆提克一世(前664—前610在位)即位。公元前663年,亚述重新征服埃及,把努比亚人赶出埃及。

3. 塞易斯王朝

亚述国王阿淑尔巴尼拔征服埃及后不久,因巴比伦反叛而不得不回国镇压,于是,菩萨姆提克一世乘势脱离亚述统治,创立第二十六王朝,由于其首都在三角洲地区的塞易斯城,其也被称为塞易斯王朝。自此,埃及历史进入后王朝时期(前 664—前 332),包括第二十六至第三十一王朝。

从塞易斯王朝开始,埃及完全融入东地中海世界。这一王朝的对外政策主要有两个:一是支持势力较弱的对手以确保势力的均衡,二是重新征服叙利亚-巴勒斯坦地区。在这些政策的驱动下,菩萨姆提克一世支持巴比伦反对亚述,直到亚述灭亡。巴比伦兴起后,埃及支持巴比伦的敌人直至波斯成为东地中海世界的主要势力。尼克二世(前 610—前 595 在位)继续执行这些对外政策,他还在地中海和红海为埃及装备了带有三层桨的战舰,并开始开凿尼罗河-红海运河,为埃及与地中海世界的联系提供了一条便捷的水上通道。

阿皮瑞斯(前 589—前 570 在位)继续执行塞易斯王朝的对外政策,支持巴勒斯坦诸城邦反对巴比伦。公元前 586 年的"巴比伦之囚"事件发生后,许多犹太人逃往埃及,并聚居在埃及南部的艾利芬提尼城。

塞易斯王朝是埃及历史上最后一个政治稳定、经济繁荣时期。塞易斯王朝结束后,埃及文明进一步走向没落,被波斯人、希腊人和罗马人相继征服,直至最终消失在阿拉伯文化之中。

4. 波斯对埃及的入侵

公元前 525 年,波斯国王冈比西斯(前 529—前 522 在位)征服埃及,第二十七王朝建立。

为了稳固波斯在埃及的统治,大流士一世(前 522—前 486 在位)在埃及建造神庙,并最后建成了尼克二世统治时期开始开凿的尼罗河-红海运河。这条运河为波斯和埃及的直接联系提供了便利。公元前 490 年,波斯在马拉松战役中的失利,宣告了长达 80 年的埃及人反抗波斯人斗争的开始。在这场斗争中,埃及人以与希腊诸城交易谷物为条件换取了希腊的军事支持。三角洲西部地区是反抗的中心,而波斯的统治中心则在尼罗河谷地。

第二十七王朝之后埃及的三个本土政权统治时间都很短暂。公元前 343 年,波斯再次征服埃及。于是,埃及开始了长达 11 年的第二次波斯统治时期,即第三十一王朝。

(四) 托勒密王朝与希腊化时代

1. 马其顿征服与托勒密王朝的建立

公元前 332 年,马其顿国王亚历山大大帝占领了埃及。他在埃及驻留期间,修建了亚历山大城,并将其作为埃及的政治、经济、文化中心。公元前 323 年,亚历山大死亡,他的部将托勒密成为埃及总督。公元前 305 年,托勒密宣布自己为埃及的国王,即托勒密一世。自此,埃及开始了希腊-马其顿统治时代(前 305—前 30),直至公元前 30 年被罗马帝国征服。

托勒密一世及其继承人托勒密二世和三世统治时期,埃及国力强盛,昔兰尼、努比亚、叙利亚与巴勒斯坦地区、塞浦路斯等许多地区皆归埃及所有。在政权组织上,托勒密王朝的国王们延续了埃及专制主义中央集权统治。公元前 2 世纪,托勒密王朝的内忧外患同时爆发。到公元前 85 年,埃及人的反抗达到了顶峰;在叙利亚-巴勒斯坦地区,埃及失去了许多属国。

公元前 1 世纪,托勒密王朝的衰落继续加剧。诸多因素有利于埃及人摆脱希腊人的统治。然而在希腊衰落的同时,另一股强大的势力——罗马悄然兴起。它成为埃及新的主宰。

2. 希腊文化与埃及文化的融合

作为统治者,希腊-马其顿人力图将他们的文明强加给埃及人。但是埃及不仅地域辽阔、人口众多,而且具有数千年的文化传统。为了稳固在埃及的统治,托勒密诸王不得不在推行希腊文化的同时,在某种程度上接受埃及文化。与此同时,由于希腊宗教走向衰落,希腊人开始寻找新的精神寄托,这就为他们接受埃及传统宗教提供了可能性。

在这一背景下,一个作为希腊、埃及宗教混合体的新神——萨拉皮斯神诞生了。它不仅是埃及公牛神阿皮斯和冥界之神奥西里斯的结合体,还是诸多希腊神明的结合体。因此,萨拉皮斯神拥有丰产、丧葬、康复等多重职司,是这一时期埃及最伟大的神明。萨拉皮斯神的崇拜中心是亚历山大城,罗马统治时期,萨拉皮斯神崇拜传播到整个罗马世界。此外,托勒密诸王还在埃及各地建造或修复埃及传统神庙,对当地原有的神明崇拜予以财力上的支持。

托勒密王朝时期,埃及的官方语言有三种,即铭刻体埃及语、世俗体埃及语和希腊语,任何一份布告、饬令都同时用这三种文字写成,其中最著名的是罗塞达石碑,它是公元前 196 年由托勒密五世颁布的敕令。为了便于人们掌握古埃及语,托勒密王朝还创造出一种希腊字母化的埃及语——科普特语。科普特语继承了古埃及语的语法体系,却以希腊字母作为其书写形式。

托勒密王朝时期,希腊文化和埃及文化的融合还表现在艺术上。这一时期的艺术风格秉承了埃及传统,在具体人物形象的描绘上却带有浓厚的希腊色彩。

亚历山大城的博学院和图书馆是希腊文化和埃及文化融合的载体。博学院最初是一座缪斯神庙,托勒密一世倡导学术研究,遂把它建成了广招学者的博学院。博学院免费为学者们提供膳食住宿,并免除他们的赋税。博学院相对宽松的研究环境,成就了一批极具影响力的学者,如阿基米德、欧几里德和埃拉托色尼。

通过搜集、购买和有计划地抄写原稿,亚历山大图书馆藏书 50 多万卷,包括了几乎所有古代希腊著作和部分东方典籍。亚历山大图书馆还对图书进行整理、注释和校订,为继承和传播古典文化做出了重要贡献。

● 彩 图

罗塞达石碑 ●

罗塞达石碑

四、埃及的对外交往

埃及与其周边国家和地区的交往途径有四种:贸易、战争、外交和宗教互动。与其交往的国家和地区主要有埃及东北部的西亚地区、南部的努比亚和与之隔海相望的希腊。

(一)埃及与西亚的交往

与埃及保持着交往的西亚国家和地区主要有两河流域的巴比伦和亚述、叙利亚北部的米坦尼、小亚细亚的赫梯、叙利亚-巴勒斯坦地区、以色列和伊朗高原的波斯。

埃及与西亚国家和地区的交往形式多样。贸易途径主要体现在埃及和叙利亚-巴勒斯坦地区的交往上,这是因为从文明开启之日起,埃及文明发展所需的木材、铜等原料就从西亚进口。而埃及几乎与西亚诸国家或地区都发生过战争,如对叙利亚-巴勒斯坦地区诸城邦的战争,与米坦尼的米格都战争,与赫梯的卡代什战争,与波斯的征服和反征服战争。外交途径最明显的体现是在埃及第十八王朝的阿玛纳时代,即外交时代,这一时期的埃及、巴比伦、亚述、米坦尼和赫梯五个强国之间展开了密集的外交活动。埃及宗教与犹太教的密切关系则是宗教途径的最佳体现。

事实上,埃及文明与西亚任何一个文明之间的交往都是通过这几个途径完成的,碰撞是交往的起因和导火索,而融合才是各文明间交往的目的和主旋律。

(二) 埃及对希腊文明的影响

埃及与希腊有据可循的交往开始于希克索斯王朝统治时期,在希克索斯王朝的首都阿瓦利斯出土了带有浓厚米诺埃文明风格的壁画残片。

新王国时期,埃及与迈锡尼文明的交往以官方贸易为主。埃及的第二十六王朝时期是交往的高峰期,希腊人首先以雇佣兵的身份来到埃及,继之而来的便是商人、手工业者和古典作家等各行各业的人。

为了减少埃及人和希腊人的冲突,这一王朝的国王阿玛西斯在埃及北部三角洲地区为希腊人建立了一个聚居地——诺克拉提斯城。这一时期,埃及因素频繁地出现在希腊人生活的诸多方面,如陶器的图案和墓葬,埃及文化渗透到了希腊人的生活中。

直至希腊-马其顿人创建托勒密王朝(前305—前30),埃及文化对希腊的影响一直持续着。托勒密王朝对埃及在政治上加强了专制主义统治,在经济上实行了国家垄断主义,在文化上,特别是宗教上的控制却相对松弛。所谓埃及的"希腊化",并不单纯是希腊文化被强加于埃及文化之上,而是两个文化的相互交融,甚至是希腊文化被埃及文化同化。事实上,这是两个民族之间一个长期的心理融合过程。

不仅如此,古代埃及宗教还深深地影响着希腊哲学思想,正是在埃及宗教思想的影响下,希腊哲学得以诞生。赫耳墨斯主义就是希腊化的埃及神学,是希腊文化和埃及文化融合的典型代表,并对犹太教、基督教、伊斯兰教以及欧洲文艺复兴时期的文化均产生深远影响。

第四节 上 古 印 度

古代印度的地理范围囊括了整个南亚次大陆及其附属岛屿,北抵喜马拉雅山脉中、西段,南至印度洋,东临孟加拉湾,西濒阿拉伯海。整个南亚次大陆可以分为北、中、南三个部分,其中北部是喜马拉雅山区,中部是印度河平原和恒河平原,南部被称为德干高原。人们通常将南亚次大陆的北部与中部称为"北印度",将德干高原称为"南印度"。其中北印度是古代印度文明的发源地,古代印度的几个政权的统治核心区都集中于北印度。

一、哈拉帕文化与吠陀时期

（一）哈拉帕文化

哈拉帕文化分布的区域辽阔,几乎覆盖了整个北印度。

这一时期的哈拉帕文化已进入青铜时期,城市文明程度很高。其中的摩亨佐·达罗城,城市规划整齐,有着先进的供水系统与排水系统,差异明显的建筑彰显着城市的繁荣与阶级的形成。由于无法对哈拉帕文化的文字进行释读,我们无法明确哈拉帕文化中各城的政治制度。哈拉帕文化地区与两河流域文明、伊朗文明的联系尤为紧密,来自哈拉帕文化地区的大麦、小麦、大米、棉花、绿松石、玛瑙、象牙制品经海路运送至波斯湾和两河流域。哈拉帕文化地区和中亚、东亚也存在着贸易往来,来自中国的玉石、来自阿富汗的青金石在哈拉帕文化中被奉为珍宝。

哈拉帕文化大约在公元前 1750 年骤然衰亡,对于其消亡的原因,学界至今无法给出科学的解释。

（二）吠陀时期

1. 吠陀时期概况

一支雅利安人经由兴都库什山脉山口进入南亚次大陆。雅利安人击败印度河流域的原住民达罗毗荼人,成为印度河流域的主人。从雅利安人侵入印度河流域至雅利安人国家形成之间的这段时期被称为"早期吠陀时期"(前 1500—前 1000)或"梨俱吠陀时期"。

早期吠陀时期,雅利安人的生活方式逐渐由游牧变成定居,其最初的氏族公社逐渐瓦解,新的社会形态逐渐形成。

公元前 10 世纪以后,已经占据了整个印度河流域的雅利安人逐步占据了恒河流域的上游和中游地区,这一时期被称为"晚期吠陀时期"(前 1000—前 500)。这一时期,雅利安人的社会组织形式逐渐由"酋邦"演进为"国家",在印度河流域与恒河流域出现了一些小规模的王国,这些王国的国王往往兼具行政权力与宗教权力。

2. 婆罗门教的形成

婆罗门教又被称为"吠陀教""吠陀婆罗门教""早期印度教",形成于晚期吠陀时期。

婆罗门教以四大吠陀经典和《奥义书》为圣书,其理论的核心在于"梵我合一",认为宇宙真理("梵")蕴藏于每一个个体之中。婆罗门教属于多神崇拜,其主神为因陀罗/帝释天,其他主要神明还有时间与秩序之神伐楼那、太阳神苏利耶、火神阿耆尼。

针对当时社会阶级差异分明、贫富悬殊的现象,婆罗门教提出了"灵魂不灭""业力"与"轮回"的理论,认为只有恪尽职守、积德行善才能在来世降生于较高阶层。婆罗门教的这一理论稳定了社会秩序,并为种姓制度的形成奠定了理论基础。

3.种姓制度的形成

种姓制度亦称"瓦尔那制度","瓦尔那"在梵语中意为"颜色""种类"。早期吠陀时期晚期,雅利安人内部开始出现分化,逐渐形成了婆罗门、罗阇尼亚、吠舍三个种姓,而被称为"达萨瓦尔那"的原住民为则演变为首陀罗种姓。晚期吠陀时期,罗阇尼亚种姓逐渐演变为刹帝利种姓,在种姓之外还形成了"不可接触者",即贱民,至此,种姓制度在南亚次大陆最终确立。

婆罗门、刹帝利与吠舍在婆罗门教中享有来世复生为人的权利,因而这三个种姓的群体又被称为"再生人"。最高种姓婆罗门主要从事宗教事务,掌握着宗教文化权力;刹帝利种姓主要由王室和贵族官僚构成,拥有军政大权;吠舍种姓则主要为雅利安底层民众,他们从事农业、畜牧业等和生产相关的职业。首陀罗种姓与"不可接触者"群体由非雅利安人构成,他们没有再生的权利,被称为"一生族"。他们只能从事卑贱的职业,为"再生人"服务。"不可接触者"的境遇最为悲惨,他们不被允许居住在市镇与村落中,一旦犯禁,等待着他们的将是酷刑。

种姓世代传承,不得随意更改。各种姓之间被严格隔离开来,实行"内婚制",允许高种姓男子迎娶低种姓女子,低种姓男子迎娶高种姓女子则被严厉禁止,其后代一律归入"不可接触者"群体。种姓制度深刻影响着印度社会,长期决定着印度人的婚姻、饮食、丧仪、职业等多种社会行为。

二、列国时代

(一) 列国时代概述

晚期吠陀时期末期,印度地区逐渐形成了16个实力较强的大国与众多小邦,这些国家大小不一,国家政权的组织形式也不相同,互相攻伐,彼此斗争不休,这种状况一直持续到公元前 4 世纪末孔雀王朝崛起一统北印度之时。这一时期通常被称为"列国时代"(前 6 世纪—前 4 世纪),又因佛教创立于这一时期,所以其也被称为"早期佛教时代"。在林立的邦国之中,实力最强的当属位于恒河下游地区的摩揭陀国。

(二)耆那教的形成

列国时代,印度社会矛盾尖锐,出现了众多质疑甚至反对正统婆罗门教的教派,史称"沙门思潮"。

公元前 6 世纪中叶,耆那教由筏驮摩那(约前 599—约前 527)创立。耆那教是第一个尝试从印度原始宗教繁杂教义中析出单一教义的宗教。由于耆那教禁止一切形式的杀生,耆那教徒不得耕种、当兵,他们大多从事商业活动。

(三)佛教的诞生

佛教的创始人释迦牟尼,原名乔达摩·悉达多,原为迦毗罗卫国统治者净饭王之子,为刹帝利种姓。他于 29 岁时离家遁世苦修,35 岁时,他来到菩提迦耶附近一株菩提树下,在经历了 7 日 7 夜的冥想后终于开悟,创立佛教。佛教从根源上否定了婆罗门教"梵我合一"中的"梵"和"我",主张"无我",并否定了种姓制度,提倡"众生平等"。佛教一经创立便受到了印度劳苦大众的欢迎,迅速传播,并对婆罗门教造成了极大的冲击。

三、孔雀王朝

孔雀王朝(约前 321,一说前 324—约前 187)是印度历史上幅员最为辽阔、国力最为强盛的一个王朝,也是印度历史上第一个真正意义上的帝国。孔雀王朝的创立者为出身吠舍种姓的旃陀罗笈多,由于其家族世代豢养孔雀,他所建立的王朝被称为"孔雀王朝"。旃陀罗笈多率兵攻取了摩揭陀王国全境并自立为王,开启了孔雀王朝的历史,定都华氏城。旃陀罗笈多的孙子阿育王是印度历史上最为杰出的统治者之一。阿育王即位之初即开始进行大规模

阿育王

的军事扩张活动,及至阿育王统治中期,整个南亚次大陆除了东南一隅,已尽数纳入孔雀王朝疆土,同时孔雀王朝疆域向北深入阿富汗腹地,向西直至伊朗高原东部,阿育王统治时期的疆域达到了印度历史上的巅峰。

在统治中期,阿育王将佛教作为国教。阿育王对佛教的推崇并不意味着他对其他宗教特别是婆罗门教的打压,相反,阿育王着力缔造一个以佛教为纽带的多元化大帝国。阿育王死后孔雀王朝开始衰落,各行省先后独立,约公元前187年,孔雀王朝被巽伽王朝(前187—前75)取代。

在内政方面,孔雀王朝承袭了波斯帝国的中央集权体系,对地方采用行省制的统治形式。孔雀王朝对各行省的管控一如波斯帝国采取的"阶梯式管理",管控的第一个层级是恒河平原地区,这里是孔雀王朝的统治核心区,中央对这里的管控最为严格;第二个层级是孔雀王朝较晚征服的地区,中央对这些区域的管控较为温和;第三个层级是文明尚未开化的地区,中央仅仅要求这些地区表示臣服并缴纳贡赋。

处于"希腊化时代"的孔雀王朝与其他文明存在着长期的互动,大量的波斯人、希腊人以工匠的身份前往印度并定居,他们与当地的工匠一起创造了多元文化融合的精美工艺品。阿育王皈依佛教之后,频繁派遣僧人或使团前往南亚次大陆南部、青藏高原、斯里兰卡岛,甚至中亚、西亚、南欧的希腊化王国,弘扬佛法,极大地促进了孔雀王朝与各文明之间的互动。

四、笈多王朝

(一) 笈多王朝的兴盛

笈多王朝是印度历史上经济最为繁荣、文化最为昌隆的时期,因而笈多王朝又被称为印度历史上的"黄金时代"或"古典时代"。

笈多王朝由旃陀罗·笈多一世于320年创立。旃陀罗·笈多一世之子海护王被誉为"印度的拿破仑"。他在位之时,笈多王朝先后征服了印度河流域的大半、恒河流域全境,并向南扩张至德干高原,笈多王朝成为一个真正意义上的帝国。

海护王之子超日王在其统治时期,将首都迁至华氏城,笈多王朝进入全盛时期。超日王之后笈多王朝开始走向衰落。6世纪中期,笈多王朝名存实亡。

(二) 笈多王朝的对外交往

笈多王朝统治时期,印度文明的影响遍及整个亚洲。笈多王朝统治时期,南亚次大陆周边很多地区都形成了由印度移民领导、以当地土著居民为主体的小国,这些小国以佛教为国教,在社会生活方面效仿印度文明,所使用的文字也大多为梵文。笈多王朝统治时期正值我国南北朝的混乱时期,印度僧人纷纷来华传播佛教,我国历史上著名的达摩祖师,就是笈多王朝统治时期来到中国弘扬佛法的印度僧人。

笈多王朝对西亚的影响主要体现在技术和贸易方面,笈多王朝的医疗技术对伊朗本土医学体系的形成起了很大作用,来自印度的商品和武器在两河流域和阿拉伯地区也享有盛誉。

笈多王朝统治时期,印度同西罗马帝国、拜占庭帝国的贸易往来一直持续到 6 世纪初,印度文学名著《五卷书》在公元 6 世纪后被翻译成多种文字,并风靡欧洲。

(三)佛教的没落与印度教的复兴

笈多王朝时,当佛教在南亚次大陆周边得到广泛传播之时,印度本土的佛教却呈现出衰微之相。大量僧人还俗或改宗印度教,其后佛教在印度已无法公开传播,佛教各派也大多逐渐融入印度教体系中。12 世纪后,印度佛教徒日稀。

笈多王朝统治时期,印度教重新崛起的原因之一是受到了官方的支持,海护王是虔诚的印度教信徒,他大力赞助印度教神庙并在全国推崇印度教;原因之二在于这一时期印度教自身的发展,笈多王朝统治时期,印度教两大经典《摩诃婆罗多》与《罗摩衍那》被正式编订成书,印度教拥有了可靠的经典来源。自我革新后的印度教不再强调祭祀,而是重视虔敬与奉爱。随着信仰印度教政权的扩张,众多被征服地区的地方神祇不断被纳入印度教体系中。

第五节　上古欧亚大陆的文明交流

在公元前 3500 年至前 500 年间,欧亚大陆诸文明间的交流未能突破高山、沙漠等自然地理环境的限制,而是以各区域内部进行的交流为主。埃及、两河流域、希腊都位于东地中海世界,由于地域的连接,这些文明间较早地建立了联系。

一、草原上的游牧族群

草原上的游牧族群是一个例外。他们因日常使用马匹而拥有良好的机动性,从大兴安岭至黑海北岸连绵不断的广袤草原地带又使游牧族群能够便捷地往来于东西方之间,成为各文明的连接者。当时在草原上扮演这一历史角色的族群就是斯基泰人。斯基泰人没有文字,自然也未留下关于自身的记载,却在与周边文明的互动中被记录下来。在公元前 7 世纪至前 6 世纪间,希腊人逐渐向黑海北岸扩展贸易,甚至建立城邦,大概也正是在此时与斯基泰人产生了联系。斯基泰人被波斯人、中国人称为塞人。

与古代中国交往的斯基泰人主要生活在天山北麓的伊犁河流域至帕米尔高原。阿尔泰山北麓的巴泽雷克地区的一批斯基泰人墓葬中出土了有翼狮身怪兽造型的黄金工艺品,其艺术风格来自波斯和希腊。同时,墓中还出土了来自西亚、中亚的各类毛织物,以及来自中国的丝绸和漆器。可见在文明交流的黎明时期,草原上的游牧族群发挥了桥梁作用。

二、中国的中原与西域的交流

公元前 500 年以前,在中国这一地理单元内,生活在中原地区的族群通过游牧的大月氏人与西域连接起来,先秦史籍就记载了大月氏人将马匹带到了中原地区。当时大月氏是西北地区的强大民族。自新石器时代至商周时期,中原地区特别重视玉器,将其用于祭祀、丧葬等各类礼仪活动。妇好墓中出土 700 余件玉器,其中相当数量玉器的原料来自塔里木盆地南缘的于阗地区。中原地区在利用来自塔里木盆地地区物产的同时,也反过来向其输入物产。在大约公元前 1000 年的新疆多地的墓地中,都发现了以产自中国东部沿海地区的海贝制成的毛织围巾或服饰的装饰品。

在接下来的公元前 500 年至 500 年的时间里,随着欧亚大陆各区域内先后形成强大的地域政权,原本区域内的物质与文化交流将演进为不同区域间各文明、各人群的互动。

本 章 小 结

伴随着农业的兴起,西亚两河流域的苏美尔人率先步入文明,随后北非的埃及、南亚的印度也相继开启了文明历程。在从公元前 3500 年到前 500 年的时间里,两河文明经历了从城邦、王国到区域性帝国的发展过程,并衍生出犹太文明和腓尼基文明,同时对赫梯文明产生深刻影响。在北非,埃及文明经历了从统一到分裂再到统一、从有序到无序再到有序如此循环往复的螺旋式发展。然而到了第三中间期,埃及文明正常的生长规律被打破了。利比亚人、努比亚人、亚述人和波斯人相继成为埃及的主宰,接着,埃及被完全卷入希腊化世界。与此同时,由于印度本土哈拉帕文化消亡后,雅利安人入侵,印度文明从一开始较之两河文明和埃及文明就更具有开放性,而亚历山大的东征更是把席卷整个东地中海世界的希腊文明带到了南亚次大陆。从上古时期开始,人类文明就已经开始了从区域到全球的发展历程。

思考题

1. 简述两河文明的影响。
2. 简述埃及对外战争及其历史影响。
3. 简述埃及文化与希腊文化的交融互鉴。
4. 简述印度种姓制度及其对印度社会的影响。
5. 试析印度在东西方文化之间的桥梁作用。

扩展阅读

1. 于殿利:《古代美索不达米亚文明》,北京:北京师范大学出版社,2018 年。

2. 周启迪、沃淑萍:《古代印度波斯文明》,北京:北京师范大学出版社,2018 年。

3. Ian Shaw: *The Oxford History of Ancient Egypt*, New York: Oxford University Press, 2000.

第二章　古代文明的发展与互鉴

　　较之上古时期三千年的发展历程,从公元前 500 年到公元 500 年的一千年是古代世界各地区、各文明的快速发展时期,也是古代世界的第一个"帝国时代"。波斯帝国的建立标志着建立在宗教、语言文字、经济和政治共同体基础上的地中海共同体的形成。波斯帝国在国家治理上的经验被后起的希腊-马其顿帝国和罗马帝国继承并发展,从而推动了地中海共同体向中亚、南亚和西欧扩展。基于波斯帝国、马其顿帝国和罗马帝国的军事扩张,以及帝国建立后对交通网络构建的积极推动,一个横跨亚非欧三大洲的远程贸易网络得以形成,加速了国家、地区间的政治、经济和文化一体化进程。伴随着跨洲商业贸易的扩展,以基督教为代表的宗教思想、科学技术、语言文字和建筑艺术传播到世界各地,以商人、官员、士兵、传教士和移民为主体的人员流动则进一步推动了族群间的融合。

第一节　古代波斯

　　波斯文明发源于现代的伊朗高原。伊朗北接里海,南邻波斯湾,领土内多沙漠。波斯人属于雅利安人。雅利安人最初定居于乌拉尔山附近的欧亚草原一带,公元前 2000 年左右,雅利安人中的波斯人、米底人、安息人等族群经高加索山脉来到伊朗西北部,其后又渐渐分散到伊朗的各个地区,并与当地原住民相融合。

一、波斯帝国

（一）波斯帝国的创立

公元前 559 年,居鲁士大帝即位,他将首都由安善城迁到了帕萨尔加德,随即整合波斯境内各部落。公元前 550 年,居鲁士大帝吞灭米底王国,这一年也被认为是波斯帝国,即阿契美尼德王朝建立的开始。

公元前 547 年,居鲁士大帝占领了吕底亚。公元前 539 年,居鲁士大帝吞灭了新巴比伦王国,并允许犹太人返回耶路撒冷重建圣殿。公元前 530 年,居鲁士大帝身亡后,其子冈比西斯即位,是为冈比西斯二世。在稳定了中亚局势之后,冈比西斯二世于公元前 525 年灭掉埃及第二十六王朝后,在返回伊朗平定琐罗亚斯德教祭司高墨达反叛途中暴毙。

（二）波斯帝国的鼎盛

公元前 522 年,波斯皇室成员大流士发动宫廷政变,登基为帝,史称大流士一世。在稳定了内部局势后,大流士一世便开始了领土扩张战争。公元前 6 世纪初,印度河流域并入波斯帝国版图。希腊殖民城邦米利都反叛,这就是著名的"爱奥尼亚起义",波斯帝国在付出巨大代价后才将起义镇压。其后为根除希腊对波斯帝国的潜在威胁,大流士一世先后于公元前 492 年和前 490 年两次派兵讨伐希腊,均遭失败,这就是第一次希波战争。

在大流士一世晚年,波斯帝国疆域西北到巴尔干半岛的多瑙河,西南达非洲的尼罗河,东北抵锡尔河以南,东南至印度河流域,面积超过 500 万平方千米,波斯帝国成为世界历史上第一个地跨欧亚非的大帝国。

大流士一世在对外征伐的同时也在波斯国内进行建设。他营建新都波斯波利斯;考虑到帝国幅员辽阔的特点,又确立巴比伦城、苏萨、埃克巴坦那为都城,四都并立。为加强对帝国境内各区域的控制,大流士一世在帝国境内修建了四通八达的"御道",在埃及完成了第二十六王朝国王尼克二世的工程,开凿了连通红海、尼罗河的运河。

（三）波斯帝国的衰败与灭亡

公元前 486 年,大流士一世死亡,在他死亡前后,埃及和巴比伦等地均爆发了全国性的起义。公元前 480 年,薛西斯一世水陆并进进攻希腊,这就是第二次希波战争。公元前 449 年,波斯与以雅典为首的"提洛同盟"签订了《卡里阿斯和约》,希波战争宣告结束。

第二次希波战争后,波斯军队战斗力持续下滑,不得不倚重雇佣兵,特别是希腊雇佣兵。公元前334年,亚历山大大帝开始进攻波斯帝国,并在极短的时间内攻占了波斯帝国西部大片领土。公元前331年,波斯与亚历山大大帝在高加米拉展开决战,波斯人溃不成军,马其顿大军迅速占领了包括波斯波利斯在内的波斯大半领土。公元前330年,在波斯内部叛乱中,末帝大流士三世被杀,波斯帝国终结。

(四)波斯帝国治理体系

在扩张征服过程中,波斯帝国形成了一整套行之有效的帝国治理体系,即以皇帝为核心、以波斯贵族为主体,并在一定程度上团结各地贵族来控制庞大帝国的管理体系。波斯帝国皇帝的权力来自琐罗亚斯德教主神阿胡拉·玛兹达,皇帝被视为阿胡拉·玛兹达在人间的代理人,有着神圣的地位和无上的权力。

在中央,大流士一世设立了由皇帝直接领导的最高行政机构,负责处理各项行政事务及联系中央和地方。在地方,波斯帝国实行行省制,这些行省的区划、名称与数量并非一成不变,而是根据帝国的统治现状进行调整。波斯帝国对行省实行"阶梯式管理",各行省被分为三个等级,第一个等级的行省多处于伊朗故地,帝国对其管控最严;处于第三个等级的行省往往为边远贫瘠之地,帝国只在那里派驻总督与军队,对其余事务则不加干涉。行省的最高长官为"总督",由波斯皇室成员和贵族担任。为更好地监控各个行省,中央在各行省设置了直接听命于皇帝的"王之耳"与"缇骑",他们将各行省的重大事件直接上报给中央政府。各行省之下的行政区划则基本沿袭各地原有的行政区划。为了实现政治上的统一,波斯帝国确保各行省的行政体系整齐划一。帝国境内四通八达的御道和驿站,更是有力地强化了统一。

波斯帝国内部同时存在生产力发展水平不同的经济体系。在两河流域和埃及,农业经济十分繁荣;在小亚细亚和叙利亚-巴勒斯坦地区,其经济则以工商业为主;在伊朗高原,林业与畜牧业十分发达;而中亚大部分地区仍处于游牧阶段。为了便于对帝国各地的经济体系进行统一管理,大流士一世推出一套统一的度量衡体系和货币体系。

波斯帝国的军队主要可分为"万人不死军""近卫军""常备军""地方部队"四种。万人不死军是波斯军队中的精锐,由一万名波斯人组成;近卫军驻守于波斯几个都城中,保卫宫廷并负责保护皇帝安全;常备军主要由波斯人和米底人构成,驻守在战略要地,负责帝国国防;地方部队主要负责维护地方安全,士兵来源比较复杂。

波斯帝国实行全国统一的军事等级制度,波斯军队的单位分别为千人队、百人队、十人队,这些军事团体以其指挥官的名字命名,它们分别由千夫长、百夫长、什长指挥,军官大多由波斯人、米底人或巴比伦人担任。

(五)波斯的宗教文化

波斯帝国对境内各宗教采取信仰自由与严密监控并举的政策。波斯帝国的国教是琐罗亚斯德教,以创立者的名字命名;因为火是琐罗亚斯德教的神圣之物,所以其也被称为"拜火教"或"袄教"。琐罗亚斯德教认为,主神阿胡拉·玛兹达是代表光明的善神,与黑暗的恶神进行斗争。为了战斗,阿胡拉·玛兹达创造了宇宙、人类和火;人死后根据其生前的行为进入天堂或地狱。琐罗亚斯德教的圣典为《阿维斯塔》。

波斯人借用阿卡德语的字符创造出了古波斯文。波斯帝国重要的政令与铭文,皆用古波斯文、埃兰文、阿卡德文三种文字书写。大流士一世统治时期,阿拉米文逐渐成为帝国的官方文字。而在各地方行省,原有的文字仍在被广泛使用。

二、安息帝国

(一)安息帝国的兴衰

安息位于伊朗东北部,最初为塞琉古王朝的一部分。公元前247年,塞琉古王朝安息行省总督安德拉戈拉斯脱离了塞琉古王朝并自立为王,开启了安息帝国的历史,定都今土库曼斯坦境内的尼萨城,后改为泰西封。

米特里达梯二世统治时期,安息帝国强盛,疆域西抵小亚细亚东部,东至兴都库什山脉,南临波斯湾,北接高加索,是一个与汉帝国、罗马帝国并立的强大帝国。张骞第二次出使西域,派遣副使甘英来到安息帝国,两国正式建立邦交,而后安息帝国也遣使前往中国。

1世纪以后,安息帝国开始衰落。罗马帝国攻占了安息帝国在高加索地区、两河流域的疆土,攻陷了安息帝国首都泰西封。此后,罗马军队多次攻陷泰西封,安息帝国岌岌可危。224年,在内乱中,安息帝国灭亡。

(二)安息帝国的统治

安息帝国的统治方式与波斯帝国不同,保持着一些游牧部落松散的组织形式,又沿袭了塞琉古王朝中央集权孱弱的弊端。

皇帝人选的确定必须经各个行省总督与中央政府权贵们商议,这种皇位继承方式使帝国争位战争频发。安息帝国和波斯帝国一样实行行省制,但与波斯帝国不同的是,安息帝国行省的总督很多直接由当地贵族担任,且父系传承,这就造成了各行省的军政大权、司法权均掌握在总督手中,皇帝无法干涉各行省内部事务。

(三)安息帝国的宗教与文化

安息人敬奉雅利安人原始信仰中的太阳神密特拉,并由此形成了"密特拉教"。密特拉教在中东与欧洲地区影响很大,早期基督教也借鉴了很多密特拉教的仪式。

安息帝国统治前期,希腊文化在帝国境内特别是帝国西部占据主流;帝国统治中后期,由于安息与罗马之间的不断冲突,安息人开始对希腊文化采取敌视态度,大量迁徙至西部的东方移民也逐渐冲淡了西部希腊文化的色彩,伊朗本土文化开始成为帝国的主流文化,安息文成为帝国官方文字。安息文是根据阿拉米文创造的一种表音文字。

三、萨珊王朝

(一)萨珊王朝的兴衰

萨珊王朝由阿尔达希尔一世于公元 224 年创立,其祖父名为萨珊,萨珊王朝之名由此而来,首都泰西封。萨珊王朝的领土几乎完全覆盖了安息帝国末期疆土。

沙普尔二世统治的 70 年被誉为"第一黄金期"。他对内加强中央集权,对外频繁发动战争,屡败罗马军队,成功驱逐阿拉伯游牧部落,吞并亚美尼亚。498年到 622 年萨珊王朝国力昌盛,这一时期被誉为"第二黄金期",其疆域广阔,此时的萨珊王朝俨然成为一个地跨亚非的庞大帝国。但此时位于阿拉伯半岛的阿拉伯帝国崛起。637 年,阿拉伯大军攻陷萨珊王朝首都泰西封,萨珊王朝皇帝亚兹德格德三世弃城逃往伊朗高原地区。638 年,萨珊王朝皇帝遣使向中国唐朝求援。651 年,亚兹德格德三世遇刺身亡,萨珊王朝遂告灭亡。

(二)萨珊王朝的统治

萨珊王朝早期,皇帝有着无限崇高的地位。公元 4 世纪之后,皇帝人选须经御前会议商议后才能确定。在中央,皇帝之下的最高权力机构是御前会议,由皇室成员、高级祭司和贵族代表组成,御前会议之下为中央行政机构。在地方,萨珊王朝在早期任命被征服地区的统治者为地方统治者,这种行政单位被称为"王国";萨珊王朝中后期开始将"王国"逐步转变为"行省"。萨珊王朝实行种姓制度。萨珊王朝将人口分为种姓内人口与种姓外人口,种姓内人口由高到低依次为祭司种姓、武士种姓、文士种姓、平民种姓,其中前三个种姓属于贵族阶层,享有免缴税赋的特权;种姓外人口是奴隶,主要由罪犯与战俘转化而来。萨珊王朝的种姓父系传承,实行"内婚制",各个种姓之间界限清晰且难以逾越。

(三)萨珊王朝的宗教文化

萨珊文化融合了东西方文化和伊朗本土文化。萨珊王朝的官方语言为巴列维语。萨珊王朝奉琐罗亚斯德教为国教,琐罗亚斯德教因而得到了空前的发展。公元3世纪,摩尼创立摩尼教。摩尼教以琐罗亚斯德教为基础,吸收了基督教与佛教的部分思想,深受广大底层民众欢迎。但由于摩尼教将阿胡拉·玛兹达降为次要的神,并且其教义严重干扰了萨珊王朝的统治,摩尼教在伊朗地区逐渐衰落,但其后随着信众的四散奔逃很快被传播至欧洲、非洲、中亚、东亚。

第二节 古 代 希 腊

希腊半岛位于巴尔干半岛南端。除了希腊半岛,古代希腊还包括周围的一些岛屿,如克里特岛、罗德岛和塞浦路斯岛。从地貌上看,希腊多山地,可耕种土地只有30%,且高山和丘陵纵横交错,使岛内交通严重受阻。因此,希腊人不得不将眼光转向海洋,航海成为他们生存下去的最佳途径。

一、爱琴文明与黑暗时代

(一)爱琴文明

希腊半岛上的居民开始从采集转向农耕,迈出了希腊文明发展中最为关键的一步——定居生活。随后,西亚人口移民到希腊,他们的文化与土著希腊人的文化相融合,并深刻影响着希腊文化。爱琴文明分为克里特文明和迈锡尼文明两个阶段。

1. 克里特文明

大约在公元前2000年,克里特岛上的克诺索斯王宫建成,克里特文明(米诺斯文明)开启。王宫是城邦的中心,所有行政管理、经济活动和宗教活动都在王宫中进行。克里特文明与叙利亚-巴勒斯坦地区和埃及有着密切的贸易往来,由于克里特岛位于地中海中部,其成为贸易中转站。

公元前1900年,随着社会管理的复杂化,克里特人发展出了图画文字,后逐渐演化成线形文字,前期文字被称为"线形文字A",后期文字被称为"线形文字B"。克里特文明的建筑和艺术受到埃及文明影响,但又有自己的地域风格,山川、河流、动物和宗教仪式是其主题。克里特人崇拜一位"母神",也崇拜公牛和野山羊,"跳牛"是克里特人的重要祭祀仪式。

王宫的建造已经揭示出克里特文明的社会分层,王宫的主人就是身兼祭司的国王;而在城镇和乡村,装饰精美的大型房屋揭示出贵族阶层的形成。此外,克里特社会还有数量众多的农民和手工业者,以及处于社会最底层的奴隶。

2. 迈锡尼文明

公元前1450年,迈锡尼人占领了克里特岛,成为爱琴文明的第二任主人。迈锡尼文明继承了克里特文明,并且因为与西亚和埃及联系密切而受到这两个文明的影响,从而具有文化融合的特征。

公元前1400年—前1200年是迈锡尼文明的辉煌期。迈锡尼文明沿用了克里特文明的政体,实行王政。迈锡尼人的贸易活动遍布东地中海世界,从东地中海沿岸的小亚细亚,叙利亚-巴勒斯坦沿海地区,北非的埃及到地中海的撒丁岛、西西里岛、罗德岛和塞浦路斯岛都留下过迈锡尼商人的足迹。

迈锡尼社会主要被划分为贵族和平民两个阶层。贵族包括国王、将军、官吏和祭司,平民包括农民、牧人、工匠和渔夫等。处于社会最底层的是奴隶,主要通过俘虏和购买获得。迈锡尼宗教沿用了克里特人的宗教符号和祭物,也崇拜"母神"。迈锡尼宗教很有可能是古希腊宗教的源头,一些神祇后来成为古希腊宗教中重要的神,如宙斯、赫拉、波塞冬。

(二)黑暗时代

公元前12世纪末期,在海上民族和多利亚人入侵等外部因素,以及旱灾、地震和洪水等内部因素的共同作用下,迈锡尼文明衰落。希腊进入了黑暗时代,因《荷马史诗》对这一时期有所记载,所以这一时期也被称为荷马时代。

黑暗时代的希腊,城镇和村庄荒芜,人口锐减。尽管这一时期手工制品的质量较之前有所降低,但也正是在这一时期,希腊工匠掌握了炼铁技术。黑暗时代的希腊宗教延续了迈锡尼文明的多神崇拜,崇拜形式也与后者相同。

公元前8世纪初,希腊人口开始大幅度增加,社会经济复苏,农业、畜牧业、手工业和贸易显现出勃勃生机,黑暗时代行将终结,希腊文明进入古风时代。

二、古风时代

古风时代从公元前 8 世纪开始,希腊走出黑暗时代并发展迅猛,为希腊文明的黄金时代——古典时代的到来奠定了基础。

(一)城邦政体

所谓城邦,即由一座城市及其毗邻地区构成的自治的政治共同体。每个城邦根据实际情况和需要采取不同的政体,以雅典为代表的城邦实行民主制。通常,城邦有两个重要机构,一个是公民大会,一个是议事会。

公民大会由成年自由男子构成,外邦人、奴隶和妇女无权参加。公民大会通过选举产生一名地位最高的执政官,执政官任期为一年。城邦的另一个重要机构是议事会,由贵族构成,它是城邦的权力中心,承担着为城邦制定政策和法律的职责。议事会成员任期很长,甚至可以是终身制,成员大部分是卸任的执政官。

以斯巴达为代表的城邦实行寡头制,即由极少数人执掌政权。斯巴达国王有两位,分别来自两个家族,相互制衡,王位世袭。国王具有宗教、司法、军事和行政等权力,战时,一位国王领兵作战,一位国王留守城邦。

斯巴达的公民大会由年满 30 岁的斯巴达男子组成,公民大会只有表决权,没有提案权,提案由长老会议提出。长老会议是斯巴达的最高权力机关,由 30 位 60 岁以上的公民组成,任职终身,其中两位国王是固定的长老会议成员。为了监督国王,斯巴达还设有 5 位监察官。

公元前 7 世纪年到前 6 世纪,希腊各城邦相继出现僭主政治,即用非法手段通过政变而建立的独裁统治。希腊各城邦的贵族家族为了利益和荣誉相互敌对是僭主出现的主要原因。僭主不经公民大会选举,职位世袭。希腊早期的僭主政治在一定程度上推动了希腊工商业的发展和海外殖民活动的开展,但由于僭主多骄奢残暴,后期遭到了以工商业主为代表的希腊民众的抵制和反对,最后走向没落。

(二)殖民活动

公元前 8 世纪,希腊人开始了大规模的海外殖民活动。希腊开展海外殖民活动的动因有两个,一是希腊人对诸如金属等原料的需求越来越大;二是希腊土地数量无法满足日益增长的人口的需要。大约到公元前 500 年,在西班牙东部、西西里岛和意大利南部、北非到东地中海沿岸的西亚地区,以及赫勒斯滂海峡和黑海地区,希腊人建立了大大小小 400 多个殖民地。海外殖民地与母邦的关系密切,但不是从属关系,海外殖民地是完全独立的新城邦。

三、古典时代

古典时代(前 5 世纪—4 世纪中叶)是希腊历史上的黄金时代。雅典民主制的发展演变、希波战争和伯罗奔尼撒战争是这一时期希腊历史的主要内容。

(一)雅典民主制

视频

雅典民主制

雅典社会主要由贵族和平民构成。随着社会财富越来越集中在贵族手中,贵族和平民的矛盾激化。公元前 621 年,司法执政官德拉古制定了雅典第一部成文法典《德拉古法》。根据《德拉古法》,雅典成立了有 401 人的议事会。但只有自备武装的人才有公民权,因此这一法典实际上维护了贵族的利益。

《德拉古法》不但没有消除贵族和平民之间的矛盾,反而使二者之间的矛盾更加激化。公元前 594 年,梭伦出任首席执政官,开始进行改革。在经济上,梭伦颁布"解负令",禁止把欠债的平民变为奴隶;实行货币和度量衡改革;承认财产私有化,消除雅典社会中的氏族残余。在政治上,梭伦设立 400 人议事会作为雅典的最高行政机关,由 4 个部落各选 100 人组成;设立陪审法庭作为最高司法机关;制定新法典,取代《德拉古法》。梭伦改革是雅典民主化进程中的重要一步。

梭伦改革并没有消除贵族和平民的矛盾,雅典的社会矛盾继续激化。公元前 6 世纪,雅典贵族山地派领袖庇西特拉图率领军队攻占雅典,建立僭主统治。在其统治期间,庇西特拉图在梭伦改革基础上又采取了一系列有利于平民的政策,巩固了雅典的民主政治。

僭主政治被推翻后,原来的氏族制度已经不适应雅典社会进一步发展的需要。公元前 508 年,克里斯提尼担任执政官,推行一系列重大改革:打散原有的以地域为界限的部落,规定每一个部落都包括雅典的不同地区,即城市、沿海地区和内陆地区各一个,共 10 个部落;建立"500 人会议",10 个部落各出 50 人,所有公民都可以参加;创立贝壳(或陶片)放逐法,以防僭主政治再次出现;成立十将军委员会。克里斯提尼改革大大削弱了部落贵族势力,从而使雅典国家最终形成;所有公民都可参与的"500 人会议"则标志着雅典民主政治的最终确立。在伯里克利担任执政官时期,雅典民主政治达到了顶峰。在伯里克利领导下,雅典成为当时希腊最繁荣的城邦。

● 彩　图

雅典卫城遗址

雅典卫城遗址

（二）希波战争

雅典的民主政治发展得如火如荼的同时，在西亚，波斯帝国崛起，成为希腊的主要对手。

公元前499年，臣服于波斯帝国的爱奥尼亚诸城邦以米利都为首举行起义，希波战争爆发。爱奥尼亚起义惨遭失败后，公元前490年，波斯军队远征希腊，在马拉松平原与雅典军队展开会战。雅典步兵利用有利地形，围歼了波斯陆军，偷袭雅典的波斯海军也无法一举打败雅典海军，波斯撤出希腊本土。

公元前480年，波斯再度进攻希腊，希腊各城邦结成联盟共同抗击波斯。在温泉关，波斯军队与斯巴达军队相遇，斯巴达王列奥尼达率领斯巴达士兵死守温泉关，最后全军覆灭。尽管斯巴达在温泉关战役中惨败，但其给雅典军队的抵抗争取了时间，雅典海军在萨拉米斯海峡大败波斯军队。公元前479年，波斯军队又一次进攻希腊，斯巴达人统率伯罗奔尼撒半岛联军在普拉提亚大败波斯。在普拉提亚战役的同一天，希腊舰队在米卡列战役中击败波斯海军。

希波战争在客观上加强了东西方文化交流，从而打破了东西方各自发展的局面。希腊的胜利不仅维护了希腊诸城邦的独立，使希腊称霸东地中海世界数百年之久，而且为其成为西方文明的源头奠定了基础。

《列奥尼达在温泉关》

（三）伯罗奔尼撒战争

公元前 478 年，为了共同抵抗波斯的入侵，以雅典为首的希腊城邦结成军事同盟，因同盟最初的金库设在提洛岛，故称"提洛同盟"。凭借强大的海军，雅典成为同盟盟主后将同盟金库迁往雅典，强令其他城邦缴纳盟捐，供雅典随意使用。公元前 404 年，随着雅典在伯罗奔尼撒战争中战败，提洛同盟也随之解散。

雅典创建了提洛同盟，斯巴达与伯罗奔尼撒半岛上的其他城邦成立了一个同盟，即伯罗奔尼撒同盟。而伯罗奔尼撒战争就是以雅典为首的提洛同盟与以斯巴达为首的伯罗奔尼撒同盟之间的战争，战争从公元前 431 年一直持续到公元前 404 年。在战争的第一阶段，也就是前 10 年，双方各有胜负，战争处于僵持状态。接下来的战争中期，双方曾签订过和平条约，但没带来真正的和平。公元前 405 年，斯巴达在羊河之役中重创雅典海军，迫使雅典投降。伯罗奔尼撒战争最终以雅典失败告终，斯巴达成为希腊的霸主。

这场战争结束了希腊的古典时代，也结束了雅典的民主时代。战争给交战双方都造成巨大破坏，几乎所有城邦都参与其中，从而导致希腊城邦的全面危机。希腊城邦衰落的同时，位于希腊半岛东北部的马其顿帝国兴起，凭借强大的军事力量，马其顿帝国成为希腊世界新的主宰。

彩 图

《列奥尼达
在温泉关》

四、亚历山大与希腊化时代

公元前 359 年,腓力二世成为马其顿国王,他励精图治,使马其顿成为一个强大、统一的国家。在经过了十多年的征战后,腓力二世于公元前 338 年征服整个希腊。

(一)亚历山大东征

公元前 336 年,腓力二世被波斯人刺杀,其子亚历山大继位,即亚历山大大帝。亚历山大在稳定了国内局势后,于公元前 334 年春亲率马其顿大军东征。

亚历山大东征的首要对象就是波斯。此时的波斯正值衰落时期,公元前 333 年,马其顿军队向南挺进,在叙利亚的伊苏斯平原大败波斯。

彩　图

《伊苏斯之战》

《伊苏斯之战》

接着,亚历山大攻占叙利亚地区的城市大马士革和腓尼基人的城市推罗城。公元前 332 年,其在几乎没有抵抗的情况下长驱直入,进入埃及,终结了波斯在埃及的统治。公元前 331 年春,马其顿军队向东横扫两河流域北部,于高加米拉大败波斯军队,占领巴比伦和苏萨。公元前 330 年,大流士三世被杀,波斯帝国就此终结。接着,亚历山大继续东进,于公元前 329 年到达中亚锡尔河一带。

公元前 327 年,亚历山大率军从中亚南下进攻印度,占领印度西北部。在他意欲向印度南部挺进时,因气候炎热,疾病在军队中蔓延,亚历山大因士兵拒绝南下而不得不于公元前 325 年撤出印度。公元前 324 年,亚历山大和他的军队

《亚历山大进入巴比伦》

回到巴比伦,历经 10 年的东征宣告结束。至此,马其顿帝国的版图西起马其顿、希腊,东到印度,南到埃及,北到黑海和多瑙河流域,首都是巴比伦。

马其顿帝国幅员辽阔,多元文化并存。为了更好更快地融合帝国内部的多元文化,亚历山大积极倡导、鼓励马其顿人和东方各族通婚,并将波斯人吸纳进马其顿的军队中,准备再次东征。公元前 323 年,亚历山大暴毙,年仅 33 岁。由于亚历山大没有指定继承人,他死后马其顿帝国陷入王权争夺之中,庞大的帝国分裂。

亚历山大东征在客观上促进了东西方文化的交融互鉴。希腊的建筑、艺术传到东方,东方的数学和天文学知识也传到了希腊。亚历山大东征开辟了东西方贸易新路线,为以后广泛而深入的东西方文化交流奠定了基础。

（二）希腊化时代的形成

希腊化时代是指亚历山大后继者统治的时代,即一个希腊文化传统超越希腊本土向更广阔的世界传播的时代。希腊化时代,希腊文明与埃及文明、西亚文明、印度文明交流互鉴,时间范围大致是从公元前 323 年亚历山大去世到公元前 30 年罗马征服最后一个希腊化国家——埃及的托勒密王朝为止。

亚历山大死后,他的将领将马其顿帝国一分为三。安提柯占据希腊和马其顿,建立安提柯王朝(前 306—前 168),又称马其顿王国。托勒密占据埃及,建立托勒密王朝(前 305—前 30)。除了埃及,托勒密王朝疆域还包括叙利亚-巴勒斯坦等地。塞琉古的领土最大,从巴克特里亚到安纳托利亚的原波斯统治区域都在他的统治范围之内,即塞琉古王朝(前 305—前 64),因统治中心在叙利亚,又被称为叙利亚王国,中国史书称其为条支。

除了这三个主要国家,希腊化时代还有两个较为重要的国家,一个是位于小亚细亚西北部的帕加马王国(前 281—前 133),另一个是安息帝国。

希腊化时代是地中海世界,乃至人类历史上第一个东西方文化的密集交流时期。在战争、外交、贸易的过程中,各文化进行了广泛而深入的融合,所形成的希腊化文化成为近代西方文化的母体。

(三) 希腊共同体的形成

如果说波斯帝国的建立开启了地中海世界的一体化进程,那么希腊化时代则把一体化进程向前推进了一步。从古风时代的希腊殖民活动开始,近东文明对古风时代的希腊文化产生了深刻影响,这是希腊殖民运动的一个显性结果。尽管希腊本土的城邦及海外殖民城邦在政治上都是各自独立的,希腊文字、文学、艺术、哲学和科学却跨出了城邦的界线,在古风时代的希腊世界广泛传播。希腊城邦和它们的殖民地之间的联系有助于更广阔意义上的希腊共同体的建立。

希腊人定期聚集在一起,参加泛希腊节日,这更加深了他们之间的联系;在这些节日会举行体育、文学、音乐等方面的竞赛,每一个人都力争为自己的城邦赢得荣誉,其中最有名的泛希腊节日竞赛是奥林匹克赛会。奥林匹克赛会开始于公元前 776 年,每四年举办一次。希腊各城邦派出最好的运动员进行速度、力量和技巧等方面的比赛,运动项目包括赛跑、跳远、拳击、摔跤、标枪和铁饼,每个项目的冠军都将成为其所属城邦的英雄。所以,尽管希腊人在政治上没有成为一个整体,但以奥林匹克赛会为代表的具有泛希腊性质的节日促成了希腊人的民族认同感的形成,从而为共享同一种语言、宗教习俗和社会价值观的希腊民族的形成奠定了基础。

(四) 希腊文化的传播

深受东方文化影响的古希腊文化在哲学、戏剧、宗教和科学等方面又都对后世产生了巨大的影响。在米利都兴起爱奥尼亚学派之后,古典时代的苏格拉底(前 469—前 399)对古希腊哲学进行了发展,苏格拉底的学说被他的学生柏拉图(前 427—前 347)和柏拉图的学生亚里士多德(前 384—前 322)所继承。亚里士多德则是希腊哲学的集大成者,他在形而上学的理论中通过严密的逻辑推理来构建论证体系。亚里士多德的著作表达了对世界全面而具有逻辑性的理解。

苏格拉底

希腊哲学对伊斯兰文化和西欧中世纪(亦称"中古")基督教文化都产生过深刻影响,西欧的文艺复兴就是打着复兴古希腊罗马文化的旗号而进行的一场反对神权、提倡人权的思想革命。可以说,希腊哲学为人们认识自身和世界提供了一个强有力的知识体系,并影响人们的思想达两千年之久。

同古代世界的其他宗教一样,希腊宗教也需要解释世界和人类的由来。希腊宗教与其他古代宗教一样是多神崇拜,希腊众神居住在奥林匹斯山上,最著名的神有 12 位,其中宙斯是主神,他们各司其职,共同掌管着世间万物。而以德尔斐秘仪为代表的希腊宗教仪式在希腊化世界的传播则进一步强化了希腊共同体的民族认同感。

到公元前 5 世纪,戏剧表演逐渐成为希腊人表达情感的主要方式。希腊戏剧揭示了人和人之间以及人和神之间的关系,对社会伦理道德进行深刻反思,进而诞生了希腊历史上最伟大的三位悲剧家——埃斯库罗斯、索福克勒斯和欧里庇得斯,他们的作品对后世产生了深远的影响。

希腊化文化是希腊文化、埃及文化、两河流域文化、波斯文化和印度文化的融合体,是地中海世界一体化的结果,同时也进一步促进了人类文明一体化。希腊化时代的哲学继承并发展了古典希腊哲学,其中最具影响力的是由芝诺创立的斯多葛学派。斯多葛学派宣扬人类是一个整体,因而只能有一个由君主统治的国家,一种公民,即世界公民,从而打破了希腊人和野蛮人之间的界限。显然,这种理论是为马其顿统治希腊服务的,却也彰显了希腊化时期对世界性意识形态的需求。

希腊化时代另一个影响广泛的学派是伊壁鸠鲁派。伊壁鸠鲁不相信灵魂的存在,因此其思想是与基督教对立的唯物主义思想。在伦理学上,其强调快乐与品德之间的相互作用,快乐等同于幸福,却不是享乐,而是一种心灵宁静的状态。

第三节 古 代 罗 马

罗马文明发源于亚平宁半岛。亚平宁半岛位于欧洲南部,北抵波河,南达爱奥尼亚海,东临亚得里亚海,西濒第勒尼安海,半岛海岸线曲折,多优良海港。亚平宁山脉贯穿半岛南北,使半岛呈现出中央较高、四周较低的地势特点。半岛内河流众多且径流较短,其中以流经罗马城的台伯河最为知名。

一、伊特鲁里亚文明与王政时期

(一)伊特鲁里亚文明

伊特鲁里亚文明由居住于亚平宁半岛西部的伊特鲁里亚人创建。伊特鲁里亚文明与古希腊文明相似,由众多城邦构成。公元前6世纪末,连续遭到希腊诸城邦进攻的伊特鲁里亚文明开始衰落。公元前4世纪之后,日益强盛的罗马共和国持续蚕食伊特鲁里亚文明故地。

伊特鲁里亚文明与腓尼基交往密切,多次与之组成联盟来抵御希腊诸邦的扩张,同时还与欧洲北部有着频繁的贸易往来。

伊特鲁里亚文明深受希腊文明和近东文明影响,同时又深刻影响着后来的罗马文明。许多罗马文明的标志,如罗马数字、凯旋式、束棒、拱门、城市下水道系统,皆来自伊特鲁里亚文明。

(二)王政时代

古代罗马人认为罗马文明始于罗马城的建立。罗马神话记述,约公元前753年,罗慕路斯与双胞胎弟弟雷穆斯在台伯河畔的拉丁姆平原建立了一座城,人们以罗慕路斯的名字将其命名为"罗马",自此开启了罗马的王政时代。王政时代的罗马本质上是一个氏族部落社会,这些氏族组成了 30 个"库里亚"。王政时代罗马的最高统治者是国王,被认为拥有神明所赋予的至高权力,由贵族组成的元老院辅佐国王制定大政方针,王位由"库里亚大会"投票选出。

王政时期的第六任国王塞尔维乌斯统治时进行了改革,他废除了前代按照血缘划分的氏族部落,在王国内部按照地域重新划分出了 4 个城区部落和若干乡村部落,并设置了相应机构进行管理。

他还按照财产将公民划分为 5 个等级,并对照公民等级组建军队,各等级公民群体需要产生出相应数量的百人队即"森都里亚",国家的各类政策需要经由森都里亚组成的"森都里亚大会"讨论后决定。塞尔维乌斯的改革不仅标志着罗马由氏族国家转型为城邦国家,更为日后罗马共和国称霸地中海世界奠定了基础。

第七任国王伊特鲁里亚人小塔克文统治时期,罗马成功征服了拉丁姆平原三分之一左右的区域,拉丁语也随之向外传播。约公元前 510 年,罗马贵族发动起义,废黜了篡位的小塔克文。至此,罗马王政时期结束,罗马共和国的历史开启。

二、罗马共和国的对外征服与衰落

(一) 罗马共和国的对外征服

王政时代结束后,符合罗马贵族群体利益的罗马共和国建立。由贵族组成的元老院为最高权力机构,掌握最高权力的 2 名执政官互相监督,执政期 1 年。当共和国面临危局时,元老院任命 1 人担任"独裁官",总揽军政大权,任期 6 个月。

公元前 5 世纪,贵族与平民矛盾激化,平民集体逃出罗马城。为了缓和贵族和平民之间的矛盾,贵族阶层做出让步,同意设立代表广大平民利益的"保民官"一职。保民官最初有 2 人,后来增至 10 人,保民官有权参与任何政治事务,并且对国家制定的政策有一票否决权。约公元前 450 年,罗马共和国颁布了"十二铜表法",首次以文字的形式明确了罗马公民的权利和义务。

罗马共和国延续了王政时代末期的对外扩张政策,在整合了拉丁姆平原后,开始进击位于亚平宁半岛的希腊人殖民地。此时日益强盛的罗马与地中海霸主、由腓尼基人在北非建立的殖民地迦太基发生利益冲突,从公元前 264 年到前 146 年,罗马与迦太基间先后发生三次战争,由于在拉丁语中迦太基被称为"布匿",这三次战争又被称为"布匿战争"。

第一次"布匿战争"发生于公元前 264 年至前 241 年,迦太基海军被罗马海军击败,罗马由此拥有了强大的海上力量。第二次"布匿战争"发生于公元前 218 年至前 201 年,迦太基名将汉尼拔指挥奇兵突入罗马本土作战,但最后仍然惨败,迦太基丧失了北非本土之外的全部海外领地。

在第二次"布匿战争"期间,罗马与马其顿王国在公元前 215 年至前 204 年间爆发战争,史称"第一次马其顿战争",这次战争虽然未分胜负,但已充分暴露了罗马意欲统御希腊世界的野心。公元前 200 年,罗马再一次对马其顿王国开战,史称"第二次马其顿战争"。到公元前 197 年战争结束之际,惨败的马其顿王国完全失去了对希腊诸邦的控制,罗马开始插手希腊城邦内部事务,并逐渐成为希腊诸邦的实际掌控者。

进一步向东扩张的罗马很快与塞琉古王国在争夺小亚细亚问题上爆发战争,史称"安条克战争"(前 192—前 188),塞琉古王国惨败,小亚细亚大片土地归于罗马。

公元前 171 年至前 168 年,罗马对马其顿王国发动了"第三次马其顿战争",成功将马其顿王国变为自己的附属国。公元前 149 年,罗马对迦太基发动了第三次"布匿战争"。到前 146 年,罗马将迦太基彻底灭掉,在其故地设立了阿非利加行省。

(二)罗马共和国的衰落

公元前 2 世纪之后,贵族和平民之间的冲突加剧,土地兼并加剧,大量平民失去产业,沦为流民。

在这种情势下,格拉古兄弟先后于公元前 133 年和前 123 年、前 122 年担任保民官,出台了一系列限制富人财产、保障民众权益的法令,却并没有从根本上缓解贵族和平民间的矛盾。由于越来越多的平民沦为依附民,罗马兵源枯竭,军队战斗力下降。为此,公元前 107 年,执政官马略对兵制进行了改革,将征兵制变为募兵制,并延长了服役期限。马略的军事改革有效地提升了罗马军队的战斗力,但也促使军事独裁产生。

公元前 91 年,臣服于罗马共和国的城邦起兵反抗罗马,"同盟者战争"爆发。公元前 88 年,罗马赢得了战争的胜利,并成功整合了整个亚平宁半岛,全体公民皆获得了罗马公民权。公元前 83 年,罗马名将苏拉带着军队,杀回意大利,最终成为终身独裁官,由此开罗马共和国军事独裁的先河。

连续不断的战争使大量战俘以奴隶的身份进入罗马社会,罗马奴隶制繁荣。为了反抗严酷的罗马奴隶制,公元前 73 年,角斗士斯巴达克发动起义,史称"斯巴达克起义"。斯巴达克起义是罗马历史上规模最大的一次奴隶起义,虽然在公元前 71 年被镇压下去,但它极大冲击了罗马共和国的社会秩序。

在罗马共和国日渐衰落之时,公元前 60 年,恺撒、庞培、克拉苏组成了"前三头同盟"。公元前 58 年,恺撒被任命为高卢总督,他用 8 年时间征服了高卢全境,同时征服了日耳曼人的部分土地,甚至对大不列颠进行了征服。公元前 53 年,时任叙利亚行省总督的克拉苏统领 7 个军团远征安息帝国,兵败被杀,由此"前三头同盟"宣告瓦解。

恺撒

克拉苏的战败被杀导致了庞培和恺撒之间的争斗,恺撒最后获胜。公元前 46 年,恺撒成为共和国的唯一主宰。他扩大了罗马公民权的授予范围,在各行省大规模推行罗马文化。公元前 44 年,恺撒成为"终身独裁官",同年 3 月 15 日,矢志捍卫共和制的元老将恺撒刺杀。

恺撒死后,罗马共和国陷入乱局,恺撒养子屋大维、他的部将安东尼和雷必达结为被后世称为"后三头同盟"的政治联盟,共同对抗反恺撒势力。公元前 42 年,"后三头同盟"彻底消灭了反恺撒势力后,三人之间进行了争夺权力的斗争,公元前 32 年"后三头同盟"瓦解。公元前 31 年,安东尼所部在亚克兴海战中几乎全军覆没,彻底丧失了战争主动权。公元前 30 年,屋大维率兵攻入埃及本土,埃及被纳入罗马版图。

公元前 27 年,元老院授予屋大维"奥古斯都"称号,标志着罗马共和国的终结与罗马帝国历史的开始。

三、罗马帝国与欧陆的罗马化进程

(一)罗马帝国的扩张

屋大维开创了罗马帝国。屋大维统治期间推行了一系列改革以巩固政权。公元 66 年,耶路撒冷地区爆发了反罗马起义。公元 68 年,高卢与西班牙地区相继爆发起义。公元 70 年，罗马军队攻陷耶路撒冷，捣毁城中的圣殿，自此，犹太民族开始了近两千年的举世漂泊。

安敦尼王朝时期(96—192)，罗马帝国的国力达到巅峰。公元 101 至 105 年，罗马帝国成功将位于今罗马尼亚境内的达契亚王国变为帝国的一个行省，彻底解决了困扰罗马帝国百余年之久的多瑙河流域边患问题。罗马帝国攻占了安息帝国在高加索地区、两河流域的疆土，攻陷了安息帝国首都泰西封。其后罗马帝国大军继续东进，甚至一度兵临波斯湾，此时罗马帝国疆域达到史上最大。

彩　图

罗马万神殿

罗马万神殿

安敦尼王朝皇帝哈德良推崇希腊文明和埃及文明，修建有着希腊风情和埃及风情的建筑、雕像和纪念碑，并重建了罗马万神殿，同时在不列颠岛中部修建了一条横亘整个岛屿的"哈德良长城"。安敦尼王朝晚期，被罗马视为"蛮族"的日耳曼各族群发展迅速，对罗马帝国形成巨大威胁。

（二）罗马帝国的危局与复兴

在公元 235 年到 284 年近半个世纪的时间内，罗马帝国统治阶级为争夺权力自相残杀，税收飞涨，帝国的中央政府几乎陷入瘫痪，民众苦不堪言。与此同时，日耳曼人不断入侵帝国腹地，新兴的萨珊王朝也开始趁机在边界挑衅，并多次击溃罗马军队。这一时期罗马帝国内外交困，俨然处于灭亡的边缘，所以这一时期被称为"三世纪危机"。

公元 284 年,戴克里先(284—305 在位)即位后着手进行改革,将帝国一分为二,东、西两部分各由一位主皇帝即"奥古斯都"与一位副皇帝即"恺撒"统治,主皇帝有权决定副皇帝的人选,在主皇帝驾崩之后即由副皇帝顺位登基为主皇帝,东、西两部分的统治者在原则上要维护罗马帝国的统一,这就是"四帝共治制"。戴克里先的一系列改革使罗马帝国经受住了"三世纪危机"的考验并重焕生机。

为争夺罗马帝国最高统治权,四帝之间展开混战。为争取基督教信众的支持,公元 313 年,时任四帝中的君士坦丁与李锡尼共同颁布《米兰敕令》,承认了基督教的合法性,承诺归还基督教信众的教堂、财产,自此罗马帝国开始踏上政教合一之路。君士坦丁在四帝争位之战中最终胜出,获得了整个罗马帝国的掌控权,后世称他为"君士坦丁一世"或"君士坦丁大帝"。公元 380 年,《萨洛尼卡敕令》确立基督教中的"尼西亚基督教"为罗马帝国国教,其余宗教信仰与基督教其他派别被视为异端。

公元 378 年,一支西哥特军队大胜罗马军队,蛮族各支开始源源不断迁入罗马帝国腹地并定居下来。公元 395 年,罗马皇帝狄奥多西一世驾崩,遵其遗嘱,罗马帝国被一分为二,由他的两个儿子继承,自此,罗马帝国正式分裂为西罗马帝国和东罗马帝国。

(三) 欧陆的罗马化进程

罗马在对被征服地区的治理上采取了诸多措施。在行政方面,罗马主要采用的是行省制,并逐渐形成了以"总督"为核心的官吏体系。在屋大维统治时期,罗马帝国有 20 多个行省,其后经过历代统治者对行省的扩充与拆分,在戴克里先统治时期,罗马帝国已有 100 个行省。

在经济方面,罗马利用交通网络将全部领土联结起来,使它们成为一个有机的整体。在陆路方面,公元前 2 世纪,罗马的公路几乎遍及全境;在海路方面,罗马开始在地中海沿岸各港口与中转岛屿上兴建基础设施,进一步加强了海上航行的便捷性与安全性。公路、河运、海运三位一体的交通网络方便了罗马帝国对各征服地区的掌控,保障了各地区的政令通达与互通有无,帝国内部各文明被紧密地联系在一起。

在文化方面,罗马积极推广自身的文化。公元 1 世纪前后,随着《埃涅阿斯纪》等拉丁文名著的面世,古典拉丁语成熟并最终定型,其后拉丁文迅速被帝国西部地区所接受并成为官方文字。拉丁语对西欧产生了深远影响,时至今日,法语、西班牙语、葡萄牙语等西欧语言多属于拉丁语系。但帝国东部由于受到希腊文明的深远影响，直至东罗马帝国灭亡，其官方文字仍为希腊文。自安敦尼王朝起，罗马的建筑样式、生活方式逐渐被帝国不同种族、不同文化的人们所模仿，地中海世界的"罗马化"达到高潮。

"罗马化"指在罗马统治下的各文明在与罗马文明互动过程中相互影响、相互改变的现象。随着罗马共和国在公元前 3 世纪中叶开始扩张领土，罗马文明与地中海世界各文明的交往开始密切起来，在公元前 2 世纪，罗马成为地中海世界的主宰以后，罗马文明的影响力与日俱增。公元前 30 年罗马灭亡埃及后，地中海沿岸的全部国家或地区皆归于罗马，地中海成为罗马"内湖"。

在罗马帝国政治稳定、经济繁荣的大背景下，地中海世界各文明和欧洲各文明之间在罗马文明的主导下进行着密切互动，罗马文明深刻影响着帝国内部各文明，各文明的因素也逐渐渗透到罗马文明之中。安敦尼王朝统治时期，由于帝国的强势扩张与各项政策的推动，"罗马化"的步伐加快。公元 212 年，罗马将罗马公民权赋予帝国境内全体自由民之后，"罗马化"迅速扩展到帝国全部区域，罗马的文化、生活方式得到了帝国各地区人民的广泛认同。公元 380 年《萨洛尼卡敕令》颁布后，基督教迅速成为地中海世界与欧洲大部分地区的民众信仰，地中海世界各文明与欧陆"罗马化"的水平达到巅峰。

"罗马化"对人类文明的进程产生了重要影响，古埃及文明、古巴比伦文明等上古文明在"罗马化"进程中日渐衰微，直至最后彻底消亡，西欧文明则在吸收了罗马文明的成果后日渐壮大，直至最后取代了罗马文明。

四、西罗马帝国的灭亡与罗马宗教信仰的发展

（一）西罗马帝国的灭亡

公元 395 年，罗马帝国分裂后，西罗马帝国边境危机进一步加重。西哥特人于 410 年攻克罗马城，在其后的半个多世纪中，罗马城多次被蛮族攻陷并劫掠。

蛮族对罗马帝国频繁而持久的劫掠极大破坏了西罗马帝国的社会经济，社会财富大减，中央政府完全失去了组织全国人力和物力的能力，西罗马帝国的财政处入不敷出的崩溃状态。同时，罗马军队的战斗力锐减，进一步推动了西罗马帝国的灭亡。

公元 4 世纪末，欧亚大陆上的游牧民族匈人迁徙至黑海一带，对东、西罗马帝国均产生威胁，西罗马帝国只得与西哥特人结盟共同抗击匈人的入侵，公元

451 年,联军击败匈人的军队,但是在战争过程中,西罗马帝国的军事力量被进一步消耗,更多的蛮族人作为西罗马军队的军官渗透到统治阶级内部,加速了西罗马帝国的衰亡。

公元 476 年,掌握了西罗马帝国实权的蛮族将领奥多亚克塞废除了西罗马帝国末帝罗慕路,此后欧洲历史进入中世纪时期。

(二) 罗马宗教信仰的发展

罗马人的宗教信仰受到希腊宗教的深刻影响。虽然罗马神话中的神祇和希腊神话中的神祇有一一对应的关系,但相较于希腊宗教中相对平等的神人关系与崇尚自由的理念,罗马宗教重视神明的威严,与政治关系密切,且具有极强的功利性,其本质便是为统治阶级服务的。

基督教兴起之前,罗马统治者对其他宗教基本采取宽容的态度。公元前 2 世纪后期,罗马统治者开始收紧宗教政策,与此同时,民众对各类宗教的热情开始高涨,私人性质的宗教社团与相关秘仪出现并迅速蔓延开来。

琐罗亚斯德教与希腊、罗马的宗教相结合,形成了密特拉教。密特拉教崇拜原始波斯神祇密特拉,其核心教义为"灵肉分离",其宗教活动的主要形式为以私密团体的形式施行秘仪。自公元前 1 世纪起,密特拉教在罗马各领地迅速传播,并逐渐演变为一种以净化、断食、禁欲为主的生活方式与以祭司为私密团体首领的社会组织方式。基督教兴起之后,密特拉教成为基督教最强大的竞争对手,并在仪规等方面影响了基督教。

公元前 30 年,罗马征服埃及后,埃及的宗教信仰在罗马世界得到广泛传播,并以埃及神祇伊西斯女神、萨拉匹斯神信仰为代表。在罗马统治者对各类宗教保持基本宽容的政策影响下,罗马帝国各地的宗教信仰在互动与融合中塑造着罗马文明的风貌,并逐渐形成了罗马帝国前期独特的宗教文化。

公元 1 世纪初,生活于罗马帝国犹太行省的耶稣在发展了传统犹太教理论之后,创立了全新的宗教,即基督教。基督教虽脱胎于犹太教,但突破了犹太教血缘传承的理念,使其传播突破了民族的界限,且早期的基督教具有一定的反抗精神,因而一出现便受到了底层民众的欢迎。罗马统治者最初将基督教视为犹太教的一个分支,因而未对基督教采取任何措施。其后,基督教的迅速传播与其教义中的反抗精神逐渐引起了罗马统治者的警惕,罗马帝国开始对基督徒进行迫害,基督教的信仰者却与日俱增。

随着统治阶级中信仰基督教者日增,基督教逐渐被统治阶级操纵。从公元

4 世纪初起,基督教教义中的反抗精神被顺从精神所取代,基督徒们被教导要服从罗马的统治。公元 313 年《米兰敕令》和公元 380 年《萨洛尼卡敕令》的颁布赋予基督教国教的地位,自此,基督教与西方的政治乃至整个西方文明融为有机整体。基督教成为世界第一大宗教。

第四节　丝绸之路上的多元文化交流

自公元前 6 世纪起,欧亚大陆各地的区域性文明开始打破彼此间的壁垒,互相融合,逐渐形成一个横跨欧亚大陆的文明交流网络。它从欧亚大陆东端黄河、长江流域的华夏文明出发,突破欧亚内陆自然环境的限制,连接了南亚次大陆、伊朗高原,以及欧亚大陆西端的地中海世界。

一、欧亚跨区域文化交流的形成

(一)欧亚东西交流网络形成的条件

公元前 500 年至 500 年,东西方的物质与文化交流开启了新的篇章。在这一时期的欧亚大陆上,罗马、安息、贵霜和中国汉朝四大区域性强大政权相继建立,为大规模的交流创造了客观条件。

亚历山大东征促使希腊与中亚、印度文明接触、交流,这是接下来罗马时代大规模物质和文化交流的先导。公元 1—2 世纪,罗马治下的各地区相对安定,交通顺畅,商业活动兴盛。陆路、海路和河路共同推动了罗马内部的区域性贸易和对外贸易的发展。罗马人、高卢人、希腊人和埃及人等不同人群都积极参与贸易。在屋大维统治时期,罗马的商人已能利用季风知识远航印度。

公元前 2 世纪至前 1 世纪初,安息帝国势力范围东至阿姆河流域,西至亚美尼亚。里海东南的一些城市自亚历山大入侵时就是重要的商业城市,在安息帝国统治时,随着中国使者与商贾的到来,这些城市成为丝绸之路上的枢纽。

大月氏自公元前 2 世纪中叶起,从河西西迁至伊犁地区,后又迁至中亚的大夏故地。贵霜帝国占据兴都库什山南北和喀布尔河流域,并进入北印度。此后,贵霜帝国转贩中国、印度、埃及等地物产,获得巨大利润。

公元前 2 世纪,汉武帝为对抗匈奴,派遣使者前往当时未知的西域,联系与匈奴有世仇的大月氏。公元前 138 年,张骞出发西行,途中历经艰险,终于抵达大宛、大夏、大月氏等地。张骞此次出使长逾10年，虽未达成最初的目的，却突破匈奴的封锁，为西汉王朝带来了有关西域世界的确切信息，故其出使被视作"凿空"之举。公元前119至前115年间，张骞第二次出使西域。张骞本人到访乌孙，副使们到达大宛、康居、大月氏、大夏、安息、身毒等国。他们积极招揽诸国，由此，汉朝声名震动欧亚，诸国纷纷遣使入汉，客观上促进了丝绸之路上的商业贸易和文化交流的发展。

● 彩　图

《张骞出使西域图》（局部）

《张骞出使西域图》（局部）

四大政权不仅维持着区域内相对的和平和稳定，而且都与位于地理与文明十字路口的欧亚内陆地区建立了联系，甚至各自在不同时期将势力范围拓展至欧亚内陆地区。自新石器时代以来，原本分散的商业贸易和文化交流的区域网络经由欧亚内陆地区互相连接起来，使物质与文化的交流在罗马、安息、贵霜和中国汉朝并立时期迎来了一个高潮。

（二）丝绸之路的交通网络

在欧亚内陆，一个个绿洲因高山融雪所形成的河流而生，天然地成为人们往来于欧亚大陆间的据点。人们依靠联结各绿洲的道路，从山脉中反复筛选，找出可供通行的山口，逐渐确定下东西往来的路线，将原本是阻碍的沙漠、高山纳入文明交流的网络。

丝绸之路指历史上欧亚大陆东西之间的交通路线，最初见于汉文文献对汉代通向西域道路的记载。此后,欧亚大陆文明交流的道路在空间上覆盖更大范围,不仅有陆路,通向域外的海路也逐步被开发、利用,被人们称作"海上丝绸之路"。此外,中国北方还有一条主要由游牧人群使用的草原之路。

陆上丝绸之路的起点是西汉的首都长安(今西安),经甘肃、新疆,到中亚、西亚,最后到地中海世界各国。东汉时期丝绸之路的起点则是当时的首都洛阳。丝绸之路以汉朝的都城为起点,一直向西到达塔里木盆地。丝绸之路在这里分为两条支线,分别沿南部和北部的绿洲地带穿沙漠的边缘而过。两条支线在喀什会合。从那里合并起来的道路向西通到巴克特里亚,然后又分成两路,其中一条通往塔克西拉和印度北部,而另一条继续向前到达伊朗北部,与通往里海和波斯湾港口的一些道路会合,直接通向帕尔米拉(在今天的叙利亚境内),与来自阿拉伯和红海沿岸港口的道路交会,然后继续向西,到达终点,即地中海的港口安条克(在今天的土耳其境内)和推罗(在今天的黎巴嫩境内)。

海上丝绸之路形成于中国的秦汉时期,发展于三国至隋朝时期,繁荣于唐、宋、元、明时期,是已知最为古老的海上航线。海上丝绸之路以中国的南海为中心,从中国出发,穿过南海,到达锡兰(今斯里兰卡)和印度,又从印度出发,穿过阿拉伯海到达波斯和阿拉伯,再穿过波斯湾和红海,从陆路到达地中海各国。

二、丝绸之路上的商业贸易

公元前 500 年至 500 年间,在丝绸之路上从事商业贸易、沟通东西文明的最主要人群是粟特人。他们原居于中亚阿姆河与锡尔河之间的索格狄亚那,利用东西往来要冲的地理位置,在不同文明间展开贸易活动。敦煌西北 90 千米废弃的长城烽燧下出土了一个装有信件的邮包,包中有多封粟特人书写的信札,其中一封发往撒马尔罕的信件写道:"据说之前的皇帝因饥荒逃离洛阳,有人放火烧了他的宫殿和城市。宫殿、城市被烧毁。洛阳、邺城被攻陷。"这封信大约写于313 或 314 年,描述的是西晋末年都城洛阳为石勒攻陷的情形。这封信件说明粟特人有意识地将有关中原地区政治局势的信息传递回本土,以开展在不同文明间跨区域的商业活动。

公元前 500 年至 500 年间,由于航海技术的限制,各古代文明仍以近海航行为主,欧亚大陆上的商贸活动主要通过陆上丝绸之路进行。然而,陆路的交通运输不得不受人力和畜力的限制,故当时流通在丝绸之路上的一般是重量较轻且价值高昂的手工艺品、丝织品、香料等商品。

　　手工艺品主要以玻璃、玉石、象牙等原料制成,玻璃工艺品主要产自埃及,后传播到周边地区,并远播中国,湖北地区的曾侯乙墓等古墓中出土了产自地中海东岸的蜻蜓眼玻璃珠。斯里兰卡是主要的玉石产地。象牙和象牙工艺品主要来自印度和非洲,因维苏威火山爆发而被掩埋的庞贝古城中出土了两件印度艺术风格的象牙雕刻,公元前 2 世纪的南越王墓中则发现了来自非洲的象牙。罗马出产精美的首饰,内蒙古西沟畔匈奴墓出土了公元前 2 世纪的罗马琥珀项链。罗马还是羊毛和毛制品的重要产地,楼兰遗址出土了一件彩色缂毛织物残片,此物年代大约在公元前 1 世纪至 1 世纪间,残片上编织的人物是罗马神话中的商业神墨丘利。

　　行销于欧亚大陆的最著名商品——丝绸产自中国,出土的丝绸见于中亚的撒马尔罕、罗马帝国的东方行省帕尔米拉,以及罗马本土。此外,蒙古高原的匈奴墓和克里米亚半岛也发掘出了丝绸。各色香料是丝绸之路上的重要商品,向东销往中国,向西售至地中海世界。乳香产自印度洋沿岸国家,阿拉伯半岛西南部的乳香质量更优。濒临红海的阿曼地区、古埃及法老墓和西汉南越王墓中都发现了乳香。胡椒主要产自印度和东南亚地区,红海沿岸的 1 世纪罗马港口遗址中出土了来自印度南部的胡椒。

　　值得注意的是,伴随着欧亚大陆上的军队调动和商贾往来,各类物品客观上在不同地区间得到传播。张骞通西域后,西域的葡萄、苜蓿被引入中国。丝绸、珠宝、黄金和香料等奢侈品的传入对被传入国产生深远的社会影响,由于享用这些奢侈品的人群社会地位较高,它们成为社会阶层差异的标志。

三、丝绸之路上的宗教

　　在公元前 500 年至 500 年间,各种宗教先后在欧亚大陆各文明中兴起。借助沟通东西的丝绸之路,佛教、基督教和摩尼教的传播突破了它们的诞生地,成为跨区域性的宗教。

　　佛教在被孔雀王朝阿育王确定为国教后传播到锡兰及东南亚地区。大约在公元 1 世纪,佛教传入中国。在入华之初,佛教往往和黄老之术、民间信仰结合在一起。东汉后期,外国僧人带来的佛经译文扩大了佛教在中国的影响。西晋中原地区的战乱局面为佛教传播提供了有利的条件,底层百姓愿意信奉佛教以寻求精神寄托。随着佛教的传播,中国僧人西行求法,带回梵文佛典以供译经。其中最著名者当属法显,他历经艰险经中亚抵达印度,居留 10 余年,后由海路归国。此后,尽管佛教经历 5 世纪北魏太武帝和 6 世纪北周武帝的灭佛运动,但其在中国扎下的根基未能被撼动。

沿着罗马帝国庞大的陆路和水路贸易路线,传教士们把基督教传播到罗马帝国各地。公元 3 世纪中叶,在传教士格里高利的积极推动下,基督教成为小亚细亚中部流行的宗教。到 3 世纪晚期,尽管罗马帝国对基督教采取了高压政策,基督教在小亚细亚、叙利亚-巴勒斯坦、埃及、北非以及希腊、意大利、西班牙和高卢等地中海地区仍然蓬勃发展起来,甚至在印度和亚洲西南部流传。公元 431 年,被视为基督教中异端的聂斯托利派形成,并传至中国,被称为"景教"。《大秦景教流行中国碑》记载,635 年,景教僧阿罗本至长安,随后兴建景教寺院。但是,景教在 9 世纪中叶的灭佛运动中,和摩尼教、祆教一起遭受打击,逐渐式微。

摩尼教的宗教思想吸收基督教、祆教、佛教、诺斯替教等元素,因此摩尼教本身就是各宗教融汇的产物。摩尼及其追随者的传教活动发轫于西亚,后逐渐扩展至波斯全境和中亚地区,向西传至罗马帝国治下的欧洲、北非地区。摩尼教在罗马境内的传播引起了统治者的警觉,于是被罗马统治者镇压。5 世纪末,在基督教的打击下,欧洲、北非的摩尼教逐渐走向消亡。

本 章 小 结

在许多上古文明行将消亡之时,波斯在伊朗高原兴起,在它先后终结了两河流域的新巴比伦和埃及后,人类历史上的第一个帝国诞生了。在扩张和征服过程中,波斯形成了一整套行之有效的帝国治理体系,从而保证了这个横跨亚非两洲的多种文化并存的庞大帝国在政治、经济、军事和文化上的统一,并被后起的希腊-马其顿帝国和罗马帝国所效仿。如果说波斯帝国开启了东地中海世界的一体化进程,那么继之而起的希腊-马其顿帝国的对外征服则把中亚和南亚带入了希腊化世界,而随后的罗马帝国则又将政治、经济和文化上的一体化从东地中海世界的西亚、北非、希腊、罗马推向了西欧直至大不列颠。地中海成为罗马帝国的内海。不仅如此,从公元前 500 年到 500 年,横跨欧亚大陆和北非埃及的远程贸易路线——丝绸之路的形成和迅速发展,把汉朝、西亚的波斯、中亚各国、南亚国家和东地中海世界的希腊化国家以及其后横跨欧亚非三洲的罗马帝国紧密地连接起来。人类文明的全球化历程又向前迈进了一大步。

思考题

1. 简述波斯帝国治理体系。

2. 简述希腊民主制的形成。

3. 简述希腊文化的传播情况。

4. 简述罗马共和国时期的对外战争及其历史影响。

5. 简述欧洲大陆的罗马化进程。

扩展阅读

1. A. T. 奥姆斯特德:《波斯帝国史》,李铁匠、顾国梅译,上海:上海三联书店,2010年。

2. 黄洋、晏绍祥:《希腊史研究入门》,北京:北京大学出版社,2009年。

3. 刘津瑜:《罗马史研究入门》,北京:北京大学出版社,2014年。

4. 荣新江:《丝绸之路与东西文化交流》,北京:北京大学出版社,2015年。

5. 王新中、冀开运:《中东国家通史(伊朗卷)》,北京:商务印书馆,2002年。

第三章　中古时期亚欧大陆民族的
迁徙与融合

从 500 年到 1500 年,欧亚大陆通过融合交流呈现出整体性的特征,成为全球史发展进程中的重要一环,而这一融合是通过亚欧民族大迁徙完成的。广义上的民族大迁徙指公元前 2 世纪开始的日耳曼人向南迁徙的过程,主要包括日耳曼人在迁徙中与罗马帝国交往并最终在欧洲建立王国的历史进程;狭义上的民族大迁徙特指在罗马帝国北部边境匈人引发的欧洲民族大迁徙,以及日耳曼人的军事战争造成的众多部落的大迁徙。

第一节　亚欧民族大迁徙

公元 1 世纪前后,为拓宽生存空间或躲避自然灾害,寻找适宜居住地,亚欧大陆的游牧民族开启了向农耕地区迁徙的历史篇章。

公元 4—5 世纪,亚欧民族大迁徙达到了高潮。从欧洲来看,匈人出现在欧洲;西哥特人从里海北岸西部越过多瑙河进入罗马帝国境内,后进入意大利,在高卢南部和西班牙北部建立了西哥特王国;汪达尔人从欧洲北部途经高卢、西班牙进入北非,于 439 年在北非建立了汪达尔王国;法兰克人从莱茵河中下游进入高卢,于 481 年在西罗马帝国的废墟上建立了法兰克王国。从亚洲来看,此时中国乃至中亚地区的少数民族也在向着南部的农耕地区迁徙,原来在黄河流域以北活动的匈奴、羌、氐、鲜卑等北方少数民族纷纷向中原地区进发,尤其是匈奴。公元前 1 世纪中叶,匈奴内部分裂为南北两部分,南匈奴定居中原并与汉族等其他民族相互融合。欧洲的匈人(匈人可能是受到北匈奴影响而形成的,但不确定他们是否为同一个民族)与西哥特人发生冲突,正式掀起了欧洲民族大迁徙的浪潮,亚欧社会也因此发生了翻天覆地的变化。

一、源自中国的亚洲民族大迁徙

在中国历史上,各游牧民族与中原王朝的关系经历了复杂的演变过程,其中匈奴与中原王朝的关系复杂。早在战国时期,匈奴就开始频繁地骚扰中原地区,在秦汉时期,双方爆发了多次大规模交战。在西汉晚期,由于匈奴内部发生了分裂,一部分匈奴归顺汉朝,汉匈关系逐步走向和解。但好景不长,东汉初年,旱灾连连,匈奴内部再次发生分裂。其余北方少数民族则继续向南迁徙,建立自己的少数民族政权,之后在频繁的交往中大多融入农耕文明,为中华文化增添了新鲜血液与活力。

(一)中国北方少数民族的迁徙

中国北方少数民族迁徙,主要有两大方向,一是向西迁徙,二是向南迁徙。中国古代向西迁徙的北方少数民族主要有月氏、乌孙、匈奴、鲜卑、柔然、嚈哒、突厥、回纥、蒙古等,他们或举族由东向西迁徙,或部分由东向西迁徙,其中有相当一部分迁到了国外。迁徙主要分为两条路线。一是在东北地区由大小兴安岭北部沿黑龙江、额尔古纳河,或从大兴安岭中部沿着海拉尔河,或从大兴安岭南端,沿西辽河、西拉木伦河、老哈河进入蒙古高原。而蒙古高原的民族一般沿杭爱山南北麓,越过阿尔泰山进入西域;或者越过阴山,沿着黄河从贺兰山东麓进入河西和青海。二是沿祁连山南北麓西行。北麓是著名的河西走廊;在南麓则沿湟水、青海湖,经阿尔金山东端西行。公元4至6世纪,中国迎来了一次民族大融合,原本活动在黄河流域以北的游牧民族和半游牧民族,纷纷南迁至黄河流域的中原地区,除了匈奴,影响较大的还有鲜卑和月氏。

鲜卑族居于鲜卑山,因山名而得名。鲜卑山的位置不详,现代学者认为可能是指大兴安岭北面。鲜卑、乌桓诸族原本附属于匈奴,西汉中期,匈奴在汉朝的进攻下衰落,鲜卑脱离匈奴,逐渐南迁至西拉木伦河与洮儿河一带。

公元2世纪,即东汉末年,鲜卑贵族檀石槐领导军队,多次掳掠东汉的幽州、并州、凉州边境诸郡,汉军惨败。东晋和南北朝时期,拓跋氏建立了北魏,曾统一中国北方,在南北朝初期与南朝对立,后分裂为东魏和西魏,分别被北齐和北周所代替。鲜卑族在中原地区建立封建王朝,促进了汉族和各少数民族的融合,也推动了鲜卑族自身与中原各族的融合。

月氏人为原居河西走廊的游牧民族。公元前 2 世纪,月氏势力强盛,与蒙古高原东部的东胡两面胁迫游牧于草原中部的匈奴部落。冒顿单于举兵进攻月氏,月氏败。公元前 176 年前后,匈奴再次西征月氏。自此月氏西迁,其大部被迫逃至今伊犁河流域。这部分在伊犁河流域的月氏被称为大月氏,留在祁连山的残部则被称为小月氏。匈奴协助乌孙西击大月氏,杀死月氏王。月氏只得再度西迁,越天山和帕米尔西部,南下征服阿姆河以南的大夏(巴克特里亚),统治此地200 余年的希腊人被逐至兴都库什山以南,希腊化的巴克特里亚王国由此灭亡。

公元 1 世纪初,大月氏的贵霜部联合大夏的吐火罗人,建立强大的贵霜帝国。5 世纪,贵霜帝国亡于嚈哒,小月氏继续留在今甘肃省河西地区与青海省湟中地区一带。

(二)嚈哒人与印度社会的变迁

嚈哒人是古典时代晚期西域的一个游牧民族,曾于中亚、南亚地区建立规模广大的嚈哒帝国。史书记载,这个民族原来居住于长城以北,称"滑国",疑似中亚游牧民族塞族人与汉代大月氏人的后裔。

公元 4 世纪 70 年代,嚈哒人跨过其发源地阿尔泰山向西南迁徙,占领粟特地区(中亚锡尔河、阿姆河之间的泽拉夫尚河流域)。5 世纪 20 年代,嚈哒人越过阿姆河,向西、南进攻;征服贵霜帝国。5 世纪后期,嚈哒人大败波斯,建立嚈哒国,定都巴底延城(今阿富汗马扎尔谢里夫),并乘势南下入侵印度笈多王朝,但被击退。6 世纪初,嚈哒人再次大举入侵印度,被击退。

公元 528 年,北印度王公联合起兵击败嚈哒,嚈哒王逃往克什米尔。约公元558 年至约 567 年,萨珊王朝和当时中亚新兴的突厥人瓜分嚈哒国领土,嚈哒人由此散居于北亚、中亚及南亚各地,后渐与各地民族融合。嚈哒文化在迁徙过程中汲取了波斯和印度文化元素,信奉拜火教,因其地处亚欧商业贸易来往的中枢地带,对亚欧各地区、各民族经济、文化的交流起到了桥梁作用。

二、欧洲民族大迁徙

早在公元前 3 世纪,北方的游牧民族就已拉开迁徙的序幕,迁徙于 4 至 6 世纪达到顶峰,直到 8 世纪渐渐结束。长达几个世纪的迁徙没有局限于某个地区,而是在亚欧各地引起了连锁反应,公元 4 世纪开始的欧洲民族大迁徙为其典型。

日耳曼人是这场欧洲民族大迁徙浪潮中当之无愧的主角,这些生活在斯堪的纳维亚南部、日德兰半岛、波罗的海和北海南岸的游牧民族,从公元前 1 世纪中叶开始尝试渡过莱茵河下游进入高卢人的区域。在民族大迁徙之前，日耳曼人在农业、手工业、航海业等方面都有了很大的进步；部落首领的权力也在增长，阶级分化加剧，私有制开始产生和发展。各部落已结成联盟，如哥特人、汪达尔人、勃艮第人、伦巴第人、法兰克人等建立了联盟。各部落之间为争掠财富经常发生战争，使最高军事首长的权力增强，亲兵的地位提高，并很快转化为国王和贵族。这就意味着在欧洲民族大迁徙时，日耳曼人已处于军事民主制阶段，开始向文明社会迈进。

自公元 3 世纪起，由于罗马帝国在政治和经济上的全面危机，加上匈人的进攻，各支日耳曼人如潮水般涌入罗马帝国，甚至远徙到南欧和北非等地，直至公元 568 年伦巴第人占领意大利，发生在欧洲的日耳曼人的迁徙方告结束。这场民族大迁徙使得日耳曼人分散至欧洲各地生活，其间日耳曼人与其他民族融合，日耳曼人内部也通婚，分别形成了今天的德意志人、奥地利人、卢森堡人、瑞士德意志人、伏尔加德意志人、丹麦人、挪威人、瑞典人、法罗人、冰岛人、盎格鲁-撒克逊人等，其中盎格鲁-撒克逊人在近代的移民浪潮中进一步成为加拿大、美国、新西兰、澳大利亚等地区部分移民的祖先。

（一）日耳曼人与罗马社会

日耳曼人是罗马人对北部欧洲族群的统称，"日耳曼"一词的语源尚无定论。目前最可信的理论认为日耳曼一词由高卢语的"邻近"（ger）和"人"（mani）组成。公元前 51 年，恺撒在《高卢战记》中记载了日耳曼人这个名称，他将所有莱茵河以东的民族统称为日耳曼人。而在此之前，罗马人将欧洲西部的民族称为凯尔特人，而欧洲东部的民族被称为斯基泰人。罗马历史学家塔西佗在《日耳曼尼亚志》中称，最早只有通格人（Tungrer）被称为日耳曼人，后来所有日耳曼民族都被这样称呼，他指出高卢人将莱茵河以东的民族叫作日耳曼人。

日耳曼人大致可以分为北日耳曼人、西日耳曼人和东日耳曼人。北日耳曼人是斯堪的纳维亚的日耳曼人；西日耳曼人包括易北河日耳曼人、北海日耳曼人和莱茵河-威悉河日耳曼人；东日耳曼人中有波罗的海的哥特人、汪达尔人和勃艮第人等。日耳曼语属于印欧语系，且属其西方的一支，与凯尔特语和古意大利语一起组成古欧洲语言。

一直到公元 4 世纪，古日耳曼人都以渔猎定居的方式生活在欧洲大陆西北部，经济上以农业为主，以狩猎和畜牧为辅。日耳曼部落最重要的粮食是大麦，日耳曼人会利用休耕来让田地恢复生产力。此外，因为纬度较高，光热不足，日耳曼地区多为冰碛平原,土壤贫瘠,生产力比南方的罗马低得多,所以日耳曼人还会在耕作过程中使用肥料,增加粮食产量。自然条件的恶劣使人为的努力收效甚微,日耳曼地区经常发生饥荒,人们平均寿命较短,这也是后来历史学家猜测的他们迁徙的主要原因。日耳曼人部落出现阶级分化,并分为东、西、北三支。到公元 2 世纪为止,罗马帝国和东日耳曼人的关系尚且良好,而和西日耳曼人是敌对关系。

可能出于生活所迫,公元前 120 年前后,一部分辛布里人、条顿人和安布昂人突然开始南下迁徙,揭开了日耳曼民族大迁徙的序幕。这群日耳曼人沿河流右岸逆流而上,向欧洲大陆的腹地进发,在约公元前 113 年攻击罗马人,罗马人大败。公元前 102 年,罗马指挥官马略战胜了条顿人;公元前 101 年,又战胜辛布里人。

在所有日耳曼人中,哥特人最为强盛。哥特人分为东、西两部,在迁徙过程中占据了黑海北岸的南俄草原。其中东哥特人分布在顿河和德涅斯特河之间,西哥特人则集中在多瑙河下游。到公元 2 世纪初,由于人口数量急剧增长,哥特人又继续南下,向着东南方进发。经黑海之滨,他们到达了草场丰美、物产丰富且地广人稀的第聂伯河西岸平原。于是哥特人在这里定居下来,其主要活动范围就是今乌克兰中部到摩尔多瓦一带。在此期间,通过与希腊人的接触,哥特人开始吸收希腊罗马文明元素,制定了日耳曼人的第一部口头法律,并掌握了一些关于数学、物理学和天文学的知识,其实力不断增强。

公元前 12 年,罗马调集军队发动对日耳曼人的战争,旨在一举征服所有西日耳曼人。此后,罗马军队成功地推进到易北河西岸,占据了从莱茵河到易北河的广大地区,即日耳曼尼亚行省。

公元 8 年,一支深入日耳曼腹地的罗马军队受到了日耳曼诸部落的沉重打击,但经过十几年的战争,日耳曼部落大部分被征服。由于无力占领整个日耳曼人居住区并对其实行有效的统治,罗马帝国只得迫使被征服的日耳曼部落向帝国称臣纳贡,建立强制性的依附关系。公元 9 年,日耳曼各部落在条顿堡森林战役中取得了重大胜利,摧毁了罗马 3 个军团,罗马也放弃了将该地区完全融入帝国的可能性。

罗马对日耳曼尼亚的干预导致了其政治局势的变化和不稳定。公元 21 年,阿米尼乌斯因政权斗争被他的日耳曼部落同胞谋杀。罗马企图让日耳曼王国保持分裂局势,以巩固对日耳曼人的统治,然而边境局势一直不稳定,先后发生了公元 28 年弗里斯人的叛乱以及公元 60 年卡乌基人和卡蒂人的袭击,其中最严重的一次威胁是公元 69 年的巴达维起义。在早期,日耳曼人与罗马人之间一直存在着相互攻伐和交流的复杂关系,日耳曼民族在此期间融入了罗马文明,而罗马人通常采用背叛、绑架和暗杀的手段,离间日耳曼王国之间的关系,以阻止强大威胁的出现。

(二) 匈人的出现

公元 375 年,为争夺生存空间,匈人来到顿河沿岸,征服了被称为阿兰的斯基泰人国度,同一年攻克日耳曼人在黑海北岸的东哥特王国,并随即展开了与西哥特人持续而激烈的战斗,夺取了广袤的匈牙利平原,驻扎在蒂萨河畔的塞格得城。

不久后,匈人便对东罗马帝国的西亚各省发起进攻,掠走大批俘虏、牛羊及其他财物。公元 395 年,匈人渡过多瑙河,在色雷斯(今保加利亚)掠夺财富而归。公元 400 年,匈人再次攻入色雷斯,之后不断侵扰。

公元 431 年,匈人迫使东罗马帝国每年缴纳岁币 350 磅黄金,并应允匈人在其境内几个城镇互市。公元 435 年,匈人和东罗马订立条约,规定:被匈人捕捉到的东罗马俘虏,东罗马可按每人 8 个索利达的价格赎回;两国人在多瑙河边的一些东罗马城市互市;东罗马向匈人缴纳的岁币由 350 磅黄金增至 700 磅。公元 443 年,匈人攻到君士坦丁堡城外,东罗马全军覆没,被迫求和并与匈人订立和约:东罗马即刻向匈人缴付现款 6 000 磅黄金;岁币增至每年 2 100 磅;从匈人处逃亡的东罗马战俘,东罗马须为每人赔偿 12 个索利达;以后东罗马不得再接受匈人逃犯。

匈人在短时间内席卷了欧洲的大半地区,其控制范围东起咸海,西至莱茵河,南至阿尔卑斯山,北至波罗的海。在其境内,除了直接统治的地区,还有各日耳曼属国。公元 434 年,阿提拉和其堂兄弟布列达继承匈人帝国王位,共同统治国家。

公元 444 年,阿提拉谋害布列达,将以前布列达所统治的领地和民众收归已有,成了匈人唯一的最高统治者。公元 447 年,君士坦丁堡和色雷斯等省区发生持续四个月的强烈地震,阿提拉乘机攻入东罗马,攻占许多罗马城市,严重威胁了君士坦丁堡。公元 448 年,罗马人和匈人展开外交谈判,阿提拉对东罗马提出了比 443 年和约更加苛刻的条件,要求东罗马将大片土地割让给匈人,把当地居民迁走,并要求东罗马按期向匈人缴纳岁币。对欧洲大陆来说,4 世纪匈人的突然出现正好暗合了基督教关于世界末日的预言,欧洲民众认为这位来自东方的阿提拉是惩罚他们的"上帝之鞭"。

448年至450年,匈人帝国在阿提拉执政时期势力达到极盛,其版图东起咸海,西至大西洋,南起多瑙河,北至波罗的海,有史学家猜测这是今匈牙利的前身。这个广大帝国内部的附属国都有自己的国王和酋长,平时向阿提拉称臣纳贡,战时出兵参战。453年阿提拉死后,匈人不再是罗马的主要威胁,匈人帝国发生分裂,匈人的辉煌历史就此终止。

(三) 欧洲民族大迁徙始末

欧洲民族大迁徙指376年至568年,散居罗马帝国境外、以日耳曼人为主的诸蛮族部落大举强行移居帝国境内,并各自建立国家的历史过程。民族大迁徙的根本原因是日耳曼人部落内部原始公社制解体,部落显贵、军事首领及亲兵渴望向外掠夺新的土地和财富;人口自然增长对生产力形成压力,为了发展畜牧经济,日耳曼人不得不向外地迁徙。罗马奴隶制的危机和帝国的衰落使其无力抵御外族入侵,因而使蛮族的武装迁徙深入帝国腹地。但直接推动民族大迁徙的导火线是匈人对东哥特人的侵袭。

374年,匈人第一次侵入欧洲东部的哥特人占领地,哥特王亥耳曼利克因败于匈人而自杀,匈人遂长驱直入。376年春,西哥特人遭到匈人袭击,他们以罗马"同盟者"的身份渡过多瑙河,移居巴尔干半岛北部的色雷斯,是为欧洲民族大迁徙的开始。西哥特人因不堪罗马官吏的压迫起义反抗。378年,在西哥特人发起的一场战役中,罗马军队惨败,皇帝瓦林斯阵亡,继位的狄奥多西一世被迫准许西哥特人定居巴尔干半岛。395年,狄奥多西一世死后,罗马帝国分裂,西哥特人在亚拉里克一世的率领下重起反抗,于410年攻陷罗马。亚拉里克一世为占领西西里和北非,在离开罗马南下途中死去。亚拉里克一世死后,西哥特人越过阿尔卑斯山北上,占据高卢西南部,于418年建立了以土鲁斯为中心的西哥特王国。而东哥特人在狄奥多里克的率领下,大举入侵意大利。493年,狄奥多里克诱杀罗马雇佣兵首领奥多亚克,占据意大利,定都拉文纳,建立东哥特王国。

5世纪初,日耳曼民族的苏维汇人和汪达尔人,以及非日耳曼的阿兰人也纷纷涌入罗马境内。406年底,他们越过莱茵河,于409年秋经高卢进入西班牙。在西哥特人侵入西班牙后,苏维汇人被迫退居伊比利亚半岛西北角,建立苏维汇王国;汪达尔人和阿兰人则由盖塞里克率领,于429年渡海进入北非,439年攻陷迦太基,建立了汪达尔-阿兰王国。455年,汪达尔人攻陷罗马城,大肆焚掠文物,"汪达尔主义"由此而得名。勃艮第人和法兰克人占据高卢,约457年,勃艮第人在高卢东南部建立勃艮第王国,定都里昂;486年,法兰克人在克洛维的统率下,击败罗马军队,占据高卢北部。507年,法兰克王国击败西哥特王国,534年合并勃艮第,占据高卢全境,逐渐成为日耳曼诸王国中最为强盛的国家。5世纪中期,盎格鲁-撒克逊和裘特等日耳曼各部横渡北海进入不列颠,打败了当地的凯尔特人,占据不列颠岛的东部和南部,建立了众多日耳曼王国。

与此同时,在阿提拉率领下,匈人沉重打击了衰落中的西罗马帝国。在外部蛮族攻伐和国内奴隶、隶农起义的联合打击下,西罗马帝国已名存实亡。476年,禁卫军将领日耳曼人奥多亚克废黜西罗马皇帝罗慕路,西罗马帝国灭亡。568年,住在潘诺尼亚的伦巴第人在阿尔博因统率下打败拜占庭帝国,占领北部意大利,建都拉文纳,彻底结束了欧洲民族大迁徙。

综观欧亚大草原游牧民族对中西文明的冲击,我们不难看出3至5世纪亚欧民族大迁徙对于亚洲、欧洲的不同影响。中国北部匈奴对中原地区的攻击频繁,但规模不是很大。北方少数民族南下主要是出于掳掠财富和人口的目的,而对土地的要求不多,往往在劫掠之后又返回原先驻扎的草原地区。而西欧蛮族对罗马的冲击则是一步步推进的,到后来已经蚕食罗马帝国的大部分领土。蛮族部落要求的不仅是财富,更重要的是可以耕种的土地,其终极目的是推翻罗马帝国,并在罗马的土地上建立起自己的王国。

中国汉朝面临的威胁主要来自匈奴,汉朝对匈奴的战争随着社会经济的发展有起有落,时战时和;战争中既有和亲这样政治上的联系,又有互市这种经济上的交往。而西欧罗马帝国的威胁来自多方面,既有来自东方的匈人,又有受匈人驱赶西进的日耳曼部落。罗马对蛮族的战争是由蛮族威胁和帝国盛衰程度决定的,整体上没有起落的迹象,只有互相控制的局面,在政治和经济上少有交往。

此外,位于东亚地区的汉朝对匈奴的战争有充分的组织准备,并有一道坚固的长城作屏障,因而能掌握战争主动权。而罗马囿于内部社会的动乱,作战军队毫无组织准备,处于被动的不利局面。

中原地区对匈奴的战争往往伴随着汉文明的渗透,每次战争胜利后,中原王朝都会迁徙大量汉民戍边,巩固和开发新占领地区,使匈奴逐渐被汉文化所渗透,甚至在后来的历史中主动汉化。罗马帝国早期战胜蛮族的过程中存在罗马化的过程,但在罗马衰落、灭亡后,蛮族将自身的文化建立在罗马文化的基础上,并没有全盘接受罗马文化。这种民族迁徙造成影响的差异,可能是由于汉文化的内聚力和辐射力比罗马文化强大,汉朝的统治较为稳定,汉文化的延续也较为完整。

第二节 走向民族大融合

自匈人出现于欧洲东境,到455年匈人帝国瓦解,共经历了80多年。时间并不算很长,但这80多年正是欧洲由奴隶制过渡到封建制的大变革时期。作为欧洲最强大的政治军事力量,匈人在这一大迁徙的过程中起了重大作用。468年,匈人南下进犯东罗马帝国,匈人大败,这是西方史书上对于匈人在欧洲活动的最后一次记载,从此匈人退出了欧洲的历史舞台。随着5世纪下半叶匈奴在中国建立的"汉(前赵)""北凉""大夏"等政权倾覆,匈奴彻底退出了世界历史的舞台。然而,欧亚大陆东部的匈奴和西部的匈人却在与亚欧各民族的交往中演化出新的族群,在多民族融合中逐渐消失了。

一、匈奴人(匈人)在亚欧各地的踪迹

(一)匈奴与中国中原各民族的融合

汉朝衰亡时,匈奴作为独立国家也灭亡了;但匈奴人逐渐与中原其他民族融合。4至6世纪,中国民族大迁徙后产生的民族融合主要表现为进入中原地区的诸族离开故地,大多汉化或融于汉族之中,为多民族国家的发展和壮大输入了新鲜血液。魏晋南北朝的十六国时期,中原地区的北方诸族与中原汉族杂居,深受汉族经济、文化影响,经过杂居和通婚,在血缘上也产生了各族融合的景象。最终,大规模的民族融合促使,封建文化高度发展的隋唐盛世产生了。

匈奴与各族之间的融合极为复杂,主要是与汉族、鲜卑和杂胡融合。东汉初,南匈奴归附汉朝,匈奴人开始大规模迁入塞内地区,居于北方长城沿边各郡;三国时期,曹操将匈奴分为五部,并任其南迁;西晋时期,匈奴人进一步南迁。

与汉族融合的主要有三支匈奴。屠各在中国分布的范围很广,其中最主要的是并州屠各。在生活习惯、宗教习俗和经济、文化等方面,匈奴人汉化十分彻底。匈奴人移居塞内之后,逐渐放弃原先的游牧生活,适应中原地区的农耕生活方式,这是匈奴人在汉化过程中最大的转变。在政治制度上,一些旧称呼如单

于、左贤王、右贤王等不再时兴。单于不再是对匈奴最高统治者的称呼，而是变为不同的官职名，如大单于、左单于、右单于等。同时，匈奴统治者开始采用中原王朝的官号，刘渊自称汉王，后命刘聪为"大司马""大单于"。另外，匈奴人开始像汉族子弟一样学习经史子集，尤其是匈奴的贵族子弟，大多数受过汉学文化的教育，其原本的匈奴特征多已消失。并且，匈奴后裔入居汉地后逐渐改为汉姓。

此外，长期受匈奴统治的一些少数民族逐渐也与匈奴融合，最为典型的就是鲜卑族，匈奴与鲜卑融合形成了铁弗匈奴、拓跋鲜卑、秃发鲜卑和宇文鲜卑等分支部落。匈奴故地被鲜卑侵占后，其留居故地者十余万，自称为鲜卑人。两族融合甚久，风俗习惯互相影响，逐渐形成了新的部族——铁弗匈奴及拓跋鲜卑。铁弗匈奴部族号称是"胡父鲜卑母"，即匈奴男子与鲜卑女子婚配的后代；鲜卑男子与匈奴女子所生后代称为"拓跋"。386 年至 534 年，拓跋鲜卑南下建立北魏，统一北方，结束了十六国割据的局面。秃发鲜卑是从拓跋鲜卑中分离出来的一支，"秃发"与"拓跋"同音异译。公元 397 年，秃发乌孤自称西平王，建立政权——南凉，后又改称武威王。414 年，南凉灭亡。

除了鲜卑，匈奴与其他杂胡部落融合，可能形成了卢水胡、稽胡等分支。同样，匈奴周边的羌、氐、丁零、坚昆、乌孙以及西域诸国与匈奴的关系也很密切，它们之间也可能存在一定的民族融合现象。

（二）匈人在欧洲的动向

匈人虽迫使日耳曼人纷纷踏上了迁移之途，却并未成为日耳曼民族的领袖并继承罗马帝国。其原因有两个，一是匈人数量甚少，文化底蕴浅薄，无法与罗马的悠久文化相抗衡；二是匈人生活方式与罗马人不同，在进入罗马帝国后失去了熟悉的生活环境，只能依赖于贡赋和战利品，这一掠夺者的身份容易引起其他民族的不满。因此，匈人帝国在 5 世纪中叶便仓促消失。

此后，匈人的身影渐渐从欧洲的历史记载中消失，一般认为幸存的匈人在与欧洲其他民族融合后，最终演变为其他部落分支。根据现有资料，匈人后代应该有三个去向。

4 世纪末，匈牙利境内有汪达尔人、苏维汇人和吉匹特人。5 世纪初，匈人进入匈牙利，向西驱赶了汪达尔人和苏维汇人；而吉匹特人先与匈人结盟，后又反叛，击溃匈人，将其逐回伏尔加河流域，但其中有一支匈人名为萨达基人，留居原地并与当地人融合，成为后来匈牙利建国的基础，是为去向一。

被逐回伏尔加河流域的匈人则逐渐与乌果尔人混合，是为去向二。古希腊文献称其为萨维尔-匈人、乌提古尔-匈人、库特里古尔-匈人。到 9 世纪末期，他们因斯拉夫人而离开伏尔加河，向西迁徙返回多瑙河平原，建立匈牙利国。

现在的匈牙利人虽然自称马扎尔人，但其国名、历史、民俗、种族形貌都与古代匈人类似，其中无疑有许多匈人后裔。

去向三则是匈人王国瓦解后，一部分匈人越过多瑙河投奔东罗马帝国。他们的后裔成了早期保加利亚部族的组成部分。匈牙利人虽不等同于匈人，但与之不是毫无关联。无论匈牙利人与匈人之间是否有着血统联系，我们可以肯定的是，残余的匈人部落在欧洲的各民族融合中得到了延续和发展。

二、匈人与欧洲人的融合

4 至 6 世纪的欧洲民族大迁徙为欧洲带来了全面的变化，在这些变化中，匈人功不可没。

古匈人进入欧洲实现了东西方民族的碰撞和同化，对后世具有深刻的影响，从匈人击败阿兰人登上欧洲历史舞台，到 468 年匈人势力在欧洲彻底瓦解，在这近百年中，匈人在欧洲的土地上不断扩张与发展，逐渐融入欧洲人之中，成为欧洲历史与文化发展的一部分。匈人的活动成为欧洲民族大迁徙和西罗马帝国灭亡的动力，一方面推动了以日耳曼人为主的欧洲民族大迁徙，从而为近代西欧民族国家的形成奠定了基础；另一方面在欧洲的政治格局、军事、文化等诸方面留下了自己的痕迹。

（一）匈人对欧洲民族大迁徙的推动

一般来说，民族的迁移总是会朝向阻力最小的方向，而匈人在欧洲频繁而剧烈的军事活动是当时欧洲人生存最大的阻力之一。因此，自 375 年匈人向顿河流域的东哥特人发动进攻开始，匈人成为长达 200 余年的欧洲大迁徙浪潮的最初推动力，也促进了欧洲不同民族文化之间的交流与融合。匈人对民族大迁徙与欧洲人种融合的作用体现在两个方面。首先，骁勇善战的匈人部落不断侵占蛮族的生存空间，驱逐后者开始迁徙，一些部落由此进入了罗马帝国的土地；其次，匈人对罗马帝国的进攻分散了帝国的精力与兵力，间接为蛮族部落提供了保护，也使得罗马帝国无力应对蛮族部落的入侵，给了蛮族部落入侵的可乘之机。几个大的日耳曼部落抓住此机会，全面进攻罗马帝国，多线路的进攻令后者手忙脚乱。

《教皇利奥一世与阿提拉会面》

匈人在征服东哥特部落后,迅速侵占了其领土,并由此畅通无阻地继续向西,入侵西哥特。西哥特人也难以抵御强大的匈人军队,于是大溃。东、西哥特人难以继续在故土立足,被迫南迁进入罗马帝国境内避难。匈人的军事征服带给欧洲北部蛮族世界极大的震动,并产生了民族迁徙的蝴蝶效应,影响范围遍及罗马帝国及周围蛮族部落。378 年,西哥特人击败罗马军队,罗马皇帝也在战争中死亡;410 年,西哥特人攻陷罗马城。日耳曼蛮族在罗马境内轮番登场,彼此争斗,至 5 世纪上半叶,汪达尔-阿兰王国、苏维汇王国、哥特王国、勃艮第王国等蛮族所建立的国家已经瓜分了西罗马帝国除意大利与高卢外的领土。

5 世纪中叶,匈人在阿提拉的带领下进攻高卢,遭到西罗马帝国与法兰克人、勃艮第人、西哥特人的共同抵抗;后来阿提拉又进攻意大利,继续削弱已经羸弱不堪的西罗马帝国。453 年,阿提拉病死,匈人部落势力渐微,遂定居在多瑙河下游,而疲弱的西罗马帝国早已无力抵御蛮族骚扰。455 年,罗马再次被入侵的汪达尔人攻陷。

总的来说,匈人在欧洲的征战影响着欧洲日耳曼民族迁徙的方向选择。强大的罗马帝国曾经阻碍哥特人等蛮族的入侵,将它们拒之于欧洲北方、东方;匈人自东方而来,不仅将哥特人从东方向罗马帝国方向驱逐,还不断削弱罗马帝国的国力,为日耳曼各民族的迁徙提供了新的方向。也正因如此,日耳曼人并未涉足东方,在一定程度上为后来斯拉夫人的兴起奠定了基础。

(二)匈人对欧洲政治格局的影响

匈人不断入侵,成为罗马帝国边境最大的威胁。匈人的入侵在政治上加速了罗马帝国的瓦解,对欧洲的政治格局造成了极大的冲击。同时,匈人自身的发展也在这一过程中受到罗马的影响。

面对异教徒阿提拉所率领的军队所向披靡并击败了"上帝选中的"罗马首领们这一事实,罗马帝国依靠神权进行统治的根基动摇了。而匈人强大的军事实力又使罗马帝国节节败退：匈人渡过多瑙河，攻陷军事要塞与城市，使罗马帝国不断失去领土；垄断横跨巴尔干半岛至君士坦丁堡的军事要道，使罗马帝国难以收复北非。此外，匈人还促使大量武装流民跨越边境。为了应付匈人与流民的入侵，西罗马帝国左支右绌，难以同时应对各类威胁，失去了对许多地方的控制权，如西班牙半岛大半都脱离罗马掌控并被蛮族所瓜分；一批新兴的王国如西哥特、布列塔尼、法兰克等开始兴起，压缩西罗马帝国的政权，使其困于意大利。可以说，在罗马帝国分裂，甚至西罗马帝国走向灭亡的过程中，匈人的军事入侵都是重要推动力之一。

匈人的活动对东罗马帝国的发展历程同样产生了不可磨灭的影响。匈人曾两次向东罗马帝国提出苛刻的和约条件，后者均被迫应允，可见当时的匈人在多瑙河以北地区的绝对权威与军事实力。匈人也两度攻入东罗马帝国并在谈判时提出更苛刻的条件。面对匈人的军事骚扰与经济勒索，东罗马帝国难于应付，经济疲软，国力衰微。

匈人在欧洲大肆入侵破坏的情况直到453年阿提拉死后匈人帝国没落，才逐渐平息。在这百余年中，欧洲政治局势发生巨大变化。同时，匈人的西进和入侵，冲击了罗马帝国长期以来在欧洲的政治权势，粉碎了欧洲古典奴隶制的统治，促进了封建关系的萌芽。近一百年的时间里，匈人在欧洲的大肆扩张对欧洲人而言如一场噩梦，其凭借强悍的战斗能力在欧洲大陆横冲直撞，推动或者说驱逐着欧洲各族不断迁徙，并在这一过程中重塑着欧洲的社会秩序；另外，匈人又是欧洲各族对抗罗马帝国的催化剂，由于迁徙而涌入罗马帝国境内后，这些民族在罗马故土上建立新的王国，使欧洲的政治局势发生了根本性的改变。

当然，不可忽视的是，文明间的交往、互动带来的影响是双向的，因此罗马帝国也对匈人部落造成了影响。游牧的匈人部落作为一个政治军事联盟，联系本就松散，又缺乏深厚的文化认同，其团结和强大与否主要取决于是否拥有一个强有力且具备权威的首领。因此，当阿提拉统治后期威信大大减弱，加上战争中的败绩也在加速匈人部落的分崩离析时，匈人帝国便迅速衰微，统治阶层四分五裂。而在长期与罗马的交战与互动中，匈人部落习得诸多罗马文化中的习俗与生活方式，也逐渐定居下来，出于政治上的安定和经济上的需求，最终以"族群"的形式加入罗马帝国，慢慢融入帝国中。

（三）匈人对欧洲文化交融的影响

匈人在闯入、颠覆罗马文明的同时，不仅以自身力量影响、改变着罗马文化与欧洲格局,还推动了罗马文化的传播与欧洲各文化的交融;同时,匈人也在其文明影响下,从文明边缘逐渐融入文明中心,匈人与欧洲人的交融更加明显。

公元 451 年,罗马帝国战胜匈人军队,由于在这支罗马军队中有相当多蛮族士兵,罗马人便在心理上逐渐接受了日耳曼蛮族,也接受了其作为罗马的一部分的事实,这同时也增强了蛮族对罗马文化与罗马精神的认同,罗马文化在环地中海世界获得了更多的传播载体。于是,罗马文化进一步在地中海世界传播开来。法国著名历史学家、亚洲史学界泰斗勒内·格鲁塞说:"451 年战争之后,在纽斯特里亚再也无法分辨出高卢人、罗马人和法兰克人。"日耳曼蛮族也吸纳了许多罗马文化中的先进因素,例如,日耳曼诸部族的政权就"建立在罗马框架之上,充分整合了罗马与蛮族的传统";西哥特人在公元 476 年颁布的《尤列克法典》中也"采用了罗马法的许多规则和条款"。

除了推动日耳曼人与罗马人的文化交融,匈人入侵时,在与罗马帝国的多次谈判与战争中,也使其与罗马帝国建立了更多联系。在军事方面,许多匈人曾长期受雇于罗马军队,这一过程不仅加速了罗马帝国军队的蛮族化,提高了他们的战斗力,还推动了匈人军队武器、战术的改变。早在东罗马帝国与波斯帝国战争时期,匈人便与罗马军队一同对抗波斯帝国;从匈人进入欧洲直到消失,罗马军队中始终存在着匈人雇佣兵的身影。到马塞里努斯的时代,罗马的野战部队中骑兵比例已达四分之一以上,其中许多骑射手的作战和训练方式都模仿匈人,还试图学习他们的作战技能。匈人部落解体后,匈人在罗马军队中服役更为普遍。

本 章 小 结

公元前后,为获取充足生活物资及生存空间,地处欧亚大陆的游牧民族拉开了向农耕地区进发的序幕,继而引发了大规模的民族迁徙。在亚洲民族大迁徙中,匈奴人扮演了极其重要的角色。东汉初期,匈奴分裂为南匈奴、北匈奴,南匈奴降服于汉并伴随着漫长的民族融合而融入农耕文明,为中原文化发展增添了新动力。与此同时,在欧洲民族大迁徙中,日耳曼人和匈人是主力军。在匈人入侵的推动之下,日耳曼人成功地入侵了西罗马帝国并建立了若干政权,其为日后欧洲的政治文明奠定了基础。随着匈人首领阿提拉去世,其帝国崩塌,匈人在欧洲的历史宣告结束。

民族大迁徙对欧亚文明产生了不同程度的冲击,欧亚历史因为蛮族的入侵而发生剧烈的变化。该时期的中国文明、印度文明和古罗马文明都曾是欧亚大陆的核心文明,在历经了游牧民族的侵袭之后,各自走上了不同的发展道路。古老的中国文明以传统文明为底蕴,兼容并蓄,独具特色,经历数次动荡依旧蓬勃发展。与此同时,亚洲的印度亦经历了嚈哒人的侵扰,然而其并未对印度文明产生直接的影响,强大的种姓制度同化了入侵者。因此,亚洲文明在此阶段虽然没有经历涅槃重生,但其以强大的文化内核糅合了外来文化,为形成光辉灿烂的世界文明做出了突出的贡献。欧洲的社会秩序却因此发生了翻天覆地的变化,这种破坏及重组在原来已经衰败的文明之上催生了另一种全新的文明——欧洲中世纪文明,进而衍生出近代西方文明。

思考题

1. 试论匈奴分裂的原因。
2. 简述亚洲民族大迁徙的主要内容。
3. 简述欧洲民族大迁徙对欧洲社会的影响。
4. 简述日耳曼人迁徙对欧洲社会的影响。
5. 简述民族大迁徙对亚欧社会的不同影响及原因。

扩展阅读

1. 塔西佗:《阿古利可拉传　日耳曼尼亚志》,马雍、傅正元译,北京:商务印书馆,1959 年。
2. 林幹:《匈奴史》,北京:人民出版社,2010 年。
3. 龚琛:《千年匈奴史》,西安:陕西人民出版社,2019 年。
4. 安介生:《民族大迁徙》,南京:江苏人民出版社,2011 年。
5. 维姆·布洛克曼、彼得·霍彭布劳沃:《中世纪欧洲史》,乔修峰、卢伟译,广州:花城出版社,2012 年。
6. 彼得·希瑟:《帝国与蛮族——从罗马到欧洲的千年史(罗马史诗三部曲)》,任颂华译,北京:中信出版社,2020 年。

第四章　中古时期宗教的
兴起与传播

中古时期是一个"信仰的时代",曾出现西方的基督教世界和东方的伊斯兰世界共存的历史画面。基督教会独掌中古时期西欧文化、教育、意识形态的主导权。7 世纪,伊斯兰教在阿拉伯半岛横空出世,伴随阿拉伯帝国形成的步伐,伊斯兰教也实现了由民族性宗教向世界性宗教的转变,阿拉伯-伊斯兰文化最终成为一个独特的文明体系。

第一节　西欧基督教的兴起与传播

基督教是中古时期西欧各阶层所信仰的宗教,是当时欧洲的意识形态基础。中古时期的西欧普遍信奉以罗马教皇为首领的天主教(基督教在 1054 年分裂成天主教和东正教两大派别,西欧国家基本信奉天主教,东欧国家基本信奉东正教),罗马教会作为中古时期最大的封建主和意识形态的领袖,对西欧历史的进程产生了重要的影响。西罗马帝国灭亡之后,西欧各地的政府组织被蛮族所摧毁,出现了权力真空。拥有各层级完整组织体系的教会借此机会扩展自己的势力。入侵西罗马帝国的蛮族因为需要被征服地区人民的配合,也选择与教会合作并信仰基督教。西欧基督教会势力的快速扩张就始于此。

一、西欧基督教的复兴

皈依基督教的蛮族统治者中,以法兰克国王克洛维最为著名,之后的法兰克历代国王也大都继承了克洛维与教会合作的路线。751 年,法兰克王国的宫相矮子丕平在贵族、教皇的支持下，废黜墨洛温王朝的末代国王，登上王位，建立了加洛林王朝。754 年，教皇为丕平加冕。为报答教皇，他击退了伦巴第人对意大利的进攻，并将意大利中部的部分地区赠予教皇，就此奠定了教皇国的基础，史称"丕平献土"。

中古时期西欧的教会有着广泛的经济影响力。教会向西欧各阶层人民征收宗教捐税，其中最主要的是什一税。什一税分为大什一税（即粮食）、小什一税（即蔬菜）和血什一税（即牲畜）三种，税额一般都超过民众总收入的十分之一，是民众的一项沉重负担。西欧中古时期，天主教会占有西欧 1/3 的土地，是西欧最大的封建主；借由 11 至 13 世纪西欧的大垦荒运动，教会实力得到了进一步扩充。随着教会势力扩大，教会内部出现等级分化与内部腐化，许多高级教士甚至将教产当作私产，不仅滥用什一税，还违反教士不得结婚的禁令，有人甚至将教职传给子孙。这种行为使天主教会在当时的西欧名誉扫地，其势力也受到了严重影响。

10 世纪至 11 世纪，天主教会内部开展了以法国克吕尼修道院为中心的重大改革运动，史称克吕尼运动。西欧的基督教也由此走向复兴，其权势逐渐扩大。克吕尼修道院主张教士应过集体生活，实行严格的禁欲主义，教士不得婚娶，以避免教产私有化，要求教权独立，并禁止买卖圣职，反对世俗统治者任命主教，等等。克吕尼运动加强了教会，尤其是教皇的权力，从而引起了主要表现为主教授职权之争的神圣罗马帝国皇帝和教皇的冲突。

1075 年，教皇格里高利七世宣称世俗君主不得干预教皇选举和主教任职，这就打破了一百多年来由神圣罗马帝国的皇帝批准教皇选举、任命主教的惯例，与寻求加强皇权的德皇亨利四世产生了巨大矛盾，双方斗争激烈。教皇宣布开除亨利教籍，其臣民的效忠誓约也随之解除，一些德国诸侯也被教皇煽动起来寻求另立皇帝。亨利四世迫于压力选择了暂时屈服，亲身前往意大利卡诺莎城堡向教皇请罪，他在卡诺莎城堡外身披悔罪衣，赤足冒雪哀求三天，最终教皇谅解了亨利四世，恢复了他的教籍，这便是历史上著名的卡诺莎事件。

卡诺莎事件后，以皇帝与教皇对主教授职权的争夺为中心的斗争持续了近半个世纪。1122 年，双方签订了《沃尔姆斯宗教协定》，规定由教皇和皇帝分别授予主教、修道院长象征宗教权力与世俗权力的标志。神圣罗马帝国皇帝同意教会自由选举主教和其他高级神职人员，教皇同意主教的选举应在皇帝或其代表莅临后举行，如遇分歧，由皇帝出面裁决。神职人员人选确定后，首先由皇帝授予象征领地上世俗权力的权标,随后由教皇授予指环和牧杖,象征领地上的宗教权力。皇帝的神职授予权由此被大幅削弱,德国的主教授职权之争至此告一段落。

除了教会与神圣罗马帝国皇帝的争斗,教会与英王的斗争也很突出。自诺曼征服后,历代英王都试图加强王权,拥有庞大地产的教会自然无法避免与王权产生冲突,二者矛盾越来越大。英王威廉二世以高级教士去世为借口,以封君处理封臣地产的方式或者采用延长教职空缺期的手段来打压教会;威廉二世还通过委派自己心腹重臣担任主教或高级教士的方式来强化王权在教会中的影响力。这些措施引起了教会的不满,教权与王权之争在英国就此展开,二者的争斗以亨利二世在位期间诛杀贝克特的事件为顶峰。

1163 年 10 月,坎特伯雷大主教贝克特公开反对亨利二世制定的关于犯罪的教士应由王室法庭审理的政策;1164 年 2 月,亨利二世召开了封建贵族与高级教士参加的王室会议,通过了《克拉灵顿宪章》,做出教士犯罪应由王室法庭审理、未经国王同意任何教士不得出国等一系列规定,随后在北安普敦会议上将贝克特作为叛逆的封臣来审判。贝克特逃离英国后,依靠法王和教皇的支持对抗亨利二世的王权;在教会压力下,亨利二世被迫同意贝克特返回英国。之后,贝克特又鼓吹教会权力,进一步触怒了亨利二世,被其派出的骑士杀害。贝克特之死引发了教俗各界的强烈反应,在教会的重重压力之下,亨利二世被迫与教会达成协定,废除之前种种损害教会利益的政策,归还贝克特死后没收的坎特伯雷主教区的财产。

在法国,教皇卜尼法斯八世因征税问题,宣布开除法王腓力四世的教籍,腓力四世随后立即派人前往意大利囚禁了教皇。1305 年,在法王支持下新选出的教皇克雷门五世是法国人,他继任后随即宣布取消卜尼法斯八世加于法王的一切罪名,并将教皇驻地迁至法国小镇阿维农,连他在内的七任教皇都是法王控制下的傀儡,教皇的权力由此受到严重打击。1377 年,教廷最终迁回了罗马,但由于内部亲法派和亲意派之间的矛盾,阿维农教皇继续存在,两个教皇并立的局面开启了西方天主教会的大分裂时期。西欧各国君主从各自利益出发,承认不同教皇的合法地位,法国、苏格兰、西班牙和意大利南部拥护阿维农教廷;英国、德国、意大利北部则支持罗马教廷。一般教徒莫衷一是,基督教世界一片混乱,1409 年后甚至出现三个教皇鼎立的局面。直到 1417 年选出教皇马丁五世后,长达 40 年的天主教会大分裂才得以终结,但天主教会的世俗权威大大下降。

除了经济雄厚与权力庞大,基督教会还是中古时期西欧唯一掌握文化、教育权力的组织,并且主导了中古时期西欧的意识形态。在基督教会的引领下,中古时期西欧的哲学思想经历了从教父哲学向经院哲学的转变,也产生了《上帝之城》这样的神学经典,以及奥古斯丁和阿奎那这样的神学巨匠。

继教父哲学后成长起来的基督教哲学体系是经院哲学,它以教父哲学为基础,并在 11 世纪将之取代。被誉为"神学之王"的阿奎那是经院哲学的集大成者,著有《神学大全》,这是经院哲学的百科全书,并作为欧洲中古时期大学中的神学教材长达数世纪之久。阿奎那对教会权威和封建社会等级秩序做了详细的神学论证,并提出"宇宙秩序论",主张一切知识都是为了论证上帝的伟大。经院哲学注重思辨思维的发展,轻视经验、反对实践,其内部的唯名论和唯实论之争推动了逻辑学的发展,14 世纪以后趋于衰落。

不止在哲学领域,基督教会为中古时期法学发展也做出了贡献,形成了教会法体系。教会法泛指罗马天主教、东正教及基督教其他教派的各种法规,在法学著作中则通常专指中古时期罗马天主教的法律。天主教会与世俗政权在对抗中共同维护统治,因此,教会法以基督教神学为思想基础,吸收了若干罗马法原则,它适用于教会事务,也适用于许多世俗事务,是西欧中古时期的一种重要法律。

随着宗教的发展,必然会有针对教义的不同解释出现。当一种宗教稳定发展一段时间,又出现对教义的新解释、形成新兴的教派后,之前占主流的教派就会认为新兴教派是异端。中古时期西欧最为著名的异端分别是阿尔比派和使徒兄弟派。

阿尔比派主要活动在法国南部和意大利北部,盛行于 12 至 13 世纪,他们以法国南部的阿尔比城为中心开展活动。阿尔比派的教义吸收了摩尼教的思想,主张善恶二元,反对天主教会的仪式和组织,不承认教会的权力,谴责教会聚敛财富。阿尔比派被镇压后,人民的反抗仍在继续,在意大利又出现了使徒兄弟派。使徒兄弟派同样主张信徒财产共有、地位平等,反对教会腐化,吸引了大批底层农民和市民参加。该派遭到罗马教廷嫉恨,该派创始人和领导者塞加烈于 1300 年被烧死。他的继承者在意大利北部地区发动农民起义,坚持斗争四年之久,最后被十字军镇压。到了 15 世纪末和 16 世纪,伴随着文艺复兴和宗教改革,欧洲的基督教进入了新的发展阶段。

二、十字军东征

十字军东征是 1096 年至 1291 年以罗马天主教会为首的西欧各国封建领主

阶级向地中海东岸国家发起的、带有宗教性的大规模侵略性战争的总称。由于十字架在中古时期西欧是天主教会的标志,在十字军东征途中,每位战士都佩戴"十"字标记,这一系列带有浓厚宗教色彩的军事行动被称为十字军东征。

耶路撒冷是犹太教、基督教的发祥地,伊斯兰教又将其视为圣地,每年都有上述三教的大批教徒前往耶路撒冷朝圣。自阿拉伯帝国从拜占庭帝国手中夺取耶路撒冷后,耶路撒冷就被长期控制在穆斯林手中,不同穆斯林政权对待前往耶路撒冷朝圣的基督徒的不同态度,成为十字军东征的重要原因。

塞尔柱突厥人原本是中亚草原上信仰伊斯兰教的游牧民族,由于东方的军事压力,11 世纪中叶开始举族向西方迁徙,引起西亚地区局势的动荡。1072 年,前往耶路撒冷朝圣的基督徒被塞尔柱突厥人阻拦,由此引发的愤怒浪潮席卷了整个基督教世界,这是十字军东征的导火索。此外,饱受塞尔柱突厥人军事压力的拜占庭帝国被迫向罗马教皇乌尔班二世求救,罗马教廷想借机扩大罗马天主教在东南欧的势力并控制东正教会等也是十字军东征的重要原因。

中古时期西欧罗马天主教会参与战争的传统是十字军东征成行的重要历史背景之一。1095 年,教皇乌尔班二世在克勒芒会议上动员基督徒参加圣战,号召解放圣地耶路撒冷,重修耶稣的圣墓。当时西欧社会上宗教信仰狂热,有大量的普通民众因信教而前往耶路撒冷朝圣,罗马教会利用这种狂热鼓动普通民众和大小封建主参与东征,得到了积极响应。于是,乌尔班二世决定于 1096 年发起第一次十字军东征,计划占领圣地耶路撒冷。

除了上述直观原因,西欧社会内部的经济、社会变革是十字军东征成行的深层原因。自西罗马帝国灭亡后,地中海地区贸易受到沉重打击;随着阿拉伯帝国控制地中海南岸、维京海盗入侵,西欧国家在地中海的贸易进一步受挫。10 世纪,西欧社会农业生产力水平提高及垦荒运动推行使其拥有一定数量的剩余粮食,已能够支撑工商业的发展。远程贸易商路沿线,主教驻节地、封建领主城堡附近形成了一大批城市,越来越多的西欧商人参与长途贸易。意大利凭借良好的地理位置、罗马帝国的遗产、高水平的工商业成为地中海贸易的受益者,兴起了一大批商业城邦,如威尼斯、热那亚。这些城邦在地中海贸易中承受多方竞争压力,难以获得贸易优势并建立永久性商业据点,便与教皇联合,在西欧各地宣传十字军东征观念,以期凭借军事力量获得贸易优势。在十字军东征的行军过程中,威尼斯、热那亚城邦积极为十字军转运部队便是最好的佐证。

西欧社会内部的社会结构变化使十字军东征兵员充足,其中既有上层的军事贵族、骑士,又有下层的普通民众。随着南方阿拉伯人、北方维京人、东方马扎尔人对基督教世界的入侵结束,西欧社会的生产力逐渐恢复,人口也逐渐增加。新增人口对西欧社会发展形成了一定压力。当时西欧封建制度发展到达高峰,国王以下大小封建主层层分封,但只有封建主长子有继承爵位与领地的资格,其余诸子则须自谋出路,如做教士、法律职业者、国王官吏、雇佣兵。即使如此,仍有许多无继承权的封建贵族无所事事,这一无业且好斗的贵族群体是西欧社会动荡的重要根源之一,十字军东征为他们提供了一个去向。除了封建贵族,社会底层的普通民众受封建主剥削,生活困苦,也纷纷参加十字军,期待前往东方获得救赎,提高生活水平。由此,十字军东征成为整个西欧社会的集体行为。

1096 年的东征尝试并不成功,它吸纳了西欧社会各类群体甚至老弱病残,军队装备极差,毫无纪律,也没有后勤保障,在行军途中便损失 3 万余人,幸存者到达君士坦丁堡后被拜占庭皇帝派往小亚细亚,后被塞尔柱突厥人围歼。此后,教皇便开始组织正规军东征。意大利和德意志的大小封建领主组成的十字军,于 1097 年先在君士坦丁堡集结,经小亚细亚向耶路撒冷发动进攻。十字军在占领的耶路撒冷及周围地区建立起耶路撒冷王国和一系列公国等。至此,第一次十字军东征基本结束,意大利商人的商业利益在地中海东岸得到了扩展,罗马教会的权势也得到前所未有的扩大。

1144 年,穆斯林军队攻陷战略要地埃德萨,迫使十字军国家放弃其大部分领土,该事件成为罗马教皇发动第二次十字军东征的借口。1146 年,教皇尤金三世派遣下属前往西欧各地煽动东征,并说服法国国王路易七世与神圣罗马帝国皇帝康拉德三世组织第二次十字军东征。这次参加十字军的成员多数为意大利和德意志地区的封建主和骑士。但由于法国与神圣罗马帝国之间的猜忌、拜占庭帝国对十字军的怀疑与防范,十字军在进军途中损失惨重;当余部到达耶路撒冷后,又遭十字军国家统治者的冷漠对待。第二次十字军东征以失败告终。

在东征过程中,西亚的政治格局也发生了变化。萨拉丁先是统一了埃及和叙利亚,后又与耶路撒冷王国签订了停战协定。1186 年,耶路撒冷王国的贵族违反协定,在自己的领地抢劫路过的穆斯林商人,萨拉丁便以此为由,于 1187 年率军攻占了耶路撒冷。1189 年,神圣罗马帝国、法国、英国三国的君主带领军队开始了第三次十字军东征,因内部纷争,而不得已于 1192 年同萨拉丁签订停战协议。十字军对西亚的伊斯兰教国家的战略优势就此终结,十字军东征的黄金时代也告结束。

长期以来,罗马教廷一直希望君士坦丁堡的东正教大牧首能够归顺罗马教廷,以实现基督教会的统一。中古时期西欧最为强势的教皇英诺森三世发起第四次东征(1201—1204),并要求拜占庭帝国提供人力、物力支持。在十字军海上行军途中,威尼斯商人为了自身的贸易利益怂恿十字军进攻君士坦丁堡;十字军贪图君士坦丁堡的繁华,也乐于进攻君士坦丁堡。在种种利益的催动之下,十字军于1204年围困君士坦丁堡并将其迅速攻克。十字军领袖鲍德温伯爵成为在被占领的拜占庭帝国领土上新建立的拉丁帝国的皇帝,同时,十字军又建立了一系列公国。这些十字军国家统治了拜占庭长达半个世纪之久。

● 彩 图

《十字军占领君士坦丁堡》

《十字军占领君士坦丁堡》

教皇英诺森三世煽动了第五次十字军东征,进攻方向由耶路撒冷转向埃及。在埃及人民的顽强抵抗下,十字军战果寥寥,无功而返。此后教皇组织过第六次、第七次东征攻打埃及,第八次则攻打突尼斯,但战果都无法与前几次相比。1291年,埃及军队攻克了十字军在西亚的最后一个军事据点阿克,持续了近两个世纪的十字军东征以彻底失败告终。

长达近二百年的十字军东征在西亚、欧洲都产生了深远的历史影响。直接结果便是意大利城邦夺取了地中海的海上霸权,以意大利商人为首的西欧商人控制了地中海的商路,恢复了西欧到地中海黎凡特地区的商贸、文化往来;威尼斯成为地中海地区最大的商业码头,并在地中海各地建立了商业据点。在第四次十字军东征中,君士坦丁堡被十字军攻陷,意大利商人成功进入黑海地区,拜占庭帝国的商业港口则因战火而衰败。此外,教皇借机在教廷内部加强集权,英诺森三世在第四次东征中在整个基督教世界树立了权威,并扩大了罗马教廷机构的规模,各国封建主不得不接受教皇的强权;教会还建立了隶属于教会的圣殿骑士团、医院骑士团、条顿骑士团等一系列骑士团,其中一些骑士团在十字军东征后延续了很长时间。

十字军东征给广大民众带来了巨大的灾难,耶路撒冷、君士坦丁堡等名城的无数奇珍异宝、文化遗存在战火中被毁灭,还有相当一部分的文化珍品被运到西欧。但战争客观上也促进了东西方文化的交流,为原本相对落后的西欧文化送去了发展的火种。在十字军东征的过程中,来到耶路撒冷的西欧人广泛地与当地的穆斯林、犹太人接触,当时的西欧知识分子也认识到阿拉伯文化的先进性,了解到拜占庭学者和穆斯林学者在医学、数学、天文学领域的最新成果。西欧失传已久的古希腊哲学家的作品也被十字军从西亚带回欧洲。正是在十字军东征期间及其之后的相当长一段时间内,西欧出现了大规模翻译古希腊文和阿拉伯文著作的"翻译运动",这为之后西欧的文艺复兴与西欧知识分子的觉醒奠定了基础。

三、拜占庭帝国

随着西罗马帝国在 476 年灭亡,入侵的日耳曼蛮族在其遗址上建立起众多蛮族国家;东罗马帝国则经受住了蛮族入侵的打击,顽强地生存下来。因东罗马帝国首都君士坦丁堡的希腊文名称为拜占庭,后人多将东罗马帝国称为拜占庭帝国。

东罗马帝国得以在蛮族入侵中存留的原因主要有三点。首先,东罗马所处战略位置较好,位于罗马帝国的东部地区,其国土大部分与日耳曼人的居住地不接壤,因而从地缘上避开了蛮族大迁徙的锋芒;其次,罗马帝国东部是古老文明的发源地,奴隶制发展不如西部充分,在奴隶制向封建制转变过程中,东罗马比西罗马顺利得多;最后,东罗马地处东西方交通要冲,从国际贸易中获取了巨额财富,拥有强大的经济实力,巴尔干半岛和埃及尼罗河三角洲又是古代西方的两大粮仓,为拜占庭帝国的生存提供了坚实的保障。

拜占庭帝国的疆域包含了罗马帝国的东半部分,其全盛时期控制了巴尔干半岛、小亚细亚半岛、叙利亚、埃及、北非、撒丁岛等地;查士丁尼大帝时期,拜占庭一度控制了意大利半岛和伊比利亚半岛的部分地区,随着查士丁尼大帝去世和拜占庭帝国国力衰退,这些地区又被蛮族国家重新占领;随着阿拉伯帝国的崛起与扩张,拜占庭帝国控制下的叙利亚、约旦、北非地区、耶路撒冷、西西里岛、小亚细亚半岛的部分地区被阿拉伯帝国占领,首都君士坦丁堡也数次被阿拉伯帝国军队围攻,险些失守;拜占庭帝国的欧洲部分领土,即巴尔干半岛也长期饱受保加尔人、塞尔维亚人等的骚扰,领土逐渐被蚕食。

第四次十字军东征中,君士坦丁堡被十字军攻破,城中大量财富为十字军所抢掠;十字军在其征服的拜占庭帝国领土上建立了一系列十字军公国,虽然这些公国最后灭亡,拜占庭帝国的国力却一蹶不振,走上了不可挽回的衰落道路。随着塞尔柱帝国和奥斯曼帝国的先后崛起,拜占庭帝国在小亚细亚半岛的领土也逐渐丧失。1453年,奥斯曼帝国苏丹穆罕默德二世率军攻克君士坦丁堡,拜占庭帝国灭亡。

基督教分裂为天主教和东正教。拜占庭帝国统治之下的居民大多信仰东正教。东正教自称"正教",意为正宗教会,是以君士坦丁堡为首的东部教会。东正教流行范围主要是东欧,即东欧希腊语和斯拉夫语地区,5至15世纪时,东正教是拜占庭帝国的国教,直接受拜占庭帝国控制。

查士丁尼大帝是拜占庭帝国历史上最有作为的皇帝,其统治时代是拜占庭帝国的黄金时代。查士丁尼大帝极力维护奴隶制度,加强军队和政府官僚机构建设,试图恢复罗马帝国的辉煌。此外,他还下令编纂《罗马民法大全》,《罗马民法大全》是《查士丁尼法典》《法学汇纂》《法理概要》《新律》的总称,由法学家特里波尼安在528年开始主持编纂。这部法典的基本宗旨是巩固帝位、突出君权,宣扬皇帝意志,承认阶级差别,保护私有财产。这是欧洲历史上第一部系统完备的成文法典,奠定了后世西方大陆法系的基石,对欧洲各国的法律发展产生巨大影响。

查士丁尼大帝

查士丁尼大帝之后最为著名的两位拜占庭皇帝是希拉克略和利奥三世。602年,多瑙河边防军发动叛乱,占领君士坦丁堡,皇帝在战乱中被处死。610年,希拉克略登上帝位,开创了希拉克略王朝。希拉克略在位时推行军区制改革,以前在局部边疆地区实行的军区制在整个帝国范围内推行开来,建立了军役和封建义务合一的军事屯田制;此外还动用大批教产,利用教会的物质和精神力量组织全国军民打击入侵的阿拉伯人。

8世纪初,面对阿拉伯人对拜占庭的进攻,皇帝狄奥多西三世束手无策,小亚细亚军区督军利奥击败了阿拉伯帝国的进攻,借此机会强迫皇帝退位,自立为帝,史称利奥三世,伊苏里亚王朝的统治由此开始。717年至718年,利奥三世巧妙地利用由石油等易燃物混合而成的"希腊火"粉碎了阿拉伯帝国舰队对君士坦丁堡的围攻;为了保障同阿拉伯帝国作战的军费,利奥三世在国内竭力整顿税收,拜占庭帝国的财政状况得以改善;726年,利奥三世宣布反对圣像崇拜,圣像破坏运动在全社会范围内展开。

拜占庭帝国在8至9世纪展开的圣像破坏运动表现为破坏东正教供奉的圣像、圣物,其实质是反对东正教统治势力和企图控制教会、修道院地产的政治斗争。同西欧的罗马天主教会一样,东正教在拜占庭帝国同样拥有大量地产和财富,受到了统治者的觊觎。在社会矛盾较小、外敌入侵压力较小的情况下,东正教的财富尚能保存;但当外敌入侵压力变得严重时,东正教的土地和财富就成为统治者实施重大政治、军事行动必须动用的资源。并且,在中古早期,拜占庭帝国的国家力量和组织动员能力远胜西欧的各国,所以拜占庭帝国在遭遇财政危机之时能够有效地掌控东正教的财富,圣像破坏运动就是上述行动的代表。基督教自诞生之日起就存在圣像、圣物崇拜,反对圣像崇拜的社会力量自然也随之存在。7世纪以后,正统教会和修道院大规模兼并土地,聚敛钱财,自然成为社会各阶层所厌恶的对象。利奥三世于726年发布禁止崇拜圣像的诏令,将抗拒者的财产充公,圣像破坏运动就此开启。787年的第二次尼西亚会议宣布恢复圣像崇拜,813年,利奥五世即位,反对圣像派重新得势,此时的圣像破坏运动已经成为政治斗争的借口。843年,狄奥多拉摄政时,再次恢复了供奉圣像,大批圣像破坏者被当作异端处死,圣像破坏运动至此告终。

由于拜占庭帝国对东南欧、东欧的许多国家保持着经济、文化的优势,因此,东南欧、东欧的许多民族积极地学习拜占庭帝国的文化和生产技术,并逐步接受了东正教,东正教也因此广传到东欧、东南欧,成为这些地区的主要信仰。保加利亚、基辅罗斯、莫斯科公国等当时相对落后的国家相继接受了东正教信仰。君士坦丁堡陷落后,东正教的中心逐步由君士坦丁堡转移到莫斯科。中古时期欧洲的信仰基本上保持着罗马天主教和东正教二分天下的局面。

在军事上，拜占庭帝国一度横跨欧亚非三大洲，其领土长期面临着东欧诸民族和西亚、北非穆斯林的军事威胁。为了应对这些军事威胁，帝国推行了名为普洛尼亚制的监领地制度。普洛尼亚制确立于科穆宁王朝时期，即政府将国家和农村公社的土地分给公职贵族监领，监领主同时获得了对领地上的农民的支配权，农民须为监领主服劳役，并缴纳一定的货币地租和实物地租，监领主则按监领地的大小提供相应的兵员为国家服役，这样一来，原本自由的农民沦为依附农，拜占庭帝国的封建化基本完成。后来，监领主又逐渐取得领地的行政和司法权，监领地变成封闭的大地产。普洛尼亚制的实施虽然暂时加强了拜占庭帝国的国家和军队实力，但这一制度也潜伏着离心的倾向，最终导致拜占庭帝国割据分裂的加剧和帝国的衰落。

拜占庭帝国长期与西亚信奉伊斯兰教的国家作战，阿拉伯帝国、塞尔柱帝国、奥斯曼帝国都是让拜占庭帝国头疼的对手。阿拉伯帝国曾攻占了拜占庭帝国在西亚、北非的大部分领土，并数次围攻拜占庭帝国的首都君士坦丁堡。塞尔柱帝国则长期蚕食拜占庭帝国控制下的小亚细亚半岛，使得拜占庭帝国丧失了重要的财税和兵员供给地。奥斯曼帝国继塞尔柱帝国之后逐渐控制了小亚细亚半岛，并跨海进攻拜占庭帝国在巴尔干半岛上的领土。长期的战争严重地消耗了拜占庭帝国的国力，其国土逐渐被蚕食殆尽，仅剩君士坦丁堡。

1453 年，奥斯曼帝国苏丹穆罕默德二世亲率 20 万大军和 300 艘战舰，对君士坦丁堡发动进攻。5 月 29 日拂晓，他们从海上、陆上对君士坦丁堡发起总攻。此时，君士坦丁堡已经弹尽粮绝，又无后援。拜占庭帝国的末代皇帝君士坦丁十一世见大势已去，遂化装逃跑，在混战中被杀。经过 7 个多星期的激战，君士坦丁堡全城最终被占领，延续 1 000 多年的拜占庭帝国灭亡。随后，君士坦丁堡被改名为伊斯坦布尔，成为奥斯曼帝国的首都。

拜占庭帝国的历史对其他国家的发展有着两重影响：第一，拜占庭帝国文明的传播使东南欧的塞尔维亚、保加利亚，东欧的基辅罗斯和之后的俄罗斯走向文明开化，为其后来的发展奠定了基础；第二，拜占庭帝国保存了古典文明的遗产，使古典文明没有湮没，给西欧带去了文明之光。古希腊的哲学、古罗马的法学在蛮族入侵期间在拜占庭帝国保存下来；查理大帝最早开始模仿拜占庭的建筑，亚里士多德、柏拉图著作从拜占庭西传至西欧，拜占庭帝国灭亡后很多文化精英逃到意大利，这些都为 15 世纪意大利的文艺复兴打下了坚实的基础，使欧洲文明能够沿着古典文明的路线延续发展下去;古希腊的哲学、医学经拜占庭传播至阿拉伯帝国,也为阿拉伯-伊斯兰文化的发展注入了动力。

第二节　伊斯兰教的兴起与传播

公元 7 世纪,阿拉伯人在统一阿拉伯半岛后迅速向外扩张。与中古时期其他向外扩张的帝国不同,阿拉伯民族带来了一种新兴且强有力的宗教——伊斯兰教。在阿拉伯帝国扩张的过程中,伊斯兰教由民族性的宗教向世界性的宗教转变,独具特色的阿拉伯-伊斯兰文化最终形成了一种独特的文明体系,其影响超出了伊斯兰世界的范围。

一、伊斯兰教的诞生

阿拉伯半岛自然环境复杂,气候温差悬殊,北部为肥沃的新月地带;中部腹地则多为沙漠所覆盖,其主要居民贝都因人频繁迁徙,过着逐水草而居的游牧生活;半岛南部的气温与雨量相对而言较适合农业生产,并形成了一条重要的陆上商路,也门等地的农业和商业因此得到发展。公元 3 世纪后,阿拉伯在远距离贸易网络的作用愈发显著,4 至 6 世纪时,受北方拜占庭、波斯(萨珊王朝)两大帝国以及东非埃塞俄比亚王国为争夺也门的国际商路控制权而长期作战的影响,阿拉伯的陆上商路衰落,海上商路逐渐兴起,其沿线城市也逐渐发展起来,地处亚非欧三大洲交通枢纽之地的麦加在 6 世纪后期崛起,取代也门成为最大的商业中心,与外地保持着频繁的商业往来。

伊斯兰教产生于 7 世纪,同阿拉伯半岛特殊的社会历史状况密切相关。在其诞生前,阿拉伯半岛盛行多神崇拜、偶像崇拜,当时犹太教和基督教已从北面传入阿拉伯半岛,但由于前者教义僵化繁冗,后者教派众多、斗争激烈且仪式烦琐,并未被广泛传播和接受;6 世纪末,阿拉伯半岛进入社会大变迁时期,各民族、各阶级之间的矛盾相互交织、错综复杂且日益尖锐,阿拉伯人需要一个本土宗教来代表自身利益,穆罕默德创立的伊斯兰教适时地出现并满足了社会现实的需求。

穆罕默德是麦加古莱什部落哈希姆家族中一个富有声望的商人的遗腹子,自小受阿拉伯文化熏陶,并因经商而接触到了犹太教、基督教与拜火教。他曾受

雇于一位富孀，为其管理麦加和叙利亚之间的骆驼商队，后与之成婚，自此拥有
了生活保障及显赫地位。在从事商业贸易的同时，他同拥有不同宗教和文化背
景的人交往，也进一步了解了不同的宗教，为创建伊斯兰教奠定了基础。610
年，穆罕默德向人们宣布，他获得了安拉的真言——全世界只有一个真神即安
拉，安拉统治宇宙，创造了世间万物；尊奉真主安拉就必须摒弃偶像崇拜，认可和
崇拜其他神即为邪恶，就会受到真主的审判。与此同时，穆罕默德也深信自己就
是安拉选中的使者，他以"伊斯兰教"命名此信仰，在阿拉伯语里，"伊斯兰"一词
原义为顺从，指顺从安拉的意志；而后来信仰伊斯兰教者则被称为"穆斯林"，意
为独尊安拉、服从先知的人。此后，穆罕默德向周围的亲友阐述自己的信仰，警
告人们"末日审判"终将来临，信仰安拉的人将在死后复活、升入天堂，否则将堕
入地狱。对穆罕默德的宣传感兴趣的人日益增多，大约在620年，一部分热诚的
麦加市民选择加入他的团体，穆罕默德被尊为先知。

　　伊斯兰教在建立之初饱受反对。一方面是因为当时大多数阿拉伯人是多神
论者，他们无法认同穆罕默德所谓的安拉唯一神论，认为这是一种危险的观点，
冒犯和诋毁了他们的信仰。另一方面是因为穆罕默德宣称贪婪是邪恶的，为安
拉所不容，对麦加城里那些拥有很多圣物并从中获益的贵族和商人来说，这是一
种威胁和侮辱。麦加贵族坚决反对伊斯兰教，并对穆罕默德及其追随者采取了
种种迫害手段，使之不得不于622年离开麦加，前往麦加以北的商路绿洲城市雅
特里布安顿下来。穆罕默德将此城更名为麦地那，意即"先知之城"。后来，阿拉
伯人称这一事件为"希吉来"（意为"迁徙"），伊斯兰纪年法则以这一年为其开始。
自此，穆罕默德立足于麦地那广泛传教布道，使当地居民逐渐皈依伊斯兰教，他
将从麦加迁来的穆斯林和麦地那的穆斯林组织起来，建立了富有凝聚力的宗教
社团"乌玛"（意思是"信仰者的社团"），即穆斯林公社，并制定了一套全面的法律
和社会规范，称作《麦地那宪章》。其明确了穆罕默德作为安拉使者的权威地位，
规范了信徒社会生活的方方面面，保留了血亲复仇传统，即全体公社成员必须为
因信仰真主受害或牺牲的人复仇。乌玛既是宗教社团，又是军事和行政组织；穆
罕默德则既是当地的宗教领袖，又是政府首脑和军事统帅，开创了伊斯兰教政教
合一的局面，在麦地那建立起国家。因此，"希吉来"可谓伊斯兰教发展历史上的
重要转折点，对伊斯兰教的发展壮大和阿拉伯统一国家的形成具有决定性意义。

　　为了返回朝觐之地麦加，穆罕默德带领其追随者进行了一系列的斗争。在
624年的白德尔之战中，穆罕默德一方以少胜多，极大地提高了其声望，振奋了

穆斯林的士气,为以后的胜利奠定了基础。627 年的"壕沟之战",穆罕默德取得绝对性胜利,麦加当权者不得不妥协,允许穆罕默德及其信徒每年有 3 天时间到麦加朝觐圣寺克尔白。630 年,经过长期周密的准备,穆罕默德及其信徒一举攻下了麦加城。穆罕默德在麦加城确立了伊斯兰教的权威,建立了一个为安拉服务的政权。他确认麦加为圣城,将圣寺克尔白改为清真寺,其中原有的所有部落神和偶像都被清除,只留黑石作为伊斯兰教的圣物,供穆斯林朝觐和礼拜。麦加的归顺,标志着伊斯兰教在阿拉伯半岛的胜利。632 年,穆罕默德去世时,穆斯林已掌控了阿拉伯半岛的大部分地区,强大的一神教塑造了阿拉伯地区以信仰为纽带的新型社会组织,空前统一的阿拉伯-伊斯兰世界得以形成。

在伊斯兰教的教义及发展方面,穆罕默德起到了决定性作用。他阐明伊斯兰教的基础由五项义务或称仪式构成,即伊斯兰教五功——念功、拜功、课功、斋功和朝功。除了五功所规定的基本义务,伊斯兰教的"沙里亚法"也为穆斯林的生活、行为提供了详尽的指导。最初,穆罕默德只通过口头教诲来宣传伊斯兰教的教义,随着伊斯兰教信徒规模的不断扩大,信徒们制作了有关穆罕默德教诲的书面文本。7 世纪 50 年代,这些书面文本被编纂成《古兰经》,下发给穆斯林,以规范穆斯林的言行和价值观念。《古兰经》是穆罕默德所留下的最重要的精神遗产,它既是伊斯兰教的经典,又是阿拉伯社会的"母法"。

二、阿拉伯帝国扩张与文化传播

中古时期,麦地那神权政体在对外扩张中逐渐建立起了强大的阿拉伯帝国。伊斯兰教作为阿拉伯帝国进行对外征服的旗帜,也在这一过程中不断传播,由民族宗教演变为世界宗教,以伊斯兰教为核心的阿拉伯文明也随军事扩张与宗教传播的脚步发展壮大。

穆罕默德去世后,各派穆斯林为争当继承人展开了激烈的斗争,伊斯兰世界进入了四大哈里发时期。经过一番激烈的争论和斗争,伯克尔被推举为首领,改称"哈里发",意为"代理人亦先知的助理"。作为第一任哈里发,他成功平息了各部落的叛乱,随后开始了最早的对外扩张,并成功地占领了加沙地区。短短数十年内,在历任哈里发的领导下,他们的军事扩张取得了一系列成功,在阿拉伯以外的地区扩展了政治和文化影响。633 年至 637 年间,他们夺取了拜占庭的叙利亚-巴勒斯坦,并从萨珊王朝手中夺取了美索不达米亚的大部分地区。7 世纪40 年代,他们征服了拜占庭的埃及和北非。651 年,他们消灭了萨珊王朝,波斯被并入阿拉伯帝国版图之内。656 年，第四任哈里发阿里继位，由于阿里是新教派——什叶派的代表，以叙利亚总督穆阿维叶为首的倭马亚家族拒不承认阿里政权；拥护阿里的人也产生分裂，一部分不满阿里政策的下层穆斯林脱离什叶派，另建军事民主派(哈瓦利吉派)。661 年，军事民主派成员刺杀了阿里，穆阿维叶夺取哈里发权位，在大马士革建立了倭马亚王朝(661—750)，此后，哈里发不再由选举产生，而由倭马亚家族成员世袭。

在倭马亚王朝时期，帝国继续执行对外扩张政策。664 年，阿拉伯军队占领阿富汗的喀布尔后挥师北上，先后征服布哈拉、撒马尔罕和花剌子模等广大地区，直至帕米尔，始为唐军(中国军队)所阻。东方战场上的另一支阿拉伯军队攻入印度河流域，征服了印度西部的信德。在北方，7 世纪末至 8 世纪初，阿拉伯军队曾三次进攻君士坦丁堡，并对君士坦丁堡进行了长期围困，但由于拜占庭皇帝利奥三世利用君士坦丁堡天险和"希腊火"(一种燃烧剂)顽强抵抗而未能得手。在西方，711 年至 718 年，阿拉伯军队消灭了拜占庭的北非驻军，占领了从突尼斯到摩洛哥的马格里布，随后又越过直布罗陀海峡，征服了伊比利亚半岛的大部分地区，直接威胁高卢的法兰克王国。至 8 世纪前半叶，一个横跨亚、欧、非三大洲，东起印度河和帕米尔高原，西至大西洋比斯开湾，南到北非尼罗河，北抵里海和咸海南缘的阿拉伯帝国基本形成，印度西北、中国、北非、伊比利亚半岛等地都出现了伊斯兰教的足迹，其秉持开放包容的心态与当地传统相互影响、融合，进一步丰富了多元的伊斯兰文化。

倭马亚王朝建立初期，国家处于动荡不安和四分五裂的状态中，因此国家体制高度集中，统治者重用亲信来管理行政、财政和宗教等方面的事务和地方行政，少数军事贵族掌握了经济及军事特权。帝国境内民族多样，信仰各异。为方便统治和管辖，同时也为增强自身的权威，倭马亚王朝的统治者鼓励非阿拉伯人的各族人民改宗伊斯兰教，并承诺会给予他们同阿拉伯穆斯林一样的公正待遇。统治者采取的这些措施在倭马亚王朝前期确实产生了一定的成效，非阿拉伯穆斯林人数大量增加，不同文化背景的人们丰富了伊斯兰文明的文化结构，希腊文化、波斯文化、罗马文化、突厥文化、印度文化等不同文化激荡、融入伊斯兰文明中，展现了后者的多元、开放与包容，创造了以伊斯兰教为核心、以阿拉伯语为载体的丰富多元的新文化——阿拉伯-伊斯兰文化。

8 世纪中叶以后，帝国经济繁荣不再，宗派斗争和教派斗争也渐趋激烈。倭马亚王朝信奉正统的逊尼派，奉《古兰经》和《圣训》为经典，主张前四任哈里发都是先知穆罕默德的继承人;而什叶派与逊尼派相对立,拒绝承认倭马亚哈里发的合法性,大量的波斯穆斯林不满于没有获得与阿拉伯穆斯林同等的地位,纷纷加入什叶派,波斯因此成为什叶派活动的中心。穆罕默德叔父的后裔阿拔斯虽属逊尼派,却与什叶派及非阿拉伯穆斯林建立了联盟,于 750 年带领起义军击溃哈里发的主力军,占领大马士革,随后又彻底消灭了倭马亚家族,最终建立了阿拔斯王朝(750—1258),初期定都库法,762 年,迁都巴格达。

阿拔斯王朝时期,伊斯兰文明臻于全盛。由于在阿拔斯王朝时期,帝国境内的大多数民族已经阿拉伯化或者说伊斯兰化,阿拉伯血统已不再是决定人们社会地位的关键因素,阿拔斯并未特别重用阿拉伯军事贵族,在政府中担任官职的不止有阿拉伯人,还有波斯人、伊拉克人、叙利亚人、埃及人、美索不达米亚人等,其中波斯人尤多。和倭马亚王朝一样,阿拔斯王朝也面临帝国管理这个难题。在行政制度方面,阿拔斯王朝在倭马亚王朝原有制度的基础上,借鉴了萨珊王朝(波斯帝国)的行政体系,建立了一套专制主义的官僚体制。阿拔斯宫廷是中央权威所在,巴格达取代大马士革成为首都,哈里发集政治、军事和宗教权力于一身,其权力神圣不可侵犯,领导着一个庞大的,由不同民族、不同宗教信仰的商人、地主、伊斯兰教学者等组成的官僚群体,由上至下管理着各行省和县。至于税收,则由直接对中央负责的财政总监所监管。驿站部管理全国交通运输、通信工作,同样直接对中央负责。此外,有学问的官员"乌里玛"(指具有宗教知识的人)和"卡迪"(即法官)负责地方的道德教化和争端解决工作。乌里玛和卡迪均接受过强调《古兰经》和圣典学习的正规教育,二者相互协作,前者负责按照《古兰经》和圣典的要求来制定公共政策,后者则需要听取诉讼并依据《古兰经》和圣典做出判决。

除了完善而有效的官僚机构,军队是阿拔斯王朝政权的另一有力支柱。与倭马亚王朝的军队不同,阿拔斯王朝的军队不是以阿拉伯部落组成的军队为基础,而是从各地、各民族中征募而来的领受军饷的正规军和常备军。他们要负责维护社会秩序以及帝国从萨珊波斯那里继承下来的完善交通网络。

8 世纪中期至晚期,阿拔斯王朝达到鼎盛,农业、手工业、商业都十分发达,巴格达更是发展成为一个拥有数十万人口的城市。经济与贸易的兴盛为文化繁荣提供了物质基础,而且形成了更加开放、自信、宽容的社会价值观,进一步促进了伊斯兰文明对异质文明的吸纳和消化。然而,阿拔斯王朝的经济繁荣是建立在对各族人民的残酷剥削和专制统治的基础之上的,随着阶级斗争和政治动乱的强化,经济逐渐萧条。9 世纪初,阿拔斯王朝进入了衰落期,此起彼伏的人民起义遍及全国,沉重地打击了阿拔斯王朝的统治。此后,阿拉伯帝国四分五裂,日趋衰落。自 9 世纪中叶以来,哈里发便逐渐丧失了对政治、经济、军事的控制权,总督和驻军首领的权力急剧膨胀,甚至可以操纵哈里发并决定其废立。11 世纪后半叶,势力日益壮大的塞尔柱突厥人控制了巴格达政权。12 世纪,塞尔柱帝国内讧,势力衰微。1194 年,花剌子模的统治者占领了巴格达,驱逐了塞尔柱突厥人,并像他们一样以苏丹的名义掌控巴格达的统治大权。1258 年,蒙古军征服巴格达,彻底消灭了哈里发政权,盛极一时的阿拉伯帝国最后灭亡了。

阿拉伯军队的扩张以及阿拉伯帝国的建立和发展,将伊斯兰教带往各地。由于阿拉伯早期的历史著作更偏重记录军事活动、王朝更迭、教派斗争,对宗教传布的活动记载不多,伊斯兰教传教的历程并未得到确切的记载;但 9 世纪中叶,即伊斯兰教兴起的 200 余年后,伊斯兰教在埃及、叙利亚、伊拉克和波斯等地区已经打下了坚实的基础,得到了广泛的传布。根据 9 世纪后期埃及新穆斯林用阿拉伯文写下的著作,四大哈里发时代(632—661)并未强制传布伊斯兰教,宗教政策比较宽容;倭马亚王朝时代连年对外征战,需要吸收大量外族人参军,而参军的外族人都必须改奉伊斯兰教,成为新穆斯林;阿拔斯王朝时代,大量的异族人,尤其是突厥人改奉伊斯兰教,这一时期人们的宗教热情前所未有,而伊斯兰教也受到了各民族带来的不同的宗教和文化影响。各民族穆斯林之间既有融合,又有矛盾,其矛盾被用伊斯兰教的"统一性"加以协调,逐渐走向统一。

阿拉伯帝国覆灭后,伊斯兰文明全盛时期结束。到 14 世纪,横跨亚、非、欧三大洲的奥斯曼帝国崛起,继承了这片土地上的伊斯兰教与伊斯兰文明。伊斯兰教在奥斯曼帝国早期就成为国教,并与当地文化和政治权力相结合,得到了广泛的发展,成为奥斯曼帝国政治、文化与社会生活的重要一环。奥斯曼帝国不仅培养了大量的文人、学者,并将不同文化融入帝国的文化中,进一步促进了文化的多元化和创新,还发展、创新了伊斯兰艺术和建筑风格,建造了艾赫默德清真大寺和圣索菲亚大教堂等杰出的伊斯兰建筑。

三、阿拉伯-伊斯兰文化体系的形成与发展

随着伊斯兰教与阿拉伯帝国的发展与扩张,阿拉伯-伊斯兰文化在阿拉伯半岛的土壤上得以孕育。阿拉伯-伊斯兰文化以伊斯兰教为旗帜,在向外扩张中有选择性地吸收相异的文化传统,颇具开放性和包容性,包含了阿拉伯文化、波斯

文化、印度文化、希腊文化等多元化内容。

阿拉伯半岛的本土文化是阿拉伯-伊斯兰文化的历史源头。在伊斯兰教产生之前，阿拉伯半岛的西南部、北部和中部都出现了国家，其中北部的奈伯特王国以阿拉伯语为日常生活语言，并采用北方邻人的阿拉米文字母拼写自己的语言。人们在临近奈伯特人故乡的西奈半岛出土了大量的铭文，它们也是出土各铭文中用字母刻成的最古老的铭文。西奈字母产生之后，又传入北部叙利亚，在那里演变为楔形文字。

位于叙利亚中部的巴尔米拉王国由阿拉伯人组成，它地处东西南北交通枢纽，成为商贾辐辏的地方，在 130 年至 270 年间达到鼎盛；其文化由希腊、叙利亚、安息等多种文化要素混合而成，其用阿拉米文写成的铭文里面也有不少阿拉伯词汇。巴尔米拉王国灭亡之后，加萨尼王国兴起。6 世纪，加萨尼王国达到鼎盛，其文化由阿拉伯、叙利亚、希腊的要素共同构成。这些留存的阿拉伯本土文化对阿拉伯-伊斯兰文化产生了深远影响。

两河流域的多元传统文明也是阿拉伯-伊斯兰文化发展的基础。两河流域地区的古代文明具有多种色彩，亚述帝国和波斯帝国的扩张中断了两河地区其他古代文明的自然发展过程，却促进了多元文化的碰撞和融合。公元前 4 世纪，马其顿国王亚历山大东征开启了希腊化时代，被征服国家同希腊之间的联系日益密切，希腊文化开始向东方传播。传统东方文明的边缘区域和欧亚大陆的交界处出现了许多由希腊人建立的希腊化城市，这些城市成为希腊文化的载体，集中体现了希腊的政治文化、体育文化及学术文化等。而这些城市遗留下的文化成果，尤其是各类著作都成为之后阿拉伯-伊斯兰文化的养分。罗马文化同样也为阿拉伯-伊斯兰文化提供了养分，随着罗马帝国占据小亚细亚、黎巴嫩和叙利亚-巴勒斯坦等地，罗马文化也传播至这些地区。延续了古代波斯帝国传统的安息和萨珊波斯帝国则加强了波斯文化在两河流域的传播，前伊斯兰时代，希腊罗马文化与波斯文化成对垒之势。

中东地区悠久的宗教传统和一神信仰取代多神信仰的过程为阿拉伯-伊斯兰文化提供了宗教基础。中东地区是诸多宗教的摇篮，这一地区从野蛮到文明的转变伴随着原始氏族宗教信仰向民族宗教信仰的过渡，存在一神信仰取代多神信仰的漫长历程是古代中东社会的突出现象。在伊斯兰教产生之前，除了原始崇拜、巫术，阿拉伯半岛上还存在着犹太教、基督教，还有小范围内传播的拜火教和摩尼教。而犹太教作为单一的民族宗教本身就吸收了中东各种宗教的因素,犹太人的流散也带来了犹太教的广泛传播。基督教在公元1世纪产生,其对阿拉伯半岛的影响也在逐步加深。

阿拉伯帝国的扩张是阿拉伯-伊斯兰文化不断融汇丰富的重要因素。穆斯林与其他地区文化传统相异的民族相遇并征服他们,将后者的文化融入伊斯兰社会;他们也向其他民族学习文学、哲学及科学等。在诸多地区的多种文化中,波斯、印度、希腊等地的文化对阿拉伯-伊斯兰文化的影响尤深。

在语言与文学艺术方面,波斯对阿拉伯文化影响极大。阿拉伯人最初所使用的阿拉伯语词汇较少,词义简单,且多同宗教、哲学和法律相关;随着交往范围日益扩大及物质生活的丰富,原有的阿拉伯语词汇难以满足现实需求。在这种情况下,外来语词汇被吸收到阿拉伯语中,波斯语是其重要来源。阿拔斯王朝时期,统治者进入前萨珊王朝统治的伊拉克境内主政,实行开明的文化政策,为阿拉伯-伊斯兰文化和波斯文化的交融提供了有利条件。哈里发马蒙时代,集图书馆、科学院和翻译局三者于一体的智慧馆被建立起来,开展了将波斯、印度和希腊的优秀著作翻译为阿拉伯文的运动,这场翻译运动持续了百年之久。萨珊王朝时代的波斯古籍正是这场翻译运动最初关注的重点。

历史学方面的著作以《列王纪》《阿维斯塔》《琐罗亚斯德教士》等为代表,这类以历史人物和历史事迹为核心的作品也带有文学的色彩。这类译著在丰富阿拉伯人的历史知识的同时,也为阿拉伯人撰写同类著作提供了借鉴。文学译著方面,以寓言童话故事集《卡里来和笛木乃》和《一千个故事》影响最为深远,它们最初诞生在印度,后被翻译为波斯语,再由波斯语被翻译为阿拉伯语。《卡里来和笛木乃》将雅俗共赏的艺术形式引进了阿拉伯文学,《一千个故事》则为后来著名的文学作品《一千零一夜》提供了灵感。阿拉伯的语言文字、文学艺术逐渐波斯化。艺术方面,波斯文化影响了阿拉伯地区的诗歌、音乐和绘画。受生存环境的影响,早期阿拉伯诗歌文风淳朴、结构简练。阿拔斯王朝时期,物质生活日渐丰富,加之受波斯诗歌的影响,阿拉伯诗歌的风格发生了转变,辞藻更为华丽,内容上更偏重于描写浮华的俗世生活。音乐方面,这一时期的阿拉伯音乐从波斯音乐中引进了主要的12种调式,后来成为阿拉伯音乐的主调。绘画方面,阿拔斯王朝重用波斯画家,波斯文化的风格对阿拉伯绘画产生了影响,阿拉伯绘画和建筑中常见的"星月"就起源于波斯。此外,波斯社会的生活方式也影响了阿拉伯社会,阿拉伯人也习惯佩戴波斯高帽,萨珊王朝建筑的卵形或椭圆形的圆顶、半圆形的拱架结构、螺蛳形的塔等建筑也被阿拔斯王朝所吸收。

　　印度文化同样对阿拉伯文化产生了重要影响。穆斯林欣然采用了印度数字,后人称其为阿拉伯数字,沿用至今。数字方便了穆斯林商人的日常生活,也使穆斯林学者进一步研究数学成为可能。数学家花拉子密是第一个使用印度数字和零号代替阿拉伯原来的字母记数法的人,其所撰写的《积分与方程的计算》彪炳后世,直到16世纪一直是欧洲各大学的教科书;代数学和使用阿拉伯数字的计数法,都是通过《积分与方程的计算》传入欧洲的。在丰富的数学知识的帮助下,学者们能够进行精确的天文计算,促进了穆斯林天文学的发展。除了数学,花拉子密还精通天文学,他结合印度学者的理论知识,制定了著名的天文历表,根据这部历表制定的历法在阿拉伯地区使用了很长时间,后来被英国人译成拉丁文,成为东西方各种天文表的蓝本。白塔尼在花拉子密研究的基础上,改进了月球和一些行星轨道的计算方法,比较准确地测量了黄道、黄道斜度及回归年和四季之长。他编写的《萨比天文历表》先后被译成拉丁文和西班牙文,为欧洲学者所重视。总之,阿拉伯天文学的卓越成就,对后世影响深远。

　　穆斯林对古希腊文化推崇备至。阿拔斯王朝时期,有众多学者专门从事希腊典籍的翻译和校勘工作,古希腊的大多数重要典籍都被译成了阿拉伯文,涉及多个学科领域。首先,在哲学方面,其包括亚里士多德的《形而上学》《工具论》等作品、柏拉图的《巴门尼德篇》等作品,涵盖一般哲学问题、逻辑问题、自然哲学等各方面的知识。其次,在数学方面,有阿波罗尼奥斯的《圆锥曲线论》、欧几里得的《几何原本》、阿基米德的《论球与圆柱》《圆的度量》等。医学论著也是其中很重要的一部分,有格林的《解剖学》《小技》,狄奥斯科里迪斯的《药物学》等。这些经典的医学论著,为穆斯林医学的发展提供了借鉴。此外,地理学论著有托勒密的《地理学》等,物理学论著有托勒密的《光学》、欧几里得的《光学》等。文学著作则有亚里士多德的《诗学》等。

四、阿拉伯-伊斯兰文化的传播与影响

　　阿拉伯-伊斯兰文化体系的形成与伊斯兰教产生和发展的历史密不可分,《古兰经》《圣训》等记录有伊斯兰教义的文献规范了穆斯林的生活,构筑了一个坚实的社会基础。阿拉伯-伊斯兰文化向外传播的过程同时也是一个吸收波斯、印度和希腊文化传统中的养分的过程。外向吸收、内向发展及与民族文化的融合同时存在。阿拉伯-伊斯兰文明所处的地理位置既有助于其融汇多元文化、实现自我发展,又有助于它扮演文化桥梁的角色,一方面向四周辐射传播自己的文

明成果,另一方面促进各文明成果的互学互鉴。最初,其文明传播内容以宗教为主,此后则逐渐覆盖政治、经济、文化、科学等各方面的文明成就。

不同伊斯兰教派的形成推动了伊斯兰教义和文化传统的发展和传播。什叶派与逊尼派长期对立。什叶派是哈里发阿里的追随者,最初只是阿拉伯穆斯林内部的政治集团,反对倭马亚家族的统治,在阿拔斯王朝时期由政治集团演变为宗教派别。作为伊斯兰教派别之一,什叶派和逊尼派一样尊奉伊斯兰教基本信条并履行相应的宗教义务。什叶派和逊尼派的差异主要体现在关于伊玛目(阿拉伯语意为"站在前列者")的学说上,伊斯兰教规定信徒必须承认独尊安拉和穆罕默德为安拉的使者;什叶派在此基础之上增加了尊崇和顺从伊玛目,作为第三项信条,因为什叶派认为,伊玛目是穆罕默德去世后伊斯兰世界的宗教领袖,并不是凡人。什叶派影响广泛,主要传播于伊朗高原、非洲马格里布和阿拉伯半岛南部广大地区。

苏非派同样为伊斯兰教的远距离传播做出了突出贡献。"苏非"在阿拉伯语中意为"羊毛"。在古代阿拉伯半岛,缀有补丁的羊毛长袍是社会贫困阶层和沙漠隐居者的服装,倡导苦行之道的苏非主义追随者习惯穿着象征艰苦的羊毛衣服,苏非派也因此得名。禁欲、苦修的理念早在倭马亚王朝时期就已存在,当时的神学家哈桑·巴士里倡导清贫宁静的生活方式,主张通过沉思和自我审慎来深化精神意识,他也被后人视作苏非主义的奠基者。苏非主义的思想体系在阿拔斯王朝时期逐渐形成,但其一开始并没有组建统一的、严格的社会组织,只是存在推崇独身苦行的生活方式的群体。虽然这一群体被称为苏非派,但是他们并没有独树一帜的教派主张,或者说他们不太关心教义,而是重视内心的领悟以及一种神人合一的境界。

8世纪中叶后,苏非主义发展出神秘论的思想内容,追求神秘的内心领悟,以同真神安拉在知觉上直接接触。8世纪后,苏非派的神秘主义思想进一步发展,最终形成了泛神论,安拉被认为存在万物之中,换而言之,万物即神灵本身,人生的终极目标就是使自身完全消融于安拉之中。苏非主义的相应教团组织在10世纪末期在伊斯兰世界各地出现,实行严格的教阶制度,将首领称为"舍赫"(意为"长者"),成员称为"德尔维什"(意为"穷人、乞丐"),前者在教团内部享有绝对的权威,受到后者的崇拜。苏非派成员过着简朴的生活,虔诚地举行仪式,无休无止地讲道,甚至进入一种癫狂状态。苏非派的狂热布道卓有成效,越来越多的人成为皈依者,波斯、印度、叙利亚、埃及等地都出现了苏非教团。苏非教团的广泛发展有力地促进了伊斯兰教在非洲和亚洲的进一步发展与传播。

文化教育机构的发展也促进了伊斯兰教价值观念的推广。伊斯兰教兴起后,阿拉伯世界的教育机构开始朝着多元化方向发展,主要有马克塔布、麦德莱赛,以及清真寺。马克塔布相当于小学,麦德莱赛相当于中学,清真寺的教育水平和教育规模都超过前两者,这三类学校都会教授《古兰经》和《圣训》。阿拔斯王朝后期,高等教育机构开始出现,巴格达、开罗等伊斯兰世界的主要城市都设立了大学,这类重要的文化教育机构也成为伊斯兰文化传播的重要场所。

麦加朝觐是伊斯兰世界文化融合的重要象征。在阿拉伯帝国存在的几个世纪里,伊斯兰世界各个地区的穆斯林不惧艰辛前往麦加瞻仰圣迹。这些朝觐活动是伊斯兰文化传播推动的结果,也反过来促进了伊斯兰教信仰与伊斯兰文化的进一步传播。

除了宗教,阿拉伯-伊斯兰文化还与当时世界上的各文明保持着活跃的互动与交流,因此还承担着沟通东西方文化的纽带与桥梁作用,为原本独立的东西方文化提供了交流渠道。从这个角度上说,阿拉伯-伊斯兰文化是一种具有全球性质的文化。

从中华文明的视角来看,古代阿拉伯-伊斯兰文化中的天文、历法、建筑和医学等成果经由来华的穆斯林传入中国,对中国科学文化的发展和中外文化交流做出了贡献。中国古代四大发明均由阿拉伯人传入欧洲。造纸术于8世纪中叶传入伊斯兰世界,阿拉伯人又在12世纪后将之传入西班牙。中国火药的制造原料硝传入阿拉伯,并被阿拉伯人与波斯人称为"中国雪""中国盐";12世纪时,火药和烟火由阿拉伯商人带回国,后来才传至欧洲。13世纪,指南针传到阿拉伯地区和欧洲后被应用于航海。此外,阿拉伯-伊斯兰文化还广泛地吸收了中国的医学成果并将其进一步传入西方。例如,诊脉术传入伊斯兰世界后,出现在伊本·西那的《医典》中,12世纪时,该书被译为拉丁语传入欧洲,在12至17世纪始终是欧洲各大学的医学教科书。中国的炼丹术传入阿拉伯,后由阿拉伯人传入欧洲。

从西方文明的视角来看,阿拉伯-伊斯兰文化保留了黑暗时期的文明火种,成为近代西方人文思想萌芽与启蒙的先声;同时传入的先进哲学、科学和医学,推动了西方近代科学文化的发展。当西方处于中古时期的文化低谷期时,阿拉伯人保存下了欧洲古典文化的精华,在哲学、宗教、历史、文学、地理、数学、物理学、天文学、医学和建筑等各个领域对人类文明做出了杰出贡献。一方面,他们

● 视频

阿拉伯-伊斯兰文化的传播与影响

较为完整地保存了希腊古代典籍等文化遗产并大量翻译为阿拉伯语,在此基础上建立起活跃热烈的学术氛围,对西方文化实现了创新与发扬后,将原典与新思想一并回传给西方世界,促进了西方的学术发展,此外,这些思想与典籍的传入也为欧洲文艺复兴准备了重要的思想条件;另一方面,他们将中国的四大发明、算术、制图以及印度的数字等先进科学知识与技术传播到欧洲,推动了世界物质文明的进步与发展,也为此后的地理大发现、工业革命等提供了重要的技术支持。

阿拉伯-伊斯兰文化的辉煌成就为中古时期的人类文明发展做出了巨大的贡献,它整合、吸收、消化了东西方古典文化,并在此基础上完成了文化的再造与传播,在人类科学文化成果从古代向近代的发展中,起到了承前启后、连贯东西的桥梁作用。无可否认,在 8 至 12 世纪,讲阿拉伯语的人是全世界文化重要的继承者、创造者与传播者之一。

本 章 小 结

西罗马帝国的崩塌成为西欧历史上的重要转折点,日耳曼人大举入驻罗马境内并纷纷建立政权,因日耳曼人在文化上的局限,基督教成了弥合新政权和旧体制重要的纽带之一。自法兰克国王克洛维开启了壮大西欧基督教力量的大门,至中古时期,教会成了西欧最大的封建主。

日耳曼的入侵宣告了西罗马帝国的灭亡,而其东部的拜占庭帝国在经历荡涤之后依旧傲然屹立于君士坦丁堡,其在全盛时期版图辽阔,文化欣欣向荣。但随着阿拉伯帝国的崛起以及十字军东征的蚕食,拜占庭帝国日渐衰落,并最终于 1453 年被奥斯曼人攻陷。拜占庭帝国作为沟通东西方文明的桥梁,其文化遗产丰厚,涉及诸多领域。同时拜占庭帝国亦保留了大量古典文明遗产,后传至阿拉伯帝国及西欧,为后期阿拉伯-伊斯兰文化的发展与文艺复兴奠定了基础。

罗马帝国和汉朝的强大曾为跨大陆商业的发展做出了突出贡献,而这两大政权的崩溃直接影响了这种贸易的进行。然而,中古时期兴起的伊斯兰政权和蒙古帝国又延续了这一贸易交流,并使其再度繁盛。7 至 11 世纪,在阿拉伯半岛上兴起了伊斯兰教,其创始人穆罕默德将该地区的诸多宗教崇拜统一为一种宗教,并以此为基础建立了一个政教合一的统一的阿拉伯国家。穆斯林经过征战和经略,最终创建了一个横跨欧亚大陆的帝国,而伊斯兰教也随之成为世界性的宗教。新生的伊斯兰文明在吸收了犹太教、美索不达米亚文明和希腊罗马文明元素之后,又结合自身文明的特点,形成了独具特色的崭新的文明主体。

基督教和伊斯兰教两大宗教虽然吸收了同样的文化元素,但亦存在诸多冲突。十字军东征正是这种冲突的表现形式之一。基督教号召十字军夺回朝圣地——耶路撒冷,开启了长达两个世纪的规模宏大的十字军东征。十字军东征并没有实现基督教国家的初衷,反而使得基督教在西欧的威信下降。其给被征服地区带来了灾难,但开拓了贸易通道。

思考题

1. 简述十字军东征的原因、过程及历史影响。

2. 简述中古时期教权与王权之争的历史影响。

3. 简述拜占庭帝国对西欧地区的思想文化发展的影响。

4. 阿拉伯-伊斯兰文化的形成过程具有哪些特性?

5. 历史上,伊斯兰文明同中华文明发生了怎样的碰撞?

扩展阅读

1. 朱迪斯·M. 本内特:《欧洲中世纪史》(第 11 版),林盛、杨宁、李韵译,上海:上海社会科学院出版社,2021 年。

2. 游斌:《基督教史纲(插图本)》,北京:北京大学出版社,2010 年。

3. 陈志强:《拜占庭帝国史》,北京:商务印书馆,2017 年。

4. 艾哈迈德·爱敏:《阿拉伯-伊斯兰文化史(第一册)》,纳忠译,北京:商务印书馆,1982 年。

5. Deanesly: *A History of the Medieval Church 590 – 1500*, London and New York: Routledge, 2005.

第五章　全球化开端

16世纪初到19世纪初的约三百年在全球历史进程中的重要地位是毋庸置疑的。人类社会的生产、生活方式发生根本性变革。16世纪初,大航海时代开启,人类的主要活动区域不再局限于欧亚大陆和地中海区域,美洲、澳洲等新世界进入了近代人类全球历史发展轨道。与此同时,西方社会内部发生急剧变革。欧洲绝对主义君主制确立,近代国家雏形出现。商业革命推动股份公司、中央银行、国家货币等现代资本主义社会的一系列基础制度萌生。尼德兰地区爆发了人类历史上第一次资产阶级革命。紧接着,英格兰地区爆发资产阶级革命,英国资产阶级革命在经济上确立了资本主义制度,资产阶级通过议会至上的君主立宪制取得政权。

文艺复兴在反对天主教会控制的同时确立了人文主义思想。宗教改革导致天主教内部发生第二次大分裂,催生了加尔文教等一系列新教教派,同时,罗马天主教会彻底失去了统治地位,不论是从思想角度还是社会组织角度而言,延续千年的欧洲基督教社会均宣告瓦解。启蒙运动从法国和英国扩散到全世界,理性和科学思想开始确立其主导地位,为全球资本主义的发展和工业革命的出现做好了铺垫。

第一节　大航海时代的来临

作为全球化的开端,15世纪末期大航海的开启改变了人类历史发展的轨迹。与郑和下西洋不同的是,欧洲的大航海是一场社会各阶层都被卷入并让对外殖民探险成为举国追求的运动。这一重大历史事件的出现,就诸多细节而言,可能充满偶然性,但就其根本原因来看,大航海时代的来临是欧洲社会一系列政治、经济、宗教等因素综合发酵的结果。地圆说被普遍接受和航海技术的进步使欧洲人探索海上航路成为可能。冶金技术的进步使得人们可以制造火炮,火药也由阿拉伯人从东方传到欧洲。

一、郑和下西洋

相比西方人,中国人更早地开始了远洋航行。1405 年至 1433 年,明朝郑和先后进行了七次远程航行,前三次的航行到达了东南亚、印度和锡兰,第四次航行到达波斯湾和阿拉伯半岛,最远到达现在肯尼亚的马林迪。史料记载,郑和到达的地区有东海、南海、马六甲海峡、孟加拉湾、阿拉伯海、波斯湾、亚丁湾、红海等。

郑和下西洋是中国古代航海事业发展的顶峰,这是世界古代航海史上时间早、规模大、技术先进、活动范围广的洲际航海活动。郑和下西洋不仅比哥伦布发现新大陆早 87 年,而且在规模和航海技术方面占有优势。郑和船队的远航传播了中华文明,促进中外文化双向交流和共同进步,船队向海外传播了科学文化、典章制度、文教礼仪、宗教艺术,也加深了中国人对世界的认知。然而,郑和下西洋并未如后来的大航海那样对人类历史产生深远的影响,原因是多方面的,其中不能忽视的是他的远航动机。郑和远航的主要目的是控制中国的对外贸易,向境外各族展示明朝实力,以维护朝贡体系。也正因为如此,郑和远航带有明显的政府主导性质,其本质上与其后开始的欧洲大航海行为不一样,后者是资本驱动的,并非由政治主导的。

永乐年间,为了下西洋,明朝政府出资建造了两千艘海船,每艘价值五六千两白银,耗资巨大。随着明朝政府财政枯竭,海上远航也停止了。

二、葡萄牙与西班牙的竞争

15 世纪,欧洲大陆上具备实力的国家多数因内乱或外部威胁而无暇进行海外探险。神圣罗马帝国内部诸强林立,缺乏强大的中央政府,各诸侯还因王位继承问题纷争不断。刚经历了百年战争浩劫的英格兰和法兰西也无暇进行海外探险,法国面临着勃艮第的威胁,英格兰陷入了玫瑰战争。意大利境内邦国林立,最具实力的威尼斯和热那亚还享受着几个世纪以来的地中海贸易红利,均没有动力去开辟新的航线。

这样,机会就被让给了偏居一隅的伊比利亚半岛国家。当时伊比利亚半岛上具备实力的国家主要有葡萄牙、卡斯提尔和阿拉贡。15世纪上半期,卡斯提尔针对伊斯兰势力占领地区的再征服运动还没完成,它需要面对伊比利亚半岛南部的伊斯兰国家格拉纳达,日后西班牙最重要的港口塞维利亚当时还处于格拉纳达的直接威胁下。阿拉贡则面临着与法兰西的冲突和那不勒斯问题,直布罗陀海峡还盘踞着伊斯兰征服者,阿拉贡国内缺乏能避开直布罗陀海峡通往大西洋的港口。相比之下,葡萄牙具备得天独厚的对外进行海上探险的条件。葡萄牙当时已是一个统一国家,英葡联盟让它长期免受外部威胁,该国还有里斯本这样的优良港口。

早期葡萄牙海上探险还得益于恩里克王子的推动。恩里克王子极富战略眼光,1415年,他带领军队攻占了直布罗陀海峡极为重要的港口休达。为了进行

恩里克王子

海上航路探索,恩里克王子采取了一系列措施,包括兴办航海学校、建设天文台和港口;他亲自组织人员设计卡拉维尔帆船,并建造船厂;他还招募了一大批来自意大利的航海人才。在一切准备妥当之后,恩里克开始了近距离航海试验,他的船队先后到达了亚速尔群岛、加那利群岛和马德拉群岛,这些岛屿后来成为葡萄牙人往南航行的重要中转站。1434年,葡萄牙船只越过了传说中的世界尽头博哈多尔角,在那里,他们并没有看到海的尽头,而是发现往南还是一片陌生海域,那里存在着未知的通往东方的航路。

将葡萄牙的航海事业推向新高度的航海家是迪亚士。1481年,迪亚士随探险家第奥古·德阿赞布雅参加了征服西非黄金海岸的航行。1486年10月10日,在葡萄牙国王若昂二世的支持下,迪亚士带领一支探险队沿非洲大陆海岸航行,以寻找一条绕过非洲大陆到达印度的贸易航线,同时他也被告知要找到可能在埃塞俄比亚和亚丁附近并与葡萄牙有友好关系的祭司王约翰的王国。1487年8月,迪亚士率领三艘帆船从葡萄牙里斯本出发,沿着西非海岸往南航行,并于年底成功到达了非洲南部的好望角。1488年12月,经过16个月的长途航行,迪亚士船队返回里斯本。

1497年7月8日,葡萄牙的另一位航海家达·伽马率领4艘海船出发,在1498年1月到达了非洲南部的莫桑比克,5月20日抵达印度的卡利卡特。次年

9 月,船队回到葡萄牙,达·伽马带回来的货物价值是远航总花费的 60 倍,这让葡萄牙人看到了新航路蕴藏的巨大商机和财富。

1502 年,为了巩固通往印度的航路,被任命为印度洋海军司令的达·伽马进行了第二次远征。达·伽马最后成功地用军事手段巩固了葡萄牙的印度航路,此后,葡萄牙逐步排挤阿拉伯人并控制了通往印度的海上贸易航道,大量财富源源不断地流向葡萄牙。

1469 年,阿拉贡国王费尔南多二世迎娶卡斯提尔女王伊莎贝拉一世,史称伊比利亚大联姻,西班牙实现统一。1492 年,西班牙军队攻占伊斯兰势力在伊比利亚半岛上的最后一个据点——格拉纳达,彻底将伊斯兰势力赶出半岛。在看到葡萄牙人紧锣密鼓地进行海上探险活动并不断获得财富后,西班牙人也迅速启动通往东方的新航路探索。

在当时的意大利和伊比利亚半岛,热衷于海外探险的航海家有很多,克里斯托弗·哥伦布便是其中之一。1492 年,西班牙王室接见哥伦布,双方最后达成《圣塔菲协议》。急于到海外探险的西班牙王室几乎满足了后者所有要求,根据协议,哥伦布被封为"世界洋海军上将",被任命为新发现地的总督,而且有权利提名新土地上的部门负责人。哥伦布可以永远获得新土地总收入的十分之一,有权购买新土地商业项目八分之一的股份并享受八分之一的收益。

在西班牙王室的支持下,哥伦布一共进行了四次美洲航行。哥伦布的探险并未直接给西班牙王室带来预期的金银财富,1506 年 5 月 20 日,五十多岁的哥伦布在西班牙北部巴利亚多利德的一家旅店里逝世。不容否认的是,哥伦布发现美洲对此后历史影响巨大。1519 年,阿兹特克帝国被发现,迅速引发欧洲人前往美洲的热潮,对美洲的大规模殖民正式拉开序幕。

让西班牙在大航海时代迎头赶上的另一个关键人物是葡萄牙人斐迪南·麦哲伦。麦哲伦早年参加了对非洲的殖民战争和对阿拉伯人的战争,在东南亚参加了两年的殖民战争。这次经历改变了他的人生轨迹,因为他在东南亚听说"香料群岛(东印度群岛)东面是一片大海""大海那边是美洲"。1518 年 3 月,西班牙国王卡洛斯一世接见麦哲伦并答应给予支持。1519 年 9 月,麦哲伦率领一支由 5 艘船组成的船队从塞维利亚出发。1522 年 9 月 6 日,维多利亚号载着仅剩的 18 名船员返回西班牙,麦哲伦本人死于途中与当地部落的冲突。麦哲伦环球航行首次用实际行动证明地球是圆的,欧洲人第一次横跨太平洋,这次航行也让西班牙人尝到了东方香料贸易的甜头,他们在新航路开拓方面已经走在了葡萄牙前面。

大航海时代开启意味着全球贸易和殖民时代的来临。西班牙和葡萄牙第一次建立了全球殖民体系。1494 年,西班牙和葡萄牙签订《托尔德西拉斯条约》,划分了双方势力分界线,但并未解决东印度群岛归属问题。1529 年,西班牙与葡萄牙签订《萨拉戈萨条约》,西班牙放弃对东印度群岛的索求,葡萄牙为此补偿 35 万达卡金币给西班牙。西班牙和葡萄牙的早期殖民征服和殖民统治属于封建主义性质。就殖民征服目的而言,它扩大了封建统治范围。殖民征服的直接后果是,葡萄牙进行封建性掠夺贸易,而西班牙建立封建大地产制。掠夺的财富壮大了两国的封建统治阶级力量。但接下来英国和荷兰等国参与的新航路开辟和海外殖民产生了不同的影响。

三、英国与荷兰的加入

(一) 英国的崛起

英国是大航海时代的后起之秀,也是最后的胜利者。最初,英国人专注于探索东北和西北航道,他们相信这两条朝北通过北极到达白令海峡的航道路程更短,同样具备极高的商业价值。从 1553 年开始,英国人不断派遣船队探索北方航道,但最终均未成功。英国人不得不转过头来与西班牙人抢夺资源。1585 年到 1604 年,英国女王伊丽莎白一世以颁发皇家私掠许可证的方式让 200 多条英国海盗船获得"合法"抢劫西班牙船只的权利,英国王室每年由此可以分到 20 万到 30 万英镑的财富。英国的"皇家海盗"不仅带来巨额财富,还为英国海军的壮大提供了便利。约翰·霍金斯既是一个海盗、奴隶贩子,又是伊丽莎白一世依靠的海军将领,在他的主导下,英国海军进行了一系列改革,这成为后来英国打败西班牙的重要原因。

海盗行为不可避免地引发了英国和西班牙的战争。1588 年,英国舰队在格瑞福兰海战中打败了西班牙无敌舰队。西班牙从此国势受挫,英国获得海上强权,伊丽莎白一世统治的盛世自此开启。英格兰人通过 1588 年海战缴获的西班牙船拥有了远航资本。1591 年,英国伦敦商人詹姆斯·兰开斯特从托贝出发,开始了第一次东印度之行。1592 年,英国人在弗洛雷斯海战中俘获一艘西班牙宝船,船上极具价值的航行手册、商业活动记录以及大量珠宝使英国举国震惊,极大地激发了英国人开辟通往东方的贸易航路的欲望。为了更好地组织远航,1599 年 9 月 22 日,一群英国商人向伊丽莎白一世申请开办公司。1600 年 12 月

31日,伊丽莎白一世正式颁发特许状,授予英国东印度公司15年的对东印度贸易专利特许权。在1858年被解除行政权之前,英国东印度公司垄断东印度贸易长达两个世纪。

英国东印度公司最初并未在与荷兰人、西班牙人竞争东南亚的香料贸易中占据上风。1609年,新任英王詹姆斯一世决定延长公司的特许权,但要求其在三年内获利。为此,英国东印度公司将目光投向印度。1615年,英王詹姆斯一世派使者访问莫卧儿帝国皇帝贾汉吉尔,要求在苏拉特和其他地区授予东印度公司独一无二的定居和建立工厂的特权。作为交换,东印度公司允诺向贾汉吉尔提供欧洲市场上的货物和珍品。由此,英国确立了在印度地区的贸易优势。

(二) 荷兰人的崛起

16世纪的荷兰地处洼地,境内土地不宜种植,整个地区还是西班牙的属地。信奉新教的荷兰人在威廉一世带领下,为争取独立,从1581年开始,与西班牙进行了多年的战争。西班牙人将荷兰人排挤出与亚洲和美洲贸易的体系,在经济遭受重大打击后,荷兰人不得不自寻出路。1593年,荷兰人通过商业间谍获得一张被葡萄牙人保密了一百多年的通往东方的航海图。1595年4月,4艘荷兰帆船开始了第一次亚洲航行,在船只和人员方面损失惨重,却证明了东方航路是可行的,同时,荷兰人发现了葡萄牙和西班牙人保守了近百年的秘密,即亚洲的香料价格只有欧洲市场上的十分之一。

在嗅到巨大商机后,荷兰人很快组织了14次探险,40多家从事亚洲贸易的荷兰公司成立。然而,荷兰人很快在大规模商业贸易上遭遇问题。高度依赖印度洋季风使荷兰人的船只能集中到达东南亚香料产地,集中采购不可避免地抬高了原料价格,而回到欧洲出售又导致香料售价暴跌,同时,荷兰人还需要承受西班牙和葡萄牙船只背后袭击造成的损失,这最终使香料贸易利润大打折扣。

1602年,在看到英国东印度公司的东方航行取得成功后,阿姆斯特丹等六个地区的金融寡头决定联合成立荷兰东印度公司。荷兰人在公司体制上进行了创新。第一,普通荷兰人被允许入股荷兰东印度公司,而不是像英国东印度公司那样只对皇室和贵族开放,这使得当时社会上大量的闲散资本被利用起来。第二,公司规定股东十年内不得赎回股份,而且在此期间不分红。这种看似严苛的条件背后是荷兰人经过深思熟虑的商业考量,他们抛弃了大航海初期远洋贸易单次结算的方式,以稳定的资金对贸易进行长期规划和投资。第三,荷兰东印度公司规定入股凭证可以在市场上流通交易,这催生了人类历史上最早的股票。

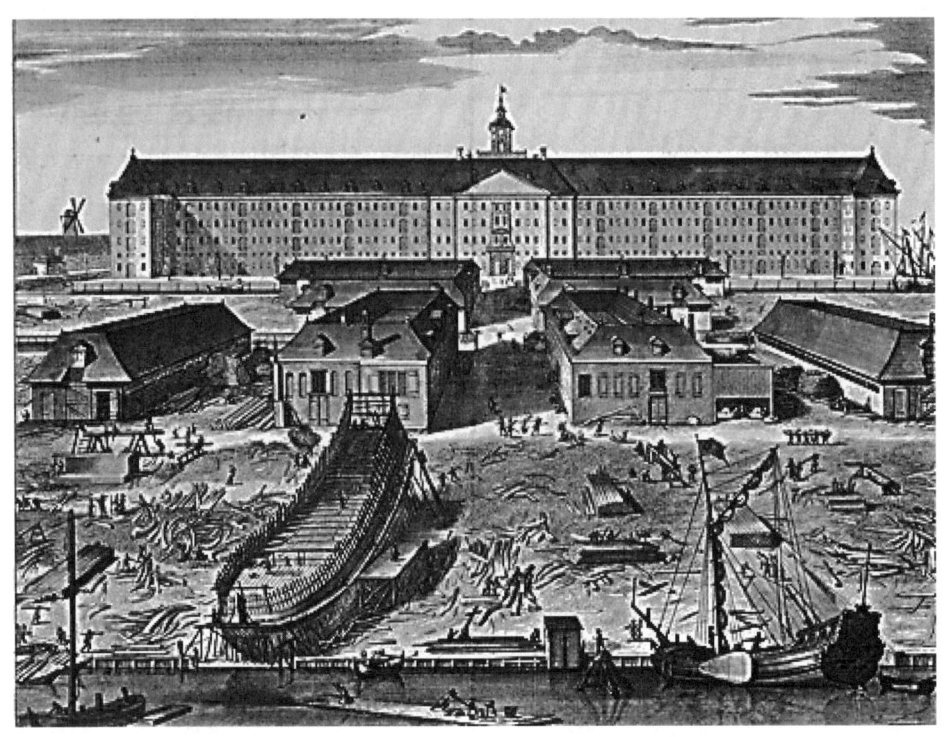

荷兰东印度公司

为了让更多人参与这项活动,荷兰政府以五项政府权力折合现金 2.5 万荷兰盾入股,这些权力使荷兰东印度公司获得了几乎等同于一个国家的权力。他们在海外贸易和殖民时不需要像英国人和西班牙人那样事事向本土请示,整个公司的运作极具灵活性。同时,政府的入股也使荷兰人对于荷兰东印度公司有了更大的信心。最终,荷兰东印度公司获得了 650 万荷兰盾的投资。为了方便荷兰东印度公司股票的交易,人类历史上第一家证券交易所在阿姆斯特丹成立。

除了发明股份公司和股票,荷兰人在航路开辟方面也有新建树。1611 年,荷兰航海家亨德里克·布劳威尔发现新的通往东方的航路,他在到达好望角之后并没有向北进入印度洋,而是继续往南进入常年风高浪急的西风带,借助强劲的西风向西航行,在快要抵达澳洲之前向北航行到达东南亚。布劳威尔发现的新航路使得从欧洲到亚洲的航行不再依赖印度洋上季节性变换的季风,而且使航行时间从一年缩短到 6 个月。新航路极大地加速了荷兰人在东方建立新殖民地和贸易体系的进程。荷兰人打开了与日本、越南贸易的大门。他们从雅加达出发,收购日本的白银、中国的茶叶和瓷器、印度等地的丝绸和棉花以及东南亚的香料,运往欧洲出售,从中赚取高额利润。贸易使荷兰的海上力量迅速增强,1639 年,荷兰舰队在唐斯击败西班牙舰队,荷兰成为新的海上霸主。

凭借极致的资本主义冒险精神,1637 年,荷兰东印度公司市值大涨。1669 年,荷兰东印度公司的实力达到顶峰,拥有 150 艘船、40 艘战舰、5 万名员工和规模达到 1 万人的私人军队,其中 65% 的士兵和 35% 的船员是外国人。此时,公司的股票的分红率达到了惊人的 40%。在将近 200 年内,荷兰东印度公司往亚洲派去 1 772 艘船,约 5 000 航次,约 100 万欧洲人去了亚洲。

四、大航海的影响

大航海极大地改变了全球历史进程。第一,人类的活动范围得到了极大拓展,人类的足迹开始遍及各大洋,美洲、澳洲等被纳入现代文明的历史进程。根据统计,15 世纪中叶,人类了解和踏足的陆地面积只占全球陆地的五分之二左右,航海区域不到全部海域的十分之一;但到 17 世纪末大航海结束时,人类已经探索的陆地和海域面积已占到全部的百分之九十以上。

第二,全球物种大交流的序幕开启,不同地方的动植物交流,种族迁徙进入了快速发展轨道,东西半球间的生物、文化、传染病的交流形成。美洲的作物改变了欧洲、非洲和亚洲人的生活方式,马铃薯、玉米等美洲食物开始在全球播种生长。欧洲传染病开始在全球流行,美洲人口锐减,而东亚和欧洲人口开始快速增长。

第三,全球经济联系极大地加强,洲际贸易形成。世界范围内的生产分工雏形出现。欧洲经济崛起,地中海地区失去了贸易的中心地位,意大利城邦丧失了对东方贸易的垄断权。世界贸易中心(主要是欧洲)已从地中海移到了大西洋沿岸,欧洲开始出现商业革命、价格革命,资本主义开始快速发展,英国、荷兰等国陆续崛起。

第四,全球政治格局发生根本性改变。世界权力中心转移,东方(东亚)开始落后和被孤立。

第五,全球文化联系加强。基督教随着新航路的开辟和全球殖民开始在全球范围内传播,欧洲的文化(主要是哲学、艺术)也开始在全球范围内传播。

第六,大航海还开启了近代西方的殖民时代,西班牙和葡萄牙在美洲、非洲、澳洲和亚洲建立了殖民体系,英国、荷兰和法国等国也相继在各地建立了殖民地。地理大发现以及随之发生的商业革命和殖民扩张所造成的各种后果，集中到一点，便是资本增长，一个新兴的、拥有资本的阶级——资产阶级从西方登上历史舞台。资产阶级注定要通过政治革命和工业革命，建立自己的政治经济统治，由此加速西方社会经济的根本变革，并且影响全球。

第二节　近代欧洲的转变

从16世纪开始，一种被称为绝对主义君主制的新政权形态在欧洲出现。绝对主义君主制和东方的封建专制主义一样都属于中央集权君主制，绝对主义君主制之下的君主权力会受到法律等约束；绝对主义君主制代表封建阶级的利益，同时也得到资产阶级的支持。在国家形态上，绝对主义君主制国家具备了近代民族国家雏形："自然边陲"被定为"疆界"，出现了相对的民族单一化、高度中央集权化、充分的政权世俗化等趋势。绝对主义君主制国家的精神支柱是"君权神授论"，另外两大支柱是官僚机构和军队。法律作为界定个人与国家关系的全面性规范开始普及，而军事技术的发展为国家的对外扩张提供了条件。为维持常备军与官僚机构，绝对主义君主制国家往往在经济上实行重商主义。

一、欧洲绝对主义君主制国家的形成

(一) 英国的绝对主义君主制

英国是欧洲最早出现绝对主义君主制的大国之一。1455年开始，约克与兰开斯特两大家族为争夺英格兰王位进行了一场长达三十年的战争，这场内战最终以兰开斯特家族的亨利七世与约克家族的伊丽莎白联姻结束，它同时意味着法国金雀花王朝在英格兰统治的结束。内战从根本上削弱了贵族割据势力，都铎王朝的统治开启，这是英国绝对主义君主制的开端。此后，国王的权力于16世纪都铎王朝统治期间持续增强，于亨利八世在位期间（1509—1547）达到最高峰。

在维系英国绝对主义君主制的诸多组织体系中，首要的是最高行政机构——枢密院。作为国王的咨询机构，枢密院独揽行政权、立法权和司法权。枢密院议长是位阶第四高的内阁大臣，兼任上下议院领袖。文书负责签署所有指令，顾问官提供意见。枢密院往往被英国国王用来绕开议会进行立法。

作为司法组织,由亨利七世组建的星室法庭是英国专制制度的象征。星室法庭一直实行秘密审判。原告和被告无权听审,无一般普通法法庭所认可的权利;证人不需要当庭出面做证,他们的证词被记录成文字传达;法庭不设陪审团,法官以心证方式判决。星室法庭拥有除死刑外的各种刑罚权力,它与枢密院等机构构成英国君主专制最重要的国家机器。亨利七世与亨利八世最初用这个机构控制言论以加强君主专制。斯图亚特王朝时期,星室法庭被专门用来对付清教徒,惩治出版商。1641年,其被关闭。

这一时期的英国国会是加强绝对主义君主制的工具。议会下院由新贵族和资产阶级组成,无条件批准国王提出的法令;议会上院被世袭贵族垄断,他们俯首听命于国王。英国国会的成员来自全国各地,且在议会中没有贵族、教士、市民三等级划分。集权化的君主政体使英国国会最初更具一体化的特征。

国教是英国绝对主义君主制的精神支柱,亨利八世的宗教改革使英国教会脱离了罗马天主教控制,国王掌握大主教的任命权,使英国国教在神学、礼仪等方面与罗马天主教区别开来。尽管玛丽一世掌权期间曾复辟罗马天主教,但并未从根本上恢复罗马天主教在英国的影响力。玛丽一世死后,天主教在英格兰的盛况不再。

但总体上,相比其他国家,英国的绝对主义君主制是比较弱的,其持续时间也相对有限,这与英国的自由传统有很大关系。尤其是1215年英王约翰一世被迫签署的《大宪章》,其成为日后英国君主立宪制的法律基石,所含的未经国会同意不得违例征税的规定在很大程度上限制了王权。

(二)法国的绝对主义君主制

与英国相比,法国属于典型的绝对主义君主制国家。1337—1453年的英法百年战争使法国完成了民族统一,法兰西民族认同进一步巩固。法国的专制王权在法王路易十一在位期间萌芽。这位于1461年登基的法国国王利用御前会议进行独裁统治,以高压手段对付不顺从的封建诸侯,实行没收封建领地的政策。1470年,路易十一与瑞士结盟,进而获得在瑞士的征兵权,凭此在1474年打败地方诸侯的"公益同盟",兼并了勃艮第公国。1481年,路易十一兼并安茹、曼恩和普罗旺斯,大体上完成了法兰西的统一。同时,路易十一施行保护手工业、促进贸易的政策,并与教宗和解,废除其父查理七世颁布的布尔日国事诏书。这一切均为法国建立君主专制制度提供了有力保障。

　　法国王权在弗朗索瓦一世在位期间变得强大。弗朗索瓦一世重组司法、行政体系;统一财政,创设巴黎市政府、储金局和中央金库公债制度,促进度量衡统一。同时,他还组建国家步兵,装备舰队,建设勒阿弗尔港;实行贸易保护政策,限制进口;对外与奥斯曼帝国签约,使法国商人获得地中海东部贸易特权。1516年,弗朗索瓦一世迫使罗马教宗赋予自己任命法国主教的权力。弗朗索瓦一世还取消了中央和部分地方的三级会议。1527年,弗朗索瓦一世迫使贵族、教会同意国王诏书署"此乃朕意",代表绝对主义君主制建立。

　　16世纪40年代,加尔文教开始在法国传播。法国南部大封建贵族利用宗教改革夺取教会地产,进而与北方有分裂倾向的天主教大封建贵族发生冲突,最终在1562年到1598年间爆发胡格诺战争。胡格诺战争使中央集权一度得到强化的法国重回分裂状态。1598年,亨利四世通过颁布宗教宽容的南特敕令结束战争。战争的结果是天主教、胡格诺教派各有所得,也有助于王权重振,为民族国家统一和经济复兴创造了条件。

　　胡格诺战争结束后,波旁王朝建立。亨利四世原为新教胡格诺派信徒,为继承法国王位,改信天主教。亨利四世登基后以劝说、赐恩俸等方法让贵族放弃税收、治安管理等地方特权,以此为基础重建中央王权。这位法国国王采用各种办法兴利除弊,使法国经济走向繁荣,最后偿还了三分之一的巨额国债。1609年,亨利四世促使荷兰与西班牙签订停战协定,重塑法国国际地位。

路易十四

　　法国绝对主义君主制在路易十四在位期间达到顶峰。路易十四自称太阳王,其"君权神授论"将王权神化,国王不再对人民负责,不受教皇约束,只对上帝负责。路易十四取消最高法院针对君主的指摘权,关闭三级会议,镇压地方贵族叛乱。他对贵族实行怀柔政策,重用"穿袍贵族"制衡"佩剑贵族",建立从中央到地方完整的集权制。路易十四还实行思想专制,镇压有不同信仰的人;经济上实行重商主义,促进工商业发展。此时的法国国力强盛,2 000万的人口是英国人口的三倍,拥有欧洲最强大的军队,是欧洲的霸主。

（三）东欧的绝对主义君主制

东欧的绝对主义君主制国家以俄国、波兰、普鲁士、奥地利为代表。其共性特点如下：第一，阶级基础是农奴，绝对主义君主制的强化伴随着农奴制的加强；第二，与西欧君主通过卖官鬻爵将贵族整合到国家体系里的做法不同，在东欧国家，君主通过强制（贵族服役）方式将贵族整合进国家体系，形成新官僚机构，因而，这类绝对主义君主制更为专制，也更僵化。东欧绝对主义君主制国家还具备典型的东欧斯拉夫社会结构，军事贵族统治同自由农民、债务奴隶和奴隶等结合，国家结构近似于传统军事领袖的扈从制。这些特征使得战争对东欧君主制国家结构的影响要比对西欧大得多，同时，它们的征服与扩张特征更为明显。

二、早期资本主义社会

（一）商业革命

从中世纪晚期到 18 世纪晚期，欧洲的经济形态开始出现变化，商品经济逐步取代自然经济，通常被称为商业革命。商业革命被认为是欧洲工业革命的前奏。新航线的开辟使欧洲与东方建立直接联系，商品交换规模扩大，贸易迅速发展，与此同时，金融、保险、银行、货币、工厂等领域出现变革，以重商主义为代表的新经济理论出现并长期居于主导地位。

中世纪晚期，欧洲城市和区域贸易迅速发展，伦敦、巴黎、威尼斯、佛罗伦萨等成为重要的商业城市，而海上贸易的发展进一步推动了欧洲（尤其是西欧）经济的繁荣。在此背景下，金融业首先开始变革。中世纪欧洲的金融业主要掌握在犹太人手里，他们以欧洲王室和贵族的私人银行家的身份从事借贷等活动。16 世纪，商贸发达的威尼斯等城市出现了银行家族。1609 年成立的阿姆斯特丹银行是现代银行的雏形，银行的业务包括存款、借贷、货币兑换、汇款等，货币信誉加资产负债的结构和流动性操作出现。

17 世纪中叶，现代保险业诞生，爱德华·劳埃德在泰晤士河畔开设劳埃德咖啡馆，成为人们交换航运信息、商业信息及购买保险的场所，保险业务随之诞生。保险行业的出现极大程度地降低了当时远洋航行的风险，推动更多的人力和资本加入这一行业。此后，保险这一概念被其他具有风险的行业所接纳，进而成为近代欧洲金融业的一个组成部分，对资本主义的发展起到了关键作用。

17 世纪末期，作为第一家中央银行的英格兰银行建立。1690 年，法国海军在比奇角海战中以压倒性优势打败英荷联合舰队。事后,英国海军寻求国家资金援助,然而政府信用度不足,海军难以借到所需的 120 万英镑。1694 年,英格兰银行公司成立,总部在伦敦针线街,公司拥有控制政府收支的权力,也是英国唯一能印刷及发行法定货币的有限公司,有权向英国政府和其他银行提供货币,管理黄金和通货储币。英格兰银行在 12 天内筹集了 120 万英镑,顺利帮助皇家海军完成重建和改造。此外,在本国领土内通行的国家标准货币也出现了,纸币开始取代金银成为流通货币。

商业革命结束时,早期工厂出现。作为一种新的生产组织形式,早期工厂的出现意味着制造业摆脱行会束缚。早期工厂在很多方面已相当接近现代工厂,例如,生产分工职业化,工具生产标准化,有生产的规章制度,以及生产以市场为导向。

商业革命的直接结果体现在以下几方面。首先,商业革命催生了一些基本的现代经济制度,为经济全球化的形成做好了准备。其次,资本主义开始迅速发展,制造业和贸易快速发展,由此为工业革命创造了一系列必要条件。最后,资产阶级经济力量迅速增强,随之要求相应政治权利,这为资产阶级革命的爆发奠定了阶级基础。

(二) 古典重商主义

古典重商主义是 16 至 18 世纪末流行的经济理论和经济政策,最早由亚当·斯密在《国富论》中作为批判对象被提出。重商主义的核心要义是设法确保国家生产尽可能多的商品,减少对外国供应商的依赖,最大限度使国家富足与强盛。其理论前提是金银为财富的唯一代表,国家的繁荣程度取决于贵金属拥有量,并且全世界的金银总量是有限的,各个国家围绕此的竞争是一种零和博弈,即一国之收益为另一国之损失。

作为一种民族主义在经济上的体现,古典重商主义代表商业资本的利益和要求,与中央集权制度相匹配。古典重商主义的代表人物是法国的柯尔贝尔与英国的罗伯特·沃波尔。他们均主张发展军事,通过殖民等各种措施积累金银货币,统一国内市场,推动产业发展,同时重视对外贸易,实行关税保护政策,强调出口,限制进口,实行国家干预和国家垄断。

16 世纪中叶到 17 世纪初,伊丽莎白时代的英国大规模实行综合性重商主义。1549 年,英国颁布的《关于英格兰王国公共福利的对话》要求促进国家贸易平衡,发展海军和商船队,力图突破西班牙的贸易束缚,积累金银货币。1563

年,英国颁布的工匠学徒法规定实行七年学徒制,实际上增加了工人的劳动时间。贸易和航海法要求海军保护商船队并促进本国航运发展。

重商主义在 17 世纪 40 至 60 年代英国长期国会政府时期达到顶峰。罗伯特·沃波尔是主要的政策推动者。这一时期,英国政府和商人在解决海外殖民问题上合作。政府通过建立贸易壁垒、制定法规和对本国工业给予补贴来保护本土商品,并排斥其他国家商品,力求实现出口最大化和进口最小化,进而实现贸易顺差,使金银流入伦敦。政府通过税收拿走自己那份财富,其余的给商人。政府将大部分收入用于建设海军,保护并扩大殖民地。殖民地成为专属于英国的市场。英国积极拓展殖民地,制定法规使殖民地仅能出产原材料,并只同英国贸易。最终,重商主义推动英国崛起,并使其于 19 世纪成为主导世界贸易并占据大量殖民地的日不落帝国。重商主义也导致英国本土同殖民地的摩擦,成为美国革命的主要导火索。

法国重商主义的主要代表人物是路易十四的财政总监柯尔贝尔,因而,重商主义在法国又被称为柯尔贝尔主义。法国人强调国家利益高于商人利益,主张以国家政策强化经济,并削弱外国对手,以积累国家财富。具体而言,法国政府在重商主义支配之下实行预算平衡的政策,让政府收入高于支出;同时,鼓励发展本国工商业,提高关税对其予以保护。政府直接控制经济部门,开办新式工厂,促进产业技术发展,并制定相关法律细则。法国政府还介入民间生产,使民间产业配合国家军事扩张。在对外贸易和殖民方面,法国在这一时期建立各种殖民贸易公司,这些公司使法国的殖民活动与商业贸易大幅扩展,为建立霸业打下基础。

(三) 尼德兰革命

1566 年,尼德兰地区爆发了人类历史上第一次资产阶级革命。革命爆发之前的尼德兰主要由北方七省和南方十省组成。北方工商业发达,毛麻纺织业、造船业兴盛,阿姆斯特丹成为商业中心;南方十省手工工场发达,安特卫普成为欧洲的商业和信贷中心。商业资本的发展导致了尼德兰社会(尤其是北方七省)的阶级结构出现变化。以大商人、工场主、农场主为代表的新兴资产阶级和从事资本主义经营的新贵族崛起,城市贫民和农民则成为革命主力军。

新教广泛传播对尼德兰革命的形成影响巨大。16 世纪 20 年代,路德的著作已被译成尼德兰语。16 世纪 50 年代末,加尔文主义广泛流行。尼德兰地区的新教主要是门诺派(再洗礼派),该派支持马丁·路德的"因信称义"说,反对神

马丁·路德

人合作说,主张人应过一种敬虔、听从圣言的生活。与此同时,"无代表,不纳税"等新经济观念开始在尼德兰地区流行。

西班牙专制统治的强化成为尼德兰革命的导火索。1516 年,作为狂热的天主教徒的查理五世继承西班牙王位。1521 年,查理五世宣布路德教派非法,完全取消尼德兰自治权。他还任命玛格丽特为尼德兰总督,后者到任后发布"血腥敕令",迫害新教徒,禁止尼德兰商人参加美洲殖民地的经商活动,故意欠债不还,导致尼德兰银行实力受损。1550 年,西班牙人颁布诏令禁止任何人刊印、持有和传播路德等人撰写的新教材料,禁止侮辱和破坏圣殿里的圣像,禁止非法集会,禁止阅读、讲授和解释任何异端学说。

坚定而狂热的天主教徒腓力二世继位后,对尼德兰地区实行铁腕统治。1567 年,他任命被称为刽子手的费尔南多·阿尔瓦雷斯·德·托莱多公爵为尼德兰总督,后者受命镇压尼德兰资产阶级革命,实施恐怖政策,设立特别法庭除暴委员会,约 18 000 名荷兰人被法庭定罪并处决,财产遭没收。

1566 年 4 月,以奥兰治·威廉为首的尼德兰地区贵族同盟要求废除"血腥敕令",撤出西班牙军队,遭西班牙拒绝。1566 年夏,席卷尼德兰地区的圣像破坏运动爆发,各地加尔文主义新教徒涌向教堂,捣毁教堂内的雕像与宗教画。圣像破坏运动标志信奉加尔文主义的尼德兰与信奉天主教的西班牙之间矛盾激化,革命序幕拉开。

1572 年,尼德兰北方各省宣布独立,威廉成为总督。1576 年 11 月签订的《根特协定》废除了西班牙任命的总督阿尔法颁布的一切法令。由于政治、经济发展极不平衡,南方反动贵族和天主教派支持西班牙,加上军事失败,威廉向外国求援遭遇失败后,不同敌人同流合污,也不发动群众使革命深入,1579 年,尼德兰南北分裂。南方各省结成阿拉斯同盟,向西班牙人妥协;北方各省成立联省共和国,1 月 23 日结成乌得勒支同盟。

1581 年,联省共和国成立,威廉任第一执政官,第一个资产阶级共和国诞生。此后,荷兰人经历了一系列战争,迫使西班牙人于 1609 年签署 12 年停战协定,在事实上承认联省共和国独立。荷兰省由于在联省共和国中的经济和政治地位十分重要,亦称荷兰共和国。

三十年战争爆发后,为了获得完全的独立,联省共和国加入新教联盟,并于1621年乘西班牙卷入三十年战争之机重开战事,不断取胜。1632年,荷兰军队攻占马斯特里赫特。1639年,荷兰舰队在唐斯海战中重创西班牙舰队。1647年11月,荷兰和西班牙的代表团在明斯特举行谈判。条约内容于1648年1月30日确定。根据条约,西班牙承认北部的荷兰共和国独立,尼德兰南方各省仍为西属尼德兰,荷兰关于获得印度和美洲领地以及解除禁运的要求得到满足。

尼德兰革命是世界上第一次成功的资产阶级革命。通过革命,尼德兰地区的人民推翻了西班牙专制统治,建立了第一个资产阶级共和国,为资本主义发展开辟道路。革命之后的尼德兰进入了黄金时代,经济进入快速发展阶段,海外贸易带来了大量的财富。有资本主义特性的社会结构形成,贵族失去大部分特权,商人与金钱支配城市,神职人员没有太大的世俗影响力,新教神职人员、律师、医生、小商人、企业家和大型国家机构职员这类中产阶级大量出现。不可否认的是,尼德兰革命也有一些缺陷,比如,经济上没有完全废除封建土地所有制,政治上仍带有君主制痕迹。

三、17 世纪英国资产阶级革命

(一)革命的爆发

17世纪早期,资本主义在革命爆发之前的英国迅速发展。清教运动开始影响英国,伊丽莎白一世统治末年出现反国教运动。英国信奉清教的资产阶级和新贵族反对英国国教,主张清除国教的奢华腐败,取消烦琐的宗教仪式,实现教会组织民主化,建立"纯洁""廉价"教会。

与此同时,议会与国王之间的斗争不断,议会逐渐取得优势。詹姆斯一世在位期间通过君权神授论宣称国王权威至高无上,不受法律和国会制约,同时迫害清教徒,擅自征收新税,多次解散国会。到了查理一世时期,苏格兰起义导致的征税问题引起议会与国王间的矛盾。查理一世迎娶信奉罗马天主教的王后以及任命具有争议的教会人士理查德·蒙塔古和威廉·劳德,这些均引发了民众对国王的质疑。

1627年,英国发生著名的"五爵士事件",极大激化了国王与国会的矛盾。1628年3月,国会向国王提交"权利请愿书",要求国王不经议会同意不得征收捐税,不出示具体罪证不得任意逮捕人,和平时期不能随意实行军事法,等等。

查理一世出于财政需要被迫接受请愿书。1629 年 3 月,查理一世解散议会,英国历史进入长达十一年的"无国会时期"。在此期间,查理一世采取高压政策,随意征税和罚款,任意扩大日用品专卖范围,加强政治和宗教迫害。1637 年,查理一世强令苏格兰居民接受英国国教,引发苏格兰人民起义。1639 年,查理一世远征苏格兰惨败,被迫召开长期议会,结果又与议会决裂,导致英国内战爆发。

(二) 革命的经过

1641 年到 1649 年是英国革命的上升期。1641 年 11 月,长期国会通过《大抗议书》,作为初期政治纲领,要求允许工商业自由发展,建立长老会派教会组织,组成对国会负责的政府,等等。1642 年 1 月 4 日,查理一世派兵抓捕议会领袖并解散议会。8 月 22 日,查理一世向国会宣战,挑起第一次内战。克伦威尔率领的铁骑军(新模范军)在马斯顿荒原战役、纳斯比战役中取得胜利。1646 年,查理一世战败。革命阵营内部同时也分化出长老派、独立派和平等派。

1647 年 12 月 26 日,不甘心失败的查理一世与苏格兰签署秘密协定,后者支持查理一世夺取王位。1648 年,南威尔士、肯特、埃塞克斯等地的王党分子发动叛乱,第二次内战爆发。独立派与平等派重新联合以应对内战,内战以王党失败结束。

1649 年 1 月 27 日,查理一世被判处死刑,30 日被送上断头台。3 月,国会决议废除君主制,贵族控制的上议院被取消。5 月 19 日,英格兰共和国正式建立,标志着新的社会制度的诞生,英国资产阶级革命发展达到顶峰。

此后,英国革命进入衰退期。克伦威尔镇压了平等派和掘地派,并远征爱尔兰和苏格兰。在此过程中,通过战争掠夺的大量土地大部分落入高级军官之手,军队也由革命武装变成个人独裁工具,克伦威尔独裁开始形成。1653 年 12 月,克伦威尔成为终身护国公,并举行就职仪式。《政府约法》颁布,根据该法,护国公为终身职,兼领陆海军统帅,与英国国会等共享立法权,并可指定继承人。护国公制得到资产阶级和新贵族支持,其实质是共和政体下的军事独裁统治。克伦威尔军事独裁体制之下的英格兰对内镇压反对派,对外进行殖民掠夺。1649 年到 1650 年,克伦威尔的军队入侵爱尔兰。克伦威尔死后,其子理查的统治不久就被推翻。1659 年 5 月,护国政权统治结束。

1660 年 5 月,查理二世登基,开启斯图亚特王朝复辟时期。查理二世即位之后进行了血腥报复。詹姆斯二世是查理二世的弟弟,也是英国最后一位天主教国王。詹姆斯二世在位期间,允许非国教徒获得信仰自由,同时也迫害清教徒,建立有三万名成员的常备军,解散了议会。

为了避免信奉天主教的詹姆斯二世传位给刚出生的儿子,1688 年,代表工商业资产阶级的托利党和代表大地主利益的辉格党联合起来罢黜詹姆斯二世,光荣革命爆发。7 月,五位辉格党人和两位托利党人出面邀请詹姆斯二世的女婿、荷兰执政威廉入主英国。1688 年 11 月 5 日,威廉率领 1.5 万人、400 艘运输船和 53 艘军舰在托尔湾登陆;12 月 18 日,进入伦敦。1689 年 2 月 13 日,国会拥戴威廉为英国国王,玛丽为英国女王。詹姆斯二世流亡法国。

(三)英国确定君主立宪制

1689 年,《权利法案》(《国民权利与自由和王位继承宣言》)颁布。该法案内容如下:国王不得干涉法律;和平时期,非经议会同意,国王不得维持常备军;非经议会同意,国王不得征税;人民有向国王请愿的权利;人民有佩带武器以用于自卫的权利;人民有选举议会议员的权利;国王不得干涉议会的言论自由;人民有不遭受残酷与非常惩罚的自由;人民有在未审判的情况下不被课罚金的自由;国王必须定期召开议会;詹姆斯二世的行为已违反上述约定,因此是非法的;詹姆斯二世退位;罗马天主教徒不得成为英国国王;威廉与玛丽是詹姆斯二世的继承人。

《权利法案》限制国王权力,约束国王的实际统治权,保证议会的立法权、财政权、司法权和军权等。它确立了王在法下、议会至上的君主立宪制原则,标志着英国君主立宪制正式形成。1701 年,英国议会通过《王位继承法》,作为《权利法案》的补充。两部法案确立议会至上原则,议会成为国家的最高权力机关。对王权的限制和对公民权利的保障不断加强,使英国成为近代第一个君主立宪制国家。

英国革命为资本主义发展扫清道路,英国继而取得对荷兰、法国等老牌强国的优势,改变了近现代欧洲乃至世界的格局。英国确立君主立宪制的资产阶级代议制民主政体,开启了世界资产阶级革命浪潮,改变了世界历史的格局与进程。

第三节　近代思想的转变

14 世纪开始的文艺复兴是一场以人文主义思想为核心的艺术和知识创新

运动。文艺复兴摧毁教会的精神独裁,将人从"神"的统治下解放出来,培养了乐观进取的人生观和创造精神。文艺复兴也使自然科学脱离神学,同时推翻了僵化的经院哲学体系,新的哲学思想为近代资产阶级哲学发展提供了理论基础。宗教改革缩小了罗马教廷的势力范围,沉重打击了西欧封建制度。宗教改革剥夺了教皇和教会贵族的特权,没收了教会的大批土地和财产。宗教改革有助于加强专制王权,巩固民族国家,适应新兴资产阶级的需要,动摇了封建土地所有制。启蒙运动受到了尼德兰和英国资产阶级革命的影响,它确立的理性精神和科学方法不仅影响了人类认知世界的方式,还为美国独立战争和法国大革命奠定了思想基础,推动了近代资产阶级革命的进一步发展。

一、文艺复兴

文艺复兴是指西欧 14 至 16 世纪期间出现的艺术和知识创新运动,它最初发源于意大利的佛罗伦萨、威尼斯等城市,并在 16 世纪之后蔓延到英国等其他欧洲国家。作为中世纪和现代文明之间的过渡,文艺复兴表面上以复兴古希腊罗马的文学和艺术等古典文化为目标,但实质上并非恢复奴隶制时期的文化,而是意在反对封建文化,并以人文主义为核心创立资产阶级文化。

文艺复兴最初在意大利地区出现并非偶然。作为丝绸之路上的中转站,意大利地区工商业发达,中世纪末期,北部波河地区城市兴起,资本主义萌芽在意大利首先出现。该地区历史文化积淀深厚,既有古罗马时代遗留的文化底蕴,又有中世纪后期拜占庭帝国的文化输血。资本主义萌芽的出现为文艺复兴的发生提供了深厚的物质基础和适宜的社会环境。尤其是大学的出现和黑死病的蔓延对文艺复兴的发生具有重要影响。

人文主义思想是文艺复兴的核心。人文主义思想是一种以人为中心、为创造现世的幸福而奋斗的乐观进取的精神。它反对中世纪教会的来世观和禁欲主义,肯定人是现世生活的创造者和享受者;提倡个性自由以反对神性,提倡人权以反对神权;在文学、艺术中表达人的真实情感,反对虚伪造作;提倡科学文化,重视科学实验;主张发挥人们的聪明才智及创造潜力,反对消极的、无所作为的人生态度。

但丁被恩格斯称为中世纪的最后一位诗人,同时又是新时代的最初一位诗人,其代表作《神曲》以梦幻文学的形式,通过对幻游地狱、炼狱和天堂所遇到的各类人物的描写,抨击教会的贪婪腐化,歌颂自由理性,提倡人本精神。但丁在

《神曲》里面提出了七宗罪。但他将荷马、苏格拉底、柏拉图、亚里士多德和教皇、犹大一起放进了地狱,理由是他们都是异教徒。这反映了但丁思想的局限性。

薄伽丘是文艺复兴时期佛罗伦萨的作家和诗人,其所著的《十日谈》对后世影响巨大。作为一部写实主义的短篇小说集,《十日谈》描写现实生活、赞扬爱情,同时批判和讽刺帝王、贵族、教会等势力。彼特拉克是文艺复兴时期意大利另一位具有代表性的诗人和学者,他主张以人的学问代替神的学问,因为被称为"人文主义之父"。其所著的《歌集》开创了十四行诗体例,是写实主义和人文主义的代表作。

近代政治学开始在意大利地区出现,以被誉为"近代政治学之父"的马基雅维利为代表人物。马基雅维利的代表作《君主论》阐述君主如何才能保住政权。马基雅维利主张国家至上,他认为只有稳定和繁荣才是国家追求的正当目标,为了其利益而不择手段则不是正当的。马基雅维利奠定了现实主义政治理论的基础,其中"政治无道德"的权术思想日后被称为"马基雅维利主义"。

文艺复兴在 16 世纪之后进入了全盛时期。这一时期艺术的主要代表人物有达·芬奇、米开朗琪罗、拉斐尔。达·芬奇来自文艺复兴时期的佛罗伦萨,他在绘画、音乐、建筑、数学、几何学、解剖学、生理学、动物学、植物学、天文学、气象学、地质学等诸多领域均有创建,被视为一个博学者。米开朗琪罗出生于意大利佛罗伦萨,是文艺复兴时期的雕塑家、画家、诗人,其风格几乎影响了三个世纪的艺术家。

达·芬奇自画像

文艺复兴此后波及欧洲其他地区。一大批人文主义作家涌现,例如英国的莎士比亚、法国的拉伯雷以及西班牙的塞万提斯。在哲学思想领域,英格兰的培根提出了归纳法、近代唯物论,他是第一个意识到科学及其方法论的历史意义以及它们在人类生活中可能扮演的角色的人。法国的勒内·笛卡儿提出了二元论。在科学领域,波兰天文学家哥白尼在 1543 年出版《天体运行论》,提出"日心说";德意志天文学家开普勒提出行星运行的轨道为椭圆形;意大利的伽利略首次使用自制望远镜观测天文,是现代观测天文学之父。

文艺复兴对此后的资产阶级社会革命思潮产生了影响,人文主义精神成为18 世纪法国启蒙运动的思想渊源。文艺复兴也存在着局限性:人文主义者未能与教会彻底决裂,对教会持妥协、和解态度,这一时期的文化仍保留了封建迷信色彩。

二、宗教改革

16 至 17 世纪的宗教改革催生了新教,这成为基督教历史上的第二次大分裂,约翰·胡斯是宗教改革的先驱。胡斯反对罗马天主教的一些做法,反对教皇向英格兰征收贡赋,主张建立摆脱教廷控制的英格兰教会。他揭露教会与修道院制度的各种弊端,指责教会拥有财产。胡斯认为国王是上帝在世上的管家,有权没收教会的土地和财产。胡斯猛烈抨击教会出售赎罪券的行为,因此被判火刑。1419 年 7 月,支持胡斯的地方贵族及民众发动胡斯战争,反抗罗马天主教会以及支持天主教的神圣罗马帝国。

宗教改革主要发生在德意志、瑞士和英国。宗教改革之前的德意志地区在政治上长期处于分裂状态,于 15 世纪末 16 世纪初产生了资本主义萌芽,但经济发展的分散性使其难以得到充分发展。由于政治上的分裂,德意志地区诸侯林立,无法与宗教势力抗衡,罗马教会在当地的势力庞大,历代教皇与红衣主教通过各种方式搜刮财富,神职人员依靠富人的捐赠、遗产以及穷人缴纳的什一税过着奢侈生活。德意志因而被人戏称为"教皇的乳牛"。

1517 年,教皇利奥十世以修缮圣彼得大教堂为名,下令在天主教各国发售赎罪券。在德意志推销赎罪券的教廷使者对外宣称购买赎罪券可以让罪人的灵魂立刻从炼狱飞升到天堂,造成信徒疯狂抢购。但德意志的许多有识之士认为这是诈骗行为。10 月 31 日,马丁·路德在教堂门口贴出《九十五条论纲》,否定教皇和神学的权威,认为救赎要依靠个人虔诚的信仰,而不需要教会和赎罪券,信仰的唯一依据是《圣经》,而不是天主教会制定的规则。宗教改革运动由此爆发。

1555 年,信奉旧教的南方诸侯和信奉新教的北方诸侯缔结《奥格斯堡和约》,规定诸侯有权决定其臣民的信仰,即"教随国定",标志着路德教派的形成。该教派的核心思想是"因信称义"。传统天主教认为人除了信仰神,还必须行善才能获得救赎机会,这被称为"神人合作论"。"因信称义"是指一个人获得拯救是神的恩典,其可以单凭仰赖耶稣而得救,而不是靠个人善行,也不需要教会。最终,德意志地区有半数人成为路德派基督徒。

瑞士的宗教改革被认为是最成功的新教运动,其产生的加尔文教派对世界各地影响巨大。瑞士宗教改革的先驱是慈温利,他深受人文主义思想影响,反对教会、赎罪券和崇拜圣母玛丽亚等。慈温利还著书指出教会腐败,提倡教士结婚,并攻击礼拜场所使用圣像。其提倡的神学思想、礼仪和教会制度至今仍影响着许多新教教会。

加尔文是瑞士宗教改革的主要领导者。加尔文生于法国巴黎,在巴黎大学研究神学三年,后成为律师。1536 年,加尔文出版《基督教原理》一书。加尔文支持马丁·路德的"因信称义",并在此基础上提出了新的主张——"预定论":个人的命运、成败和灵魂得救与否,不是靠善行、斋戒、忏悔,而是上帝预先决定的。上帝从创世以来就把人分为"选民"和"弃民"两类,导致了其在现实活动中的成功或失败。

16 世纪的宗教改革也对英国造成了影响。亨利八世在位期间因与皇后的离婚问题进行宗教改革。英国教会中止向罗马天主教会纳税,英国大主教改由英国国王任命。1534 年颁布的《至尊法案》宣布国王是英国教会至高无上的首脑,彻底断绝与罗马天主教会的往来。

宗教改革缩小了罗马教廷的势力范围,沉重打击了西欧封建制度。宗教改革剥夺了教皇和教会贵族的特权,没收了教会的大批土地和财产。宗教改革有助于加强专制王权,巩固民族国家,适应新兴资产阶级的需要,动摇了封建土地所有制。新教教义,特别是加尔文教教义不仅认可新兴资产阶级的进取精神,而且符合他们创造"自由""平等"观念的需要。宗教改革也对欧洲的政治力量分布形成了影响。德意志分裂成新教同盟与天主教同盟,欧洲产生瑞典、丹麦新教国家,法国出现了胡格诺宗教战争,进而导致欧洲的三十年战争,也间接推动了尼德兰革命和英国资产阶级革命的发生。

三、启蒙运动

启蒙运动是指发生在 17 至 18 世纪的欧洲的哲学、文化运动,它以英国和法国为中心进行扩散。相比文艺复兴反对天主教神学思想、追求现世幸福,启蒙运动反对的是封建专制主义,追求的是自由平等。通过启蒙运动,理性、知识取代神学权威,非宗教化的现代理论出现。

启蒙运动是资产阶级反对封建专制制度的必然产物。它的发生与诸多因素有关。从思想上看,文艺复兴奠定了西方思想的理性传统,即人文精神(强调人的创造力),新教改革破除了宗教束缚,资本主义发展和资产阶级革命(尼德兰、英国革命)提供了宽松的社会环境。启蒙运动的出现还与社会财富的积累、社会分工专业化及自然科学的发展有着密切关系。

哲学家和政治思想家霍布斯是 17 世纪英国启蒙运动的主要代表人物之一。他是现代自由主义哲学的奠基人,也是机械唯物主义和自然法学说的代表学者。霍布斯的思想既受到了封建旧秩序的影响,又受到了新思想、新方法的启迪。霍布斯的政治思想集中体现在《利维坦》一书中。

英国启蒙运动的另外一位代表人物是"自由主义之父"、经验主义代表人物洛克。洛克出生在英国,父母都是清教徒。他在牛津大学获得医学学士学位;1683 年,因被怀疑参与刺杀国王而逃亡荷兰,在荷兰写作并出版了《论宗教宽容》《政府论》《人类理解论》。

洛克的主要政治思想包括下面几点。第一,自然权利说。洛克认为人生而自由平等,拥有生命权、自由权和财产权等基本权利。财产权是自然权利中的核心权利。第二,社会契约说。由于自然状态的缺陷,洛克认为人们需要在理性的引导下订立契约,每个人自愿放弃部分自然权利,交给专门人员,并按照大家一致同意的规定行使。人们出让的权利有限,政府的权力有限。建立政府的目的在于保护人们的财产权。第三,分权制衡说。洛克推崇君主立宪制,认为国家有三种权力,即立法权、行政权与对外权。立法权是最高权力。行政权主要是召集和解散立法机关的权力。这成为日后三权分立学说的基础。洛克第一次系统论证了资本主义自由主义宪政的重要原则,为资产阶级革命及革命后政府的建立与运作提供了政治理论支持,他的思想包括自由主义的基本内容,影响了美国建国进程。

18 世纪的法国是欧洲启蒙运动的主场。法国的启蒙思想家们分为三大派:以伏尔泰、孟德斯鸠为代表的自由派,以狄德罗、卢梭为代表的民主派或共和派,以及以梅叶为代表的共产派。他们的共同特点是提倡科学、理性,反对蒙昧,批判宗教和神学,否定封建专制制度,提出系统的资产阶级政治理论。

伏尔泰主张天赋人权,人生来就自由和平等,法律面前人人平等。伏尔泰猛烈抨击天主教会的罪恶行径,反对君主专制,倡导开明专制,崇尚科学、理性和进步。作为自由派的主要代表之一,伏尔泰不仅在哲学上有卓越成就,还以捍卫公民自由,特别是信仰自由和司法公正而闻名。

法国另一位著名的启蒙思想家是孟德斯鸠,他是国家学说和法学理论的奠基人。他的代表作《论法的精神》提出了相当完备的分权制衡理论。《论法的精神》全面分析了三权分立。三权分立说对 1787 年的《美国宪法》等产生了重大影响。

民主派的代表人物是卢梭。他特别关注解决社会不平等问题。其代表作《社会契约论》认为，人生来自由平等，都有追求生存、自由与幸福的自然权利，天赋人权，其不可剥夺、不可转让。卢梭认为人民有权利用暴力推翻暴君，但认为民主只能建立于小国寡民的共和国中。卢梭的理论很好地解释了权力的来源，但并未解决权力的制约问题。以卢梭为代表的激进派人数虽少，日后却对法国大革命产生了巨大的影响。

百科全书派以狄德罗和达朗贝尔为主要代表，成员有孟德斯鸠、魁奈、杜尔哥、伏尔泰、卢梭和布丰等人。百科全书派的核心是民主派。为了改变人们的思维方式，从 1751 年开始，百科全书派编辑和出版《百科全书》，到 1772 年，《百科全书》全部 28 卷均出版。《百科全书》是历史上首部致力于弘扬科学、艺术的综合性作品，是启蒙时代思想代表作。《百科全书》第 1 卷出版后，就遭到政府与教会的打压，导致此后几卷不得不"地下发行"，有几卷甚至改用假封面出版。政府和教会害怕《百科全书》的出版，主要是因为它具有系统化抨击和否定有神论，以及反皇权、教条的功能，对一大批开明官员、大学教授和神职人员产生影响。在法国大革命前，大量《百科全书》在欧洲流通。

共产派以梅叶为代表，他们共同的特点是反对私有制度。梅叶是 18 世纪法国唯物主义者。他反对资本主义，认为理想社会应该建立在人类的理性和正义的基础上。总体而言，16 至 17 世纪的空想社会主义者提出了"实行公有制""人人劳动""按需分配"等社会主义基本原则，但对社会主义的设想还停留在一个初创阶段。

1740 年到 1800 年间，启蒙运动在苏格兰兴起，这让苏格兰成为巴黎以外欧洲另一个知识分子活动中心。苏格兰启蒙运动最突出的特点和成就是在历史学、伦理学、政治哲学和政治经济学领域对"社会进步"的研究，总体上有一种政治保守主义的色彩。启蒙思想者怀疑并批判"理性"概念，他们最大的贡献是创造了真正意义上的政治经济学。大卫·休谟、亚当·斯密、约翰·米勒是其中的代表。

亚当·斯密的《国富论》是第一部试图阐述欧洲产业和商业发展历史的著作，它发展出现代经济学学科，也为现代自由贸易、资本主义和自由意志主义提供了理论基础。亚当·斯密因此被誉为经济学之父。马尔萨斯将亚当·斯密的理论进一步延伸为人口过剩论,李嘉图则提出了工资铁律,他们最终将亚当·斯密的理论整合成古典经济学。

启蒙思想仰赖图书馆、科学期刊等知识传播途径,启蒙时代的知识传播途径也形塑了现代学术及相关机构的建制。第一种途径是图书馆,尤其是启蒙运动时期形成的公共图书馆。公共图书馆是为公众服务的图书馆,一般由政府支持,并由公职人员运作,稳定的运行机制可以让公共图书馆更好地将学术启蒙的成果推及大众,实现知识的民主化。第二种途径是科学期刊。由于传统和组织问题,传统的神学院在知识的传播上缺乏效率,随着启蒙运动的发展,科学及相关学术辩论在英、法、德迅速扩散和发展,为了克服语言障碍,公开发行的科学期刊出现。1702 年,莱布尼茨提出需要一份法文摘要评论刊物,介绍最新的英国研究成果。1717 年,阿姆斯特丹开始发行科学期刊,提供最新研究摘要评论及翻译。科学期刊是启蒙形成期最主要的推手之一,它将公众的关注点从现有权威或古典文献转移到新奇的、具挑战性的,有时还是从远方来的新事物和新想法上,潜移默化地倡导包容异见及智识客观性的启蒙理念,进而促进学术专门化,推动新兴知识的发展。

首先,启蒙运动唤起了人们的反封建意识,在破除迷信、消除愚昧、弘扬理性方面起到了巨大作用,为资产阶级革命做了充分舆论准备。其次,启蒙运动为法国大革命和美国独立战争做好了思想准备。再次,启蒙运动所倡导的理性精神和科学方法影响了人类认识世界的方式。最后,启蒙运动形成了近代西方的关键思想因素,即理性思考方式,使人们通过科学而非神学的方式认知世界,创新了知识传播的方式,使人们彻底摆脱了宗教束缚。

本 章 小 结

大航海开启了人类历史的新篇章,世界政治和经济的重心转移到欧洲。大航海也开启了全球殖民时代,资本主义开始迅速发展,资产阶级走向历史舞台的中心。绝对主义君主制是从封建制度向资本主义制度过渡的政体,在西欧,主要以英国、法国和西班牙为代表。而早期资本主义国家的重商主义经济政策影响了 16—18 世纪欧洲的主要国家,推动了资本主义发展。尼德兰革命是人类历史上第一次资产阶级革命,建立了第一个资产阶级共和国。英国资产阶级革命确立了君主立宪制的资产阶级代议制民主政体,开启了早期资产阶级革命时代,形成了民主化潮流,世界资产阶级革命浪潮改变了世界历史的格局与进程。文艺复兴、宗教改革和启蒙运动促进了人类社会的思想转变。总之,1500—1800 年这一时期,是全球历史演进的一个关键的转型阶段。欧洲社会在政治、经济、文化等方面发生了全方位的变革,全球化时代由此正式拉开序幕。

思考题

1. 为什么郑和下西洋的规模更大,影响力却不如哥伦布航行?

2. 西班牙和葡萄牙是地理大发现的先行者,荷兰、英国作为后来者,为何能超越这两个国家?

3. 欧洲绝对主义君主制形成的历史背景和特点是什么?

4. 重商主义形成的背景和影响是什么?

5. 作为人类历史上第一次成功的资产阶级革命,尼德兰革命的背景、特点是什么?

6. 简述文艺复兴的背景、内容和影响。

扩展阅读

1. 德隆·阿西莫格鲁、詹姆斯·A. 罗宾逊:《国家为什么会失败》,李增刚译,长沙:湖南科学技术出版社,2015 年。

2. 彼得·威尔逊:《三十年战争史》,宁凡、史文轩译,北京:九州出版社,2020 年。

3. 阿瑟·亨利·约翰逊:《宗教改革运动、尼德兰革命与法兰西内战》,杨春译,北京:华文出版社,2020 年。

4. 基佐:《1640 年英国革命史》,伍光建译,上海:上海三联书店,2011 年。

5. 威廉·E. 伯恩斯:《启蒙运动:历史,文献和关键问题》,汪溢译,北京:商务印书馆,2021 年。

第六章　全球化发展

在 16 世纪开始并持续三百多年的全球化开端阶段,一系列深刻变化同样出现在美洲、非洲、亚洲。作为全球化进程中的另外一面,这些地区在日后出现了分化。英属北美殖民地爆发了包括独立战争在内的一系列资产阶级革命,日本则成为亚洲近代历史上唯一保持独立和实现快速现代化的国家。除美国和日本外的区域后来被视为第三世界的主体部分,该区域的近代化道路更加漫长和曲折,其过程复杂,不乏旧制度的移植和新制度的创生,以及东西方之间的各种冲突与融合。

第一节　早期殖民与扩张

随着新航路的开辟,欧洲殖民者开始大规模占领美洲、澳洲的土地并建立殖民地,在此后的三百多年时间里,形成庞大的殖民地体系。近代的全球殖民行为在本质上与古典希腊时期完全不同,它背后的驱动力主要是殖民主义。近代的殖民历史进程导致几个世界殖民帝国相继诞生。早期的殖民主义国家主要是葡萄牙和西班牙,它们对美洲、中东、非洲、印度和东亚的探索和侵略深刻影响拉丁美洲等地的文明进程。约从 16 世纪后期开始,英国、法国和荷兰纷纷建立殖民地,它们取代了葡萄牙和西班牙的地位。19 世纪,英国的殖民扩张达到顶峰,日不落帝国统治的领土包括北美、澳洲、南亚等,几乎占有地球五分之一的土地。

一、美洲、澳洲殖民地社会的形成

(一)西班牙的美洲殖民地

从 15 世纪末期开始,西班牙迅速在美洲建立了庞大的殖民地体系。为了更

好地进行统治,从 1535 年开始,西班牙殖民者建立了四个总督区。1535 年设立
的新西班牙总督区的首府是墨西哥城,管辖范围包括新西班牙(今墨西哥)、加勒
比海诸岛等地。秘鲁总督区的首府设在利马,1542 年成立,管辖整个西属南美。
18 世纪,西班牙人新设了新格拉纳达和拉普拉塔两个总督区。1718 年设立的新
格拉纳达总督区的首府是波哥大,管辖今哥伦比亚、巴拿马、委内瑞拉和厄瓜多
尔等地。1776 年,西班牙人增设拉普拉塔总督区,首府位于布宜诺斯艾利斯,管
辖今阿根廷、乌拉圭、巴拉圭和玻利维亚等地。总督区和其他行政区划分虽然在
美洲独立战争之后不复存在,却深刻影响了拉美新独立国家之间的边界和行政
区划分。

为了更有效地直接统治殖民地居民,西班牙将审问院制度引入美洲殖民地,
审问院制度让殖民地政府具备立法能力。哈布斯堡王朝时期的西班牙在美洲殖
民地实行赐封制度。在赐封制度下,印第安人接受首领的管理并被圈住在固定
地方,年满 14 岁的印第安人需要向西班牙统治者缴纳一定数额的黄金或棉花作
为税款,或者以无偿劳役代替。赐封制度存在两百多年,直到 1720 年被大庄园
制度取代。大庄园制度依旧是一种残酷的剥削制度,庄园主利用各种方法侵占
印第安人的公地和无主土地,庄园内的印第安人虽然可以租借土地种植,但往往
因无法及时偿还借款而被迫成为长期雇工。

受到重商主义的影响,西班牙殖民者限制殖民地工业发展,以避免对宗主国
相关的产业造成冲击。殖民地和其他欧洲国家之间、殖民地和殖民地之间的通
商也被严格限制,本土和殖民地之间的贸易被王室指定的一小群商人垄断。为
了限制殖民地的纺织、皮革等产业发展,美洲新西班牙地区的桑树、葡萄园遭人
为破坏。殖民地只被允许种植小麦、稻米等宗主国无力生产的农产品,以及甘
蔗、棉花、可可、烟草等能在国际市场上为宗主国谋取大量经济利益的作物。长
此以往,西班牙殖民者的经济政策不可避免地使殖民地的经济结构趋向单一化。
殖民地的另一个重要的产业是金银的开采,重要的金银矿由王室直接控制和管理,
其余的私营矿场需要每年将其总收入的五分之一作为税款上缴西班牙王室。大量
印第安人被迫在矿场从事强制性劳动,恶劣的环境使超过八成的印第安人死亡。

天主教的传播一开始便伴随着西班牙人对美洲的殖民。1501 年,西班牙人
获得罗马教宗的准许在殖民地征收什一税。1508 年,西班牙人进一步获得了在
殖民地任命高级教士与宗教裁判所裁判官、划分教区、建设教堂等宗教场所的权
力。方济各会、多明我会、耶稣会等组织在 1520 年之后纷纷派人前往美洲传教。

大量教士的到来一度改变当地人口构成状况,16 世纪中期,利马城的人口中约十分之一是教士。

西班牙国王可以直接任命大主教和地区主教。西班牙人先后在美洲殖民地建立了 10 个大教区和 38 个主教区。1632 年,教堂的数量达到 7 万个。在被征服的最初 15 年内,超过 400 万印第安人在新西班牙受洗,教会由此获得了举足轻重的地位。到殖民末期,教会侵占的土地超过殖民地全部土地的三分之一,在部分地区,教会占有五分之四以上的土地。由于获得了大量的土地,教会每年的收入高达 2 200 万比索。

移民造成了西属美洲社会结构的多样化。西班牙迁往美洲殖民地的移民数量在 18 世纪大幅增长,18 世纪 80 年代的移民数量是 1710 年到 1730 年的移民数量的五倍多。1800 年,西属美洲原住民降到 1 370 万,欧洲人数量有 320 万,其中只有 5% 是出生在西班牙的白人,他们通常被称为半岛人。在此前后,新西班牙总督区的 700 万居民中,印第安人约有 370 万,半岛人只有 1.5 万,而出生在美洲并被称为克里奥尔人的欧洲人后裔则约有 100 万。

西班牙统治之下的殖民地实行严格的社会等级制度。地位最高的半岛人承担行政管理职务,具有贵族身份。作为欧洲白种人在美洲的后代,克里奥尔人在文化或种族上是基于欧洲移民和非欧洲人种之间的互动形成的,绝大多数情况下,他们具有与半岛人一样的血统、语言、宗教信仰和教育背景。克里奥尔人掌握了殖民地的经济命脉,他们往往是种植园主、律师、神父和工商业者。克里奥尔人虽然在经济上较为富有,但因为出生在美洲,社会地位比半岛人低一级,他们不能享受与半岛人完全相同的政治权利。绝大多数克里奥尔人无法进入殖民地统治核心,只有极少数人有机会担任殖民地政府要职。由于在经济、政治方面被宗主国剥削,殖民地的克里奥尔人对宗主国的不满情绪日益高涨,日后成为拉丁美洲独立运动的领导阶层。

西班牙人的殖民统治在 18 世纪遭遇殖民地人民的强烈反抗。1721 年的巴拉圭、1749 年的委内瑞拉和 1765 年的厄瓜多尔均发生大规模反抗运动。殖民地人民要求废除封建特权,取消课税,由本地人担任政府职位,并在经济上废除烟、酒、盐和火药专卖权,归还农村土地给印第安人。1730 年到 1780 年,安第斯地区爆发的反抗运动超过百次,严重动摇了西班牙殖民者的统治。

（二）葡萄牙的美洲殖民地

1500 年 4 月 22 日,由葡萄牙国王曼努埃尔一世派遣的贵族出身的卡布拉尔意外发现巴西。此后一百多年时间,巴西逐渐成为葡萄牙人的殖民地。1534年,葡萄牙国王决定把巴西分成 13 个都督区,王室任命大贵族对当地进行统治。只需要向葡萄牙王室缴纳五分之一的收入,贵族在所分得的辖区内就可以拥有政治、经济和军事大权,可以自主决定征税、土地分配、法庭裁决、城镇建设等事务。这造成的结果是,殖民地的贵族各自为政,逐渐脱离葡萄牙王室的控制。考虑到法国、英国和荷兰一直觊觎殖民地,1549 年,葡萄牙国王设置总督管辖整个殖民地。总督实行中央集权式的统治,贵族只保留土地所有权,其他权力则由总督行使。

和西班牙国王一样,葡萄牙国王也享有殖民地神职人员的任免权力。1552年,巴伊亚设立第一个主教区,到 18 世纪,巴西总共有 4 个主教区和 1 个大主教区,主教区在独立前夕增加到 9 个,方济各会、耶稣会等各教派都派人到巴西活动。教区内有种植园、牧场和制糖工场,教区由各教派自行管辖,教区内的印第安人和黑人自然也由各教派支配。因此,天主教会在巴西的社会地位和影响力不如在西属美洲的社会地位和影响力。

葡萄牙殖民者一开始只顾从巴西掠夺资源,葡萄牙王室垄断巴西红木、盐和酒的贸易,从中赚取了大量利润。到 16、17 世纪,巴西的经济开始单一化,原因是葡属殖民者发展蔗糖业、烟草种植园,将糖和烟草作为殖民地的主要出口货物。这一经济结构曾在 17 世纪末到 18 世纪末,随着金矿被发现和开采而被打破,但巴西的种植园经济在淘金热潮结束后回归到了以甘蔗、棉花和咖啡出口为核心的单一结构,其供应的市场主要是欧洲。

殖民地的主要经济单位是种植园。殖民初期,由于来自葡萄牙的征服者和移民数量很少,殖民地土地资源相当充足,地主分得的土地面积非常大,经过买卖、吞并之后,有些种植园主所拥有的土地甚至超过葡萄牙本国面积。奴隶是大庄园和种植园的根基,经济作物的种植和矿业开采浸染了大量奴隶的血泪。16世纪,葡萄牙人出台了允许将印第安人作为奴隶使用的政策,印第安人此后被当成商品遭到猎捕。圣保罗猎奴队曾在巴拉圭河上游一次性猎取 1.5 万名印第安人作为奴隶。据不完全统计,约 30 万印第安人在 1614 年之后的 25 年内被猎捕并成为奴隶。尽管如此,种植园的劳动力依旧短缺。巴西殖民地于 1532 年开始从非洲引进黑奴。在整个 17 世纪,其每年进口约 4 万黑奴,进口数量在 18 世纪增加到 5 万人。1818 年,殖民地的人口约有 360 万,白人只有 84 万,印第安人只剩 26 万,而黑人数量高达 188 万。高强度的劳作、非人的待遇导致种植园里大量的黑人和印第安人自杀或逃跑。巴西东北部地区在 1686 年和 1713 年分别出现奴隶暴动。1720 年,葡萄牙政府宣布印第安人不再被当作奴隶买卖。

1750 年,蓬巴尔下令允许殖民地发展手工业,他鼓励私人发展纺织、制帽和皮革业。1770 年,巴西咖啡首次外销,主要出口对象是葡萄牙和英国。1808 年,殖民地港口被开放用于自由贸易,关税得以降低,之前的商品专卖制度被取消。这一系列措施促进了巴西资本主义经济的蓬勃发展,殖民地资产阶级势力日益壮大。与此同时,葡萄牙对巴西的支配日益式微。

巴西殖民地的城市以种植园为基础形成。和西属美洲一样,殖民地设置市政会,市政会享有行政权和立法权,有权进行征税,并掌控军事力量。市政会的成员由上级指派,或从大庄园地主、种植园主及大商人中选出。市政会在里斯本派驻代表维护权益。巴西法院的法官由大庄园地主和种植园主选举产生,换言之,基本上是大庄园地主和种植园主控制着殖民地。18 世纪中期以后,蓬巴尔为增加王室收入,强化王权,收回了巴西北部封建领主世袭权;1763 年,将总督府迁至里约热内卢,实行总督报告制度,任用克里奥尔人参与地方行政事务管理。巴西的克里奥尔人因参政机会多,本土意识反而不及西属美洲的克里奥尔人。

1807 年,拿破仑军队占领葡萄牙。1808 年,以葡萄牙国王若昂六世为首的皇室移居巴西,巴西暂时成为葡萄牙的政治中心,葡萄牙王室对巴西进行直接统治。1815 年,葡萄牙、巴西与阿尔加维联合王国成立。若昂六世在巴西 13 年后,受西班牙立宪革命影响,葡萄牙议会要求国王返国,若昂六世在回葡萄牙之前任命儿子佩德罗一世为摄政王,并告诉后者可以让巴西独立以确保自己的统治。1822 年 9 月 7 日,巴西帝国成立并宣布脱离葡萄牙。巴西通过非革命方式获得独立,新的君主制国家实际上维护地主和封建贵族的利益,一直到 1888 年,奴隶制才得以正式终结。

(三)英法在美洲、澳洲的殖民地

英国在北美的殖民点主要分布在大陆东海岸。1607 年,英国人开始在北美大西洋沿岸的詹姆斯镇建立永久殖民据点。直到 1733 年,英国人在北美的大西洋沿岸建立了一系列殖民地,主要有北部的马萨诸塞、新罕布什尔和罗得岛,中部的康涅狄格、纽约、宾夕法尼亚、新泽西、特拉华、马里兰、弗吉尼亚,以及南部的北卡罗来纳、南卡罗来纳和佐治亚。它们构成了美国独立前夕的十三个州的基本版图。

在英国逐渐控制北美殖民地的过程中,大量移民的到来为形成一个新的殖民地社会提供了条件。移民的差异在很大程度上影响了殖民地社会制度的形成。与西班牙、葡萄牙殖民地移民情况相比,英国在北美的殖民地的移民,除奴隶贸易带来的强制性移民外,更多的是宗教和经济移民。

前往英国北美殖民地的宗教移民中很大一部分是清教徒。受到资本主义发展以及加尔文教的影响,英国人对国教日益不满,16 世纪 60 年代,英国国教内部出现新的派别,即清教徒教派,他们要求清除英国国教会内罗马公教会仪式,并主张《圣经》是唯一的最高权威。清教徒在 17 世纪被英国政府镇压和驱赶。为了寻找宗教自由和逃离迫害,他们不得不移民到北美大陆,在殖民地定居。1629 年到 1642 年,大约有两万名清教徒漂洋过海迁移到新英格兰。

在 17 世纪 80 年代之前的移民中,签约移民的工人占了很大比例。他们与雇主签订契约,雇主提供船资,工人在到达北美后为雇主工作几年付清船资。大部分工人都是来自英国的佃农,他们因圈地运动失去土地,被迫来到美洲新大陆寻求新生活。总之,大量土地、宗教自由,以及可不受约束的自由权利为大批旧大陆的底层人民提供了希望,促使他们源源不断地移民到北美殖民地。

随着移民的不断增加,英属北美殖民地社会不断壮大,1625 年,这片土地上只有不到 2 000 人,1775 年,人口增长到 240 万。其中,85% 的白种人为英格兰、爱尔兰、苏格兰或威尔士移民及其后裔,9% 的白种人为德国移民及其后裔,4% 的白种人为荷兰移民及其后裔。这些移民九成以上为农民。

1620 年 11 月 21 日,一艘名为"五月花号"的帆船在马萨诸塞州科德角附近的鳕鱼湾登陆。作为殖民点詹姆斯镇移民计划的一部分,这艘船从英格兰转道荷兰来到北美,船上共有 102 名乘客。在登陆之前,船上的 41 名成年男性签署了一份《五月花号公约》。

《五月花号公约》旨在为殖民地社会新秩序确定基本原则,它规定全体人员将组成一个新的政治社会,以便在陌生的环境中更好地生存下来,并在成员之间形成良好的秩序。根据公约,殖民地的人们将颁布他们认可并忠实遵守的公正平等的法律、法令和命令,并视需要而任命行政官员。公约创建了一个先例,即政府是基于被管理者的同意而成立的,而且将依法而治。这份公约的签约方式及内容开创了一个自我管理的社会结构,成为日后美国人的精神宪法。

到 18 世纪后期,北美殖民地的经济已经初具规模。其北部资本主义工商业

视　频

早期殖民与扩张

《五月花号在普利茅斯港》

和农村小农制发达,中部半封建的租佃制比较发达,南部则以黑人奴隶制为主。政治方面,殖民地社会设有议会,社会贫富差距相对较小,尤其是北部地区,地方自治盛行。

随着经济的发展,北美地区的统一市场雏形于18世纪中叶出现。此时,新英格兰地区的交通得到发展,北方工业品南销,南方农产品北运。费城、波士顿和纽约成为拥有2万到3万人口的城市。由于共享来自英国的政治制度、法律、宗教、风俗、道德观念,基于共同的文化观念和心理的美利坚民族意识开始觉醒。美国政治精英开始摒弃对英帝国作为宗主国的认同。

法国对北美的殖民最初源于对东方航道的探索。1534年到1542年,法国探险家雅克·卡蒂亚发现了位于圣劳伦斯河入海口的魁北克。河狸昂贵的皮毛吸引了法国人,从16世纪80年代起,法国西海岸的商人开始从事利润巨大的毛皮贸易。1608年,法国探险家尚普兰选择在圣劳伦斯河入海口建立魁北克城,由此进一步推动法国与新大陆的皮毛交易。路易十四继位后,法国人的殖民地范围扩大,成为今天加拿大魁北克省的雏形,魁北克城成为当时这块殖民地的首府。

信奉天主教的法国人并没有大规模地在自己的北美殖民地上定居。为了有效控制殖民地,1627年,法国国王路易十三下令,只有罗马天主教徒才能在法属北美殖民地定居,这大大限制了移民规模。另外,对短期的皮毛生意的热衷也使法国人很少愿意往殖民地移民。尽管路易十四采取一系列措施促进移民,包括征召法国女子前往魁北克定居,但效果一直不佳。到1756年,法国名义上占据北美大部分土地,实际人口却只有十几万;英国只占有东部沿海狭长的十三个殖民地,当时人口却将近两百万。

在 1884 年柏林会议宣布殖民占领的"有效占领"原则以条约形式正式确定下来之前,对殖民地的占领和控制往往取决于国家间的军事力量对比。

英法两国围绕北美殖民地的斗争从一开始便存在。最初,英国人紧紧跟随法国人在纽芬兰、新斯科舍和哈德逊湾等地设立贸易站和定居点。在加勒比地区,诸多岛屿在两百多年时间里于英法间不断易手。

双方争夺的高潮出现在七年战争期间。1763 年,这场波及欧洲、北美洲、中美洲、西非海岸、印度及菲律宾等地并将当时西方主要强国卷入的战争结束。英国在战争中取得巨大成功,依据签订的《巴黎和约》,获得位于加拿大新法兰西、西属佛罗里达等地的北美殖民地。至此,法属北美殖民地几乎全部落入英国人手中,法国仅保留位于圣劳伦斯湾的两个小岛,以及在纽芬兰西岸和北岸的捕鱼权。

这一时期,另一块面积比较大的殖民地在澳大利亚出现。17 世纪开始,西班牙人、葡萄牙人、荷兰人、法国人为了寻找香料而陆续到达澳大利亚。1606 年,荷属东印度公司派遣帆船首次抵达澳大利亚北部海岸并登陆。1768 年,英国库克船长乘坐"奋进号"由英国前往塔希提。1770 年,英国宣布拥有澳大利亚的主权。1788 年 1 月,英国皇家海军的一艘帆船抵达澳大利亚东部海岸的植物学湾,开启了英国对澳大利亚的殖民。

英国人最初在悉尼等地建立定居点。当时澳大利亚对于英帝国的价值主要是被作为罪犯的流放地。英国于 1610 年至 1770 年间将罪犯送至北美流放,随着美国独立,英国人担心被送至加拿大殖民地的囚犯会联合美国人来对付自己。1788 年至 1868 年间,英国选择将囚犯送至澳大利亚。根据统计,其间,英国送至澳大利亚的总囚犯数为 16.5 万人左右,最后一批英国囚犯于 1868 年被送至西澳大利亚。

该殖民地的经济最初依赖英国政府拨款。1797 年,美利奴羊从好望角被引入澳大利亚,畜牧业开始发展,殖民地逐渐实现自给自足。罪犯是早期劳动力的基础,从首任总督菲利普执政开始,殖民地便实行恩赐制度与犯人劳动指派制,即将土地(每人 100 英亩)授予军官和自由民,并由 10 名犯人耕作。殖民地的统治者也制定了针对刑满释放人员的土地分配制度,每个获释的囚犯可以获得一定量的土地。通过上述土地分配制度,殖民地的私营经济开始蓬勃发展并催生了早期商品市场,推动了城市的形成和发展。到 1810 年时,悉尼已经初具规模,并被称为"第二罗马"。城市的出现又反过来吸引了更多希望在殖民地发家致富的英国移民,进一步推动了澳大利亚经济发展。

1793 年后,自由移民到达,澳大利亚渐渐复制了英国社会的各项制度和传统。最初,这里的治理工作由皇家海军负责,后来开始设置总督。作为英国国王在此的全权代表,总督由英国殖民大臣授权,其权力来自议会,总督之下有副总督、行政秘书和海军军官。殖民地的司法制度也复制自英国并有一定的发展。早期的司法制度是军政合一,刑事法庭和民事法庭的法官全部由军官担任。早期殖民地的法律制度十分严厉,设有鞭刑和绞刑。19 世纪初第一所高级法院在新南威尔士州建立,预示着殖民地军政分离的开始。

二、非洲与大西洋世界

(一) 非洲的早期殖民化

1415 年,北非的休达被葡萄牙人占领,成为近代首个被欧洲国家占领的非洲殖民地。新航路的开辟推动了欧洲对非洲的殖民占领,随着西非航路的开辟,葡萄牙率先在非洲沿海地区占领一些岛屿和滨海据点,将其作为前往印度的中途补给站。

西非的殖民地基本属于资源掠夺型殖民地,并非领土掠夺型殖民地。由于西非地区的生产方式以采集、狩猎为主,食物生产量有限。欧洲殖民者为供应经过船只的伙食,在据点周围开辟新农业区,并从欧洲和美洲引进新作物。因此,早期非洲殖民只限于在沿岸地区设立贸易点,未深入内陆,这些殖民地的面积均很小。另外,因西非海岸难以接近及当地气候不适合欧洲人居住,在此后几个世纪里,欧洲人并没有占领非洲内陆的大块土地。

1652 年,荷兰东印度公司建立开普殖民地,作为公司船只往返于荷兰和巴达维亚之间的补给点和中继站。渐渐地,这里形成了一个社区,定居在此的欧洲人成为南非布尔人的祖先。当地的土著为科伊科伊人,靠畜牧为生,没有有力的政治组织,也没有强大的经济基础。他们将大量的牲畜卖给荷兰人,但当东印度公司建立自己的农场后,双方之间的此类贸易就停止了,双方还因争夺畜牧土地而爆发了激烈冲突。

欧洲人最初在荷兰东印度公司基地附近开辟畜牧农场,但随着殖民地人口的增加,他们不得不逐渐向更远的地方迁徙,到更干燥的内陆高原,与科伊科伊人争夺牧地。双方之间的矛盾冲突导致欧洲定居者更加团结,而科伊科伊人的社会本身就十分松散。荷兰东印度公司在 17 世纪 70 年代取得了军事性胜利,并进一步加强了对当地的控制,科伊科伊人则沦为殖民地的雇佣劳工,到 1700 年前后,科伊科伊人传统的游牧生活方式已经消失。

1795 年,法国占领荷兰。为了阻止法国进入印度,英国立即于同年占领开普地区,以便更好地控制好望角的航路。1798 年,荷兰东印度公司将所有领地转交给荷属巴达维亚共和国。随着英法关系变好,并鉴于巴达维亚共和国的附庸地位,英国根据《亚眠和约》将开普殖民地转让给巴达维亚共和国。

(二)跨大西洋奴隶贸易

在长达三百多年的时间里,奴隶贸易成为欧洲人对非洲殖民地产生持久兴趣的根本原因。美洲种植园经济的兴起是一大推手。为了从殖民地获得更多财富,殖民者除了采取抢劫等方法,还开始着手经营殖民地,开辟大量的种植园。葡萄牙人最早在非洲的马德拉群岛、佛得角群岛建立奴隶种植园,这一模式后来传入英、法、荷控制的殖民地,开始迅速扩散。

种植园需要大量劳动力。最初在种植园和矿山劳作的是来自欧洲的贫苦移民,他们以契约工身份进行劳作,并在契约到期后成为自由民。随着种植园的发展,劳动力严重不足,于是,欧洲殖民者不得不寻找新的劳动力。美洲本土的印第安人本是重要的劳动力,但西班牙人和葡萄牙人对土著人实行残酷的屠杀和压榨政策,导致大量美洲土著人因为战争和疾病死亡,人口规模由 15 世纪末的 5 000 万锐减至 17 世纪的 400 万。欧洲人转而从非洲寻找新的劳动力,他们发现黑人的力量大于印第安人,且对于热带的疾病有很强的免疫力,成本要便宜得多。

非洲奴隶制的存在为奴隶贸易提供了可能性。于是,近代大规模的跨大西洋奴隶贸易自此正式开始。葡萄牙抓捕非洲的柏柏尔人运回本土作为奴隶。非洲奴隶被运到了海地和多米尼加。16 世纪,西班牙人把非洲奴隶运入美洲,赚取利润。随着西班牙逐渐在非洲海岸占领殖民地,非洲奴隶被送到古巴、牙买加、洪都拉斯和危地马拉等地。

对奴隶贸易的大量需求反过来促使西葡两国在西非沿海建设更多的商站、贸易点等小型殖民地。英国开始参与奴隶贸易,丹麦、荷兰和瑞典随后也加入。17 世纪至 18 世纪中叶,西班牙和葡萄牙衰落,新兴资本主义国家开始殖民非洲。18 世纪,英国取代荷兰控制奴隶贸易。自 17 世纪开始,各国设立更多的商

塞内加尔格雷岛的奴隶贸易

站、贸易点用于贩卖奴隶。

美洲的殖民地普遍使用非洲奴隶,被引进到巴西、墨西哥等中南美洲国家的非洲奴隶数量庞大。殖民者在长期贩卖奴隶的过程中,逐渐形成一套"奴隶贸易制度",奴隶贸易被称为三角贸易,因为航线呈三角形而得名。一开始,贩奴船满载着商品从欧洲港口出发航行到西非海岸,在那里用酒、枪支、火药等商品与非洲部落交换奴隶,随后,贩奴船载着奴隶横渡大西洋驶往美洲,最后在美洲用奴隶换取殖民地的原料和金银运回欧洲。一次完整的三角航程可以在大约半年的时间内完成,奴隶贩子仅一次便可以做三笔买卖,最多可以获得十倍的利润。

非洲奴隶主要来自几内亚湾地区的几个国家,包括塞内加尔、冈比亚、几内亚、尼日利亚、喀麦隆、刚果和安哥拉等。早期,非洲奴隶主要来自本土部落之间的战争,俘虏成为奴隶而被出售。囚犯也是奴隶的重要来源,通常,囚犯被出售是为了防止他们在当地继续行凶作乱。此外,欧洲人也会直接捕获奴隶。

大约 1 200 万奴隶在约 400 年的时间里被从非洲运往美洲等地,其中绝大多数是青壮年。不人道的待遇导致大量的奴隶在跨大西洋贩奴贸易过程中死亡,120 万到 240 万奴隶在被送往新大陆的途中死亡。被贩卖到美洲的奴隶约有四成被送到了葡属美洲殖民地,四分之一被送到了英属美洲殖民地,五分之一被送到了西属美洲殖民地,法属美洲殖民地则接纳了约 14%。

奴隶贸易直到法国大革命之后才被各国禁止。西非的经济因为大量人口损失而遭受了巨大打击,整片大陆长期无法摆脱贫困,这成为非洲在 20 世纪落后的一大历史根源。奴隶贸易及其导致的美洲奴隶制是催生种族主义的重要因素,种族主义则成为人类文明的一颗毒瘤。

三、俄国的扩张

9 世纪,基辅罗斯公国建立。989 年,基辅公国的弗拉基米尔大公皈依东正教,西里尔字母、文学和东正教传教士很快遍布俄国。10 至 13 世纪,基辅公国控制了伏尔加河与第聂伯河间的广大土地。拜占庭帝国灭亡后,俄国自称第三罗马帝国。

俄国在 15 世纪末成为一个统一国家,在伊凡四世(1530—1584)在位期间,绝对主义君主制形成。为了争夺波罗的海出海口和波罗的海东岸土地,伊凡四世于 1558 年到 1583 年发起立窝尼亚战争,但最终被波兰、立陶宛、瑞典、丹麦-挪威联合王国打败。尽管如此,伊凡四世还是在其他方向取得了对外扩张的成果。他消灭了蒙古金帐汗国的残余势力,控制了喀山汗国、阿斯特拉罕汗国的领土,为进入西伯利亚和乌拉尔山打开了通路。伊凡四世还削弱了奥斯曼帝国的力量,他力主加强与英国的关系,与英国通商,并向英国女王伊丽莎白一世求婚。

俄国的绝对主义君主制在彼得一世在位期间得到进一步强化。1689 年,彼得一世结束了姐姐罗曼诺娃的垂帘听政,真正掌握实权。1697 年至 1698 年间,彼得一世向西欧派遣了众多使节,目的是巩固俄国与欧洲数个国家间的联盟关系,强化同盟的力量,并借此与奥斯曼帝国对抗,增加俄国在黑海地区的影响力。在这次行动中,彼得一世本人以化名方式,假扮成使节团的一个成员,前往西欧各国游历和学习造船等先进技术。

彼得一世回国之后实行了一系列富国强兵的政策。第一,改革军制,建立正规陆海军,征召年满 15 岁的青年组成"志愿军"并终身服役,向西欧学习先进武器的制造技术并购买武器。第二,兴办工厂,发展贸易。第三,改革货币制度,允许工厂主、企业主购买农奴。第四,振兴教育,发展文化。第五,改革地方机构,在全国各地设置辖省,设元老院、参议院。第六,新建圣彼得堡,1712 年迁都至此。中央集权体制的建立和完善壮大了俄国的国家实力,为其对外扩张提供了条件。近代俄国的对外扩张经历了从 16 世纪至 17 世纪末的地域性蚕食和从 17 世纪末开始的世界性侵略两个阶段。

地域性蚕食最重要的内容是征服西伯利亚,这项工作最初主要由哥萨克人完成。1579 年,哥萨克部落酋长叶尔马克接受斯特罗加诺夫家族的招募,开始西伯利亚远征。1581 年 9 月 1 日,叶尔马克率领 840 人出发,以火枪、火炮的优势占领乌拉尔山以东的鞑靼人国家。1582 年,叶尔马克率军占领西伯利亚汗国首都托博尔斯克。叶尔马克的远征揭开沙皇向西伯利亚大规模扩张的序幕,打开通向黑龙江、乌苏里江直到太平洋沿岸的通道,他自己则被俄国人视为国家英雄。

俄国在 1582 年之后正式展开在西伯利亚的殖民扩张。1586 年,俄国人在图拉河畔建立秋明城，这是俄国人在乌拉尔山以东建立的第一个定居点。1587年，在距离锡比尔不远的托博尔河注入额尔齐斯河处，俄国政府建立了托博尔斯克，该城后来成为其在西伯利亚地区的行政中心。1604年，俄国人在鄂毕河支流托木河畔建立了托木斯克，标志着俄国完成了对西伯利亚的征服。

托博尔斯克的克里姆林宫

西伯利亚地区颇似加拿大，幅员辽阔、物产丰富，但气候寒冷干燥，人口稀少，东正教传播有限，伊斯兰教、佛教等其他宗教影响广泛。整个地区社会经济落后，占领西伯利亚使俄国成为一个横跨欧亚的大国，但这在很长时间内对自身国际地位的提升并无多少作用。由于没有不冻港，俄国依旧是一个没有出海口的内陆国家。这一情况到17世纪末随着俄国世界性侵略的开始而发生变化。

为寻找出海口，彼得一世在1700年至1721年发动了大北方战争。1721年，俄国战胜瑞典，双方签订《尼斯塔特和约》。根据条约，俄国获得波罗的海出海口及其附近的大片土地，从此称霸波罗的海。战争导致瑞典丧失了大片波罗的海沿岸的土地，三十年战争后其所得优势尽失，从欧洲列强的名单上消失。大北方战争意味着俄国的扩张政策完成了由地域性蚕食向世界性侵略的历史转变。在此基础上，1722年到1723年，俄国发动了对波斯的战争，取得里海沿岸一带的土地。

1762年到1796年间在位的叶卡捷琳娜二世继续进行对外扩张。俄国开始向南、向西扩张，从奥斯曼帝国和波兰立陶宛联邦手中将包括新俄罗斯、克里米亚、北高加索、右岸乌克兰、白俄罗斯、立陶宛和库尔兰在内的大片领土收入囊中,获得了从库班河直到第聂伯河的整个黑海北岸。叶卡捷琳娜二世还伙同普鲁士的腓特烈二世三次瓜分波兰,获得了大量的土地和人口。

就欧洲地区的权力结构而言,俄国这一时期的扩张改变了东欧在整个世界格局中的地位,使其有了形成政治、军事强国的可能性。如果联系到 20 世纪的全球历史,其影响更为深远。

第二节　亚洲的保守与开放

16 世纪到 18 世纪的亚洲开始渐渐落后于世界发展的主流。葡萄牙、荷兰分别占领中国的澳门、台湾,郑成功收复台湾成为中国历史上一次成功的反侵略斗争,这也是中国与西方最初的碰撞。17 世纪的日本进入了最后一个封建武家的时期,封建中央权力的强化和对外的闭关锁国政策限制了整个国家的发展,但兰学的传入让日本人开始认真对待西方先进的科学技术和思想文化,这为日后日本的开放和快速近代化奠定了思想和认知基础。

一、东亚朝贡体系

东亚朝贡体系,一直延续到 19 世纪的甲午战争。作为一种以册封礼为媒介的国家间关系的模式,东亚朝贡体系以中国为中心,深刻影响中国内部及其与周边的东亚、东南亚和中亚地区之间的关系。朝贡体系的雏形是古代中原政权的畿服制度。商朝统治者建立了"越在外服,侯、甸、男、卫、邦伯"的内外服制度,内服是指中原政权的中心地区,外服是指中心地区之外的未开化地区。中原的君主是内外服的共主,君主在内服通过行政机构直接管理,外服则由中原君主册封的地方首领治理。内服和外服相互依托,构成了这一时期以中原君主为核心的基本政治格局。到周朝畿服被进一步细化,五服、六服和九服的概念被提出。公元前 221 年,秦统一中原地区,除了匈奴,当时整个东亚和东南亚地区并不存在可以与秦以及其后的汉朝抗衡的政权。因此,秦汉王朝便开始将畿服体系推广到除匈奴外的已知世界。

汉武帝时期,以中原王朝为中心的朝贡体系正式确立。中原政权和其他藩属国建立"册封"关系,各国须承认中原政权的共主地位,并凭借中央政权的册封取得统治合法性。西域各个藩属国陆续遣使纳贡,各国首领也借此获得中央政权的承认并与之保持良好的关系。原则上,册封关系之下,各国负有进贡和提供军队等义务。

1368 年,明朝建立。1371 年,明太祖朱元璋将周边的安南、占城、高丽、暹罗、琉球、苏门答腊、爪哇、溢亨、白花、三弗齐、渤泥等国视为"不征之国",实际上将这些国家纳入了自己的控制范围内。"厚往薄来"开始成为中央政权和藩属国之间交往的基本原则。在这之后,朝贡体系成为亚洲地区国际关系的基础。在这个体系中,中国的中原政权处于中心地位,并得到各朝贡国承认。

15 世纪前期,郑和下西洋扩大了朝贡体系的影响。通过郑和的远航,明朝向东南亚与印度洋沿岸各国展示其强大的科技、经济和军事实力,这些国家开始向明朝称臣并奉上各种奇珍异宝,以换取与明王朝的通商贸易权利。朝贡体系的发展在明朝永乐帝朱棣在位期间达到顶峰。明朝消灭北方元朝残余势力,中亚蒙古汗国也加入朝贡体系。这一时期,在明朝军事实力的震慑和厚往薄来原则的吸引下,向明朝政府朝贡的国家和地区的数量增加到 65 个。与此同时,朝贡体系自身的结构也变得更加复杂。较早加入朝贡体系的国家开始模仿中国建立以自己为中心的区域性朝贡体系,朝鲜和越南对女真、占婆、南掌等国提出了进贡要求,数个次级区域朝贡中心出现。

厚往薄来的原则让明王朝周边地区的国家在双边的贸易中获利颇多,加上明朝前中期实施海禁政策,朝贡几乎成为这些国家同明朝进行贸易往来的唯一途径,贸易很快成为这一时期整个亚洲地区朝贡体系的核心。朝贡关系和国际贸易开始高度重合,其中,最有名的就是中日之间的勘合贸易。

清朝延续了明朝的朝贡体系,并在此基础上进一步完善。清朝设置的理藩院负责与周围藩属国的交往事务,理藩院还掌管蒙古、西藏等地的庶政。到 18 世纪中叶,中亚的布哈拉等国家也进入朝贡体系。而与朝鲜、日本、琉球和东南亚国家的来往由礼部负责。

1793 年,英国派出乔治·马戛尔尼使团出使北京,主要任务是与清廷商讨通商事宜,条约体系和朝贡体系第一次发生全面碰撞。马戛尔尼提出的互派使节、签订通商条约等要求,均被乾隆帝以"不可更张定制"为由拒绝。清廷要求马戛尔尼行君臣之礼,马戛尔尼最后以单膝跪地作为妥协,乾隆帝以厚往薄来的原则敷衍马戛尔尼。1842 年,清朝政府被迫与英国签订中英《南京条约》,朝贡体系迅速走向瓦解。

二、中国与西方最初的接触与碰撞

1553 年,葡萄牙殖民者占领中国澳门,并于 1557 年开始在此地定居。1845 年,葡萄牙女王玛丽亚二世单方面宣布澳门为自由港,允许外国商船停泊贸易。四年之后,澳门总督亚马留被杀,清朝军队与葡萄牙军队发生冲突。

1624 年,荷兰人入侵中国台湾,对台湾进行军事占领,建立要塞。在荷兰人的亚洲贸易体系中,台湾被用于实施转口贸易,便于掠夺东南亚的香料。荷兰殖民者在入侵台湾初期,集中力量建立贸易体系。1635 年,荷兰殖民者开始征服岛上的原住民。

荷兰人入侵台湾引发中国人民的反抗,郑成功收复台湾是中国历史上一个成功抵抗外来侵略的案例。郑成功是南明重要将领,其父郑芝龙从事福建与东洋贸易。郑成功出生在海外,六岁回福建,后成为监生。郑成功后来接手父亲的工作,仰赖沿海地区的税款以及与东洋的贸易收入组建和维持军队,并凭借海战优势在厦门、金门两岛一带活动。1659 年,曾任荷兰通事的何斌提议攻取台湾,驱逐荷兰东印度公司的军队。在解决粮食问题并建立新基地之后,郑成功接受何斌的建议并随即断绝与荷兰人的贸易。1661 年,郑成功率 2.5 万名将士自金门横渡台湾海峡,第二年击败荷属东印度公司的军队。收复台湾后,郑成功以台南为基地建立承天府。

明末清初以及清末民初两个时期,西方思想开始通过各种渠道传入中国,史称西学东渐。在西学东渐的过程中,依靠来华外国人、出国的华人,以及各种报刊、书籍等媒介,以中国的澳门、香港等通商口岸和日本等作为重要窗口,西方的科学和思想文化不断传入中国。西学东渐所涉及的内容几乎涵盖近代西方科学与文化的全部内容,包括哲学、政治学、历史学、社会学、法学、文学等人文社会科学领域的诸多学科知识,以及天文学、物理学、化学、医学、生物学等自然科学领域最新的知识和方法。大量西方知识传入中国,对中国的学术、思想、政治和社会经济产生重大影响。中国人最初对西学抱排斥态度,后逐渐接受,并于 19 世纪末出现"全盘西化"思潮。

西学东渐始于明万历年间,利玛窦等一批耶稣会传教士来华,带来了最新的西方科学技术和人文思想。这一阶段的西学传入方式以传教士和一些中国人对西方科学著作的翻译为主。1605 年,利玛窦著《乾坤体义》,被《四库全书》编纂者称为"西学传入中国之始"。西学的传入对此时科学和文化发展已处于停滞状态的中国产生了深刻影响,皇帝及一些士大夫接受科学技术知识。后由于罗马教廷改变来华传教政策,引起清王朝反感,最后传教中断,西学东渐的高潮也随即过去,但较小规模的交流始终没有中断。到 19 世纪中叶,西方思潮再度进入中国。鸦片战争之后,洋务运动开启,中国人以"中学为体、西学为用"的态度对待西方先进技术。甲午战争后,严复、康有为等一批思想家转而向西方学习大量自然科学和社会科学知识,意图推动整个国家的政治改革。

16 到 18 世纪是西学东渐的早期阶段,受到西方文化影响,一批传播西学的有识之士开始涌现,其中最有名的是徐光启。生活在 16 世纪末、17 世纪初的徐光启被认为是中西文化交流和中国近代科学技术事业的先驱之一。徐光启对待西学的态度不同于魏源的"师夷长技以制夷"和冯桂芬的"中体西用",他不仅组织人才学习西方的科学和技艺,还提出逐步、全面融汇并超越的路线,希望以此改良中华文化。

徐光启是百科全书式的人物。在西学方面,他受教于主要合作者、传教士利玛窦,他深感中国传统学术在逻辑方面的欠缺和数学方面的停滞,因而高度重视演绎推理,提倡对数学的研习、普及和应用。他与利玛窦合作翻译《几何原本》前 6 卷,其中一些重要术语被沿用至今。徐光启晚年编纂集古代农学之大成的《农政全书》和系统介绍西方天文学的《崇祯历书》,他还著有军事文集《徐氏庖言》和数量可观的关于天主教的文章。徐光启还在科学技术实践方面积极作为。他多次进行天文、水利、农业等方面的科学实验,制造天文望远镜,引进西式火器,发展明军炮兵,推广番薯等高产作物,对当时中国社会进步产生积极作用。

三、日本的改变

1603 年,德川家康建立德川幕府,日本进入最后一个为期 265 年的封建武家时期,即江户时代。这一时期的日本在政治上实行封建集权制度。理论上,天皇授权德川幕府进行统治,但实际上,德川幕府是最高的统治者,地方领主为大名,其领地被称为藩,幕府和藩构成了幕藩体制。

幕府将军掌握整个国家的内政外交大权。江户时代的日本大名数量维持在 270 个左右。各大名对自己领地内的庶务有直接的支配权,幕府只进行原则性的干预。为了有效地控制地方的各个大名,德川幕府颁布了多项政策。其中最为重要的是实施参觐交代制度,大名需要向幕府将军效忠,幕府将军要求大名将家人留在德川幕府所在地——江户作为人质,大名自己每隔一年就要留住在江户。这样,幕府将军能监视大名,让大名沉迷于奢华生活,而不投资军队。幕府将军还限制大名之间相互拜访,要求大名必须获得自己的许可才能与天皇会面。除了控制大名,德川幕府还通过法令控制天皇家、公家、寺社等势力,以此保证集权体制的稳定运行。

德川时期的日本社会被严格划分为武士、农民、手工业者和商人四个阶层。日本社会的各个阶层之间的流动在德川幕府之前还存在。为维护特权,幕府通过法令规定百姓须遵循世代家业,要安于本分,不可改变职业,导致不同阶层之间的流动受限。

新儒学、佛教传播和世俗化成为这一时期日本文化的主要特征。新儒学是德川幕府的官方意识形态,它提倡学习中国的语言文学。宗教方面,日本社会盛行从中国传来的佛教。德川时代的城市文化特点主要体现为世俗化,茶楼、剧院、妓院和公共浴室数量增长,新的戏剧类型歌舞伎出现。

16 世纪早期到 17 世纪初,日本积极与安南、吕宋等地进行贸易,与中国和葡萄牙展开商业竞争。德川家康主政时积极拓展对外贸易,日本的对外贸易施行朱印船制度,出洋进行贸易的船只须获得幕府将军盖印的朱印状,上面详细记载获准的航行目的地及日期,日本西南大名与商人在正式闭关之前利用朱印船在东南亚等地进行贸易活动。

1633 年,德川幕府正式颁布锁国令,不准海外日本人回国。事实上,自丰臣秀吉时代开始,日本政府已发觉西班牙天主教会的威胁。为防止被殖民,防止西方思想传入,保障国内稳定及垄断对外贸易,1624 年,日本与西班牙绝交,禁止西班牙船只往来日本及菲律宾。1639 年,德川幕府最后一次颁行锁国令,禁止基督教传教活动,并禁止与葡萄牙的贸易,只容许荷兰人及中国人在长崎出岛贸易,对朝鲜的贸易集中在对马岛的对马府中藩,对虾夷人及西伯利亚民族的毛皮贸易则集中在北海道的松前藩;至于其他国家,则一律拒绝贸易往来。

闭关锁国思维主导下的幕府对来日的外国人进行严格控制。1689 年,幕府在长崎港设置唐人屋敷,专供来日本的中国人居留,幕府还设置新地,专门用作中国船只的贸易仓库,葡萄牙人和荷兰人则被安排在出岛。尽管如此,日本在这一时期与西方世界的交流也已开始,其中最为重要的是兰学的兴起。

兰学是对江户时代经荷兰传入日本的学术、文化、技术的总称。17 到 18 世纪,荷兰是欧洲经济富裕和科技先进的国家之一。自 17 世纪 40 年代以来,荷兰商人是唯一获许在日经商的欧洲人,尽管行动常受到幕府的严格限制,荷兰人还是成功地把西方科学知识带入日本。日本人从荷兰人那里购买和翻译了许多有关科学的书籍,获得了很多工业制品。

1640 年到 1720 年是兰学发展的开端阶段。这一时期的兰学引入和传播受到幕府的严格限制,荷兰人在长崎的商行除了从事正式的贸易业务,还被准许在一定程度上参与私人贸易。于是,售卖西方珍奇物品的市场在长崎一带形成,日本民间得以有机会获得各种西方的工业品。另外,由于荷兰人在出岛派驻了医生,一些幕府政府的官员往往在当地缺乏医生时向荷兰医生求诊,这导致了西方医学知识的传入。

1720 年,德川幕府大将军德川吉宗撤销对外国书籍的禁令。当时,数千部有关兰学的刊物得以出版,并在日本人之间传阅,江户、大阪和京都等人口众多的大都市为兰学的兴起提供了有利的条件。一些兰学作品广为流传,例如 1787 年森岛中良出版的《红毛杂话》,记载了包括显微镜、气球、大型轮船、西方医院和疾病等在内的来自荷兰的新事物和新知识。

总体而言,兰学主要包括医学、物理学方面的知识。自 1720 年起,医学典籍纷纷传入,引发传统汉医学者和兰学生之间的争论。日本学者开始注意到欧洲医术的精确性。1804 年,华冈青洲首次在乳腺癌手术中施行全身麻醉,这比西方学者早了四十年。物理学方面,一些早期兰学家已开始涉猎 17 世纪西方新出现的物理学理论。1798 年,荷语翻译家志筑忠雄翻译并出版了《历象新书》,他在书中创造了包括重力、引力在内的诸多沿用至今的新科学词汇。自 1770 年起,电学实验开始在日本普及。用于静电实验的莱顿瓶在这一时期被引入日本并得到改良。1811 年,日本首部电力学著作由桥本宗吉写成并出版,书中记载了许多电力学的知识,包括发电装置、人体导电及富兰克林有关闪电的实验。

除了自然科学领域,兰学的发展还使日本人开始考虑制度改革的问题。多数兰学家主张进一步吸收西方新知识并扩大对外贸易,从而提升国力并推进现代化。19 世纪 50 到 60 年代,幕府进入了统治末期,日本政府结束锁国政策,向西方先进国家派遣留学生,并聘用大量外国人教授新知识和担任顾问,兰学逐渐式微。尽管如此,兰学让江户时期的日本人了解西方科技与医学,学习欧洲科学革命的成果,使日本没有完全与当时西方科技发展脱节,得以建立初步的科学基础,奠定日本早期科学根基。兰学的形成和发展被很多历史学者认为是 1854 年日本开放后迅速实现近代化的原因。

第三节 伊斯兰世界的发展

与欧洲资本主义国家的快速发展相反,16 至 18 世纪的三大伊斯兰帝国中,尽管奥斯曼帝国的苏莱曼大帝进行了一系列改革,推动了帝国经济、政治和文化的进步;萨法维帝国和莫卧儿帝国也进行了一系列的改革,强化了中央集权统治,但因为没有赶上全球资本主义发展的步伐,先后走向衰落。

一、三大伊斯兰帝国

奥斯曼帝国于 1299 年建立,持续存在到 1923 年。奥斯曼帝国由伊斯兰教中的逊尼派组建和控制,以伊斯兰教为国教,其国名来自创立者奥斯曼一世。

奥斯曼帝国在建立之后旋即对外扩张。1389 年,帝国军队在科索沃战役中战胜巴尔干诸国同盟军,占领东南欧的色雷斯、马其顿、塞尔维亚和阿尔巴尼亚等地区。1453 年,帝国军队攻占君士坦丁堡,将其更名为伊斯坦布尔,延续千年的拜占庭帝国灭亡。帝国军队占领叙利亚和埃及,1521 年,攻占贝尔格莱德。1526 年,帝国军队在摩哈赤之战中击败并杀死匈牙利国王。1529 年,帝国军队包围维也纳。1534 年,帝国军队攻占巴格达。到 16 世纪中期,苏莱曼大帝治下的奥斯曼帝国达到顶峰,国土横跨欧亚非三洲,可以支配除摩洛哥和波斯外的整个中东地区。首都巴格达人口超百万,以巴格达为中心,帝国内部建立了发达的陆地交通网络,向东经伊朗高原与东亚接壤,向南可以到达阿拉伯半岛,向西可以经过埃及、叙利亚到达北非和伊比利亚半岛。

奥斯曼帝国在苏莱曼大帝执政期间进行了一系列改革。按照伊斯兰传统,帝国的最高法律是伊斯兰教法,是伊斯兰教至高无上的法规,即便是最高领导者苏丹也无权更改。但帝国内还有另一套被称为"卡农"的法律,它包括刑法、土地所有权法和税法等,这些法律可以根据苏丹的意愿制定和修改。为了适应帝国快速发展的需要,在首席法官的支持下,苏莱曼对帝国的法律进行了改革。他下令搜集和整理之前 9 位苏丹的全部判决,颁

苏莱曼大帝

布了一部新的单行法典——《苏莱曼法典》,该法典被使用了三百多年。

苏莱曼还颁布针对非穆斯林臣民的法典,改革针对非穆斯林的征税管理法规,把非穆斯林人员的地位提高到农奴之上,这吸引了帝国之外的基督徒农奴,他们的迁入使帝国从中获利。苏莱曼还对犹太人采取了保护措施。1553 年,他颁布敕令正式废除反犹太人的血祭诽谤。此外,他还颁布新刑法和治安法,减少死刑和断肢刑判罚。苏莱曼还对征税体制进行了改革,使得牲畜、矿产都可以作为税款上缴。

苏莱曼进行教育改革,使男性穆斯林可以进入宗教基金资助的清真寺附属学校学习。在首都伊斯坦布尔,小学的数量增加到 14 所。学生们可以在小学毕业之后进入 8 所伊斯兰学校(相当于欧洲的学院)深造,学生们在那里可以学习语法、形而上学、哲学、天文学和占星学等学科,毕业之后有机会成为伊玛目(领拜人)或教师。

16 世纪初到 18 世纪早期,伊朗高原出现了另外一个伊斯兰帝国——萨法维帝国。萨法维帝国起源于 14 世纪阿塞拜疆地区一个非常活跃的苏非教团,教团的创立者是库尔德人萨法维。萨法维本人来自今伊朗境内的阿尔达比勒地区。蒙古帝国的西侵导致今伊朗西北和安纳托利亚东部产生权力真空,社会陷入混乱,萨法维试图通过建立教团重建社会秩序。

15 世纪,苏非教团在帖木儿帝国衰落之际发展壮大。教团领袖将组织改造成一个试图获取伊朗统治权的什叶派组织,被称为十二伊玛目派。15 世纪,奥斯曼帝国不断扩张,占领整个安纳托利亚地区,为了控制被占领地区,奥斯曼帝国统治者开始迫害什叶派。15 世纪末,奥斯曼帝国禁止什叶派活动。1501 年,萨法维教团联合反对奥斯曼帝国的阿塞拜疆和东安纳托利亚土库曼民兵推翻白羊王朝土库曼逊尼派君主的统治。

此时的萨法维教团由创始人萨法维的后代伊斯迈尔一世领导。为进一步巩固王权,伊斯迈尔一世自称萨珊王朝后裔,称自己为沙阿。伊斯迈尔一世在攻占大不里士后正式创建萨法维帝国。1501 年 5 月,伊斯迈尔一世定都大不里士,自称阿塞拜疆沙阿。伊斯迈尔一世的军队继续向伊朗西北进攻,他们击退奥斯曼帝国军队,并消灭白羊王朝的残余势力。为了对付奥斯曼帝国,萨法维帝国联合奥地利的哈布斯堡王朝,形成哈布斯堡-波斯同盟。

伊斯迈尔一世将什叶派立为国教,下令迫害逊尼派。1587 年,阿拔斯一世登基。1590 年,萨法维帝国与奥斯曼帝国达成和平协议,将西北地区让给奥斯曼帝国。阿拔斯一世在军事方面进行了一系列改革,他引入火药,雇佣英国军人改组军队,使之变为一支职业化、训练有素的正规军。阿拔斯一世治理之下的萨法维帝国实力达到顶点。

萨法维帝国的皇帝们采取了各种措施发展文化。书法家和画家阿巴西将新素材引入波斯绘画,他的绘画和书法对萨法维帝国的艺术家影响巨大,这些艺术家被统称为"伊斯法罕学派"。17世纪,受到欧洲文化影响,萨法维帝国的艺术家们开始接受新的绘画技巧。太美斯普一世在位时期创作的史诗《列王纪》是其中的典范。伊斯法罕的建筑是萨法维帝国建筑的典范。阿拔斯一世于1598年迁都后建造了包括帝国清真寺、王宫在内的一系列建筑。

从17世纪开始,帝国的民兵逐渐演化为管理机构中的官僚。一个主要由亚美尼亚人、格鲁吉亚人和印度人组成的新商人阶层逐渐壮大。制瓦业、陶瓷业和纺织业等得到发展,一个设计和生产专业化的地毯编织产业形成。

16世纪,南亚印度地区兴起了另一个伊斯兰帝国。1526年,巴布尔的军队攻陷德里,创立莫卧儿帝国。"莫卧儿"在波斯语里意为"蒙古人"。莫卧儿帝国的疆域从喀布尔经旁遮普一直延续到孟加拉边境,最终,整个南亚次大陆都被其征服和控制。

莫卧儿帝国真正的奠基者是巴布尔的孙子、帝国的第三任皇帝阿克巴。阿克巴于1556年登基,执政近半个世纪。他在政治、文化方面的一系列建树对帝国本身和印度地区产生了深远影响。

阿克巴创立了君主专制的中央集权官僚政治体制。皇帝集各种权力于一身,身边有四位大臣辅助。宰相维齐尔的职位得以保留,但无实权。全国被划分为15个省,各省由省督主管,省督身边有四位重臣辅佐。各省的省督由财政、税务和民事审判官监督。帕尔加纳是农村的行政核心,其行政首长为阿米勒。省与县之间设置被称为萨尔卡尔的管辖专区,由福吉达尔负责军事、行政、司法和警备事宜。莫卧儿王朝的行政制度实行军事化管理。从阿克巴开始,所有文武官吏被分为38级,按品级高低享有不同的薪水和军事领地。

阿克巴的另一大成就是推动了帝国境内的民族融合以及不同宗教、文化的共存。阿克巴采取开放的民族与宗教政策,以平等和包容的态度对待帝国境内的所有信仰;对非穆斯林采用宽容政策,废除非穆斯林的人头税,允许印度教徒恢复原有的信仰和习俗,改变原来仅任命突厥人、阿富汗人与伊朗人担任高级官

吏的传统,任用信奉印度教的本地人;允许帝国的居民使用印地语、泰米尔语、孟
加拉语等数百种印度语言。阿克巴还采用怀柔政策对待原住民拉其普特人中的
王公贵族。为此,他迎娶土著领袖之女为皇后,推动了本土化融合政策的实施。
阿克巴本人亲自翻译梵语文学并参与国内的印度教庆典,帝国的文化和艺术发
展水平在其治下达到了印度历史上的巅峰。最终,阿克巴成为首位真正融入印
度文化、获得印度人信任的莫卧儿皇帝,奠定了帝国以及南亚次大陆多元文化的
基础,对印度历史影响极其深远。与此同时,帝国的版图及财富在其治下均扩张
至原来的三倍。

　　阿克巴死后,其子贾汉吉尔继位。贾汉吉尔统治末年,帝国开始面对一系列
挑战,贾汉吉尔最终成功地控制了局势。他镇压了发生在艾哈迈德讷格尔的穆
斯林叛乱,在孟加拉击退了葡萄牙人,吞并拉吉普特人的王国巴兰和布德可汉,
占领德干高原上的比贾布尔和戈尔康达。但贾汉吉尔的穷兵黩武使帝国变成了
一台巨大的战争机器,耗尽了帝国的财力,军事贵族和军队的数量扩大了几乎四
倍,其急剧扩张增加了民众的负担。

　　贾汉吉尔死后,其子沙·贾汉继任。沙·贾汉改变了其父穷兵黩武的做法。
在他统治期间,帝国的经济得以恢复,拉合尔、德里、阿格拉等大型商业和手工中
心形成。沙·贾汉将首都从阿格拉迁往德里。帝国的艺术和建筑成就到达顶
峰。他为爱妻修建了泰姬陵,还在德里修建了红堡,在拉合尔堡修建了著名的沙
利马尔花园。

● 彩　图

泰姬陵

泰姬陵

17 世纪 60 年代到 18 世纪初期,莫卧儿帝国在皇帝奥朗则布执政时期达到顶峰。领土几乎囊括整个南亚次大陆,以及中亚的阿富汗等地。

二、伊斯兰世界与外部的交往

三大伊斯兰帝国自诞生之日起就不断地通过军事征服的方式扩张,军事征服在带来紧张的敌对关系的同时,也推动了一系列的交往。

奥斯曼帝国位于东西文明交汇处,控制东西方陆上交通线长达 600 多年,其影响延伸到印度洋地区,建立了环印度洋交通网络。16 世纪,苏莱曼大帝在位之时,控制了不少中东欧国家。奥斯曼帝国在军事上的成功给欧洲人的生活带来了东方世界的异域魅力,欧洲在 18 世纪掀起了一股崇尚奥斯曼帝国文化的风尚。

1536 年,苏莱曼大帝与法国国王弗朗索瓦一世缔结法国-奥斯曼帝国联盟。这是基督徒国家和非基督徒帝国之间缔结的第一个非意识形态外交联盟。双方的同盟关系在法国亨利二世执政期间达到顶峰。联盟持续了两个半世纪,直到拿破仑战争后结束。尽管因为宗教因素饱受攻击,联盟对奥斯曼帝国的安全和外交仍起到了至关重要的作用。联盟关系也被法国视为最重要的对外关系之一,联盟在意大利战争期间发挥了重要作用。

尽管疆域从未超越过波斯帝国,萨法维帝国依旧在当时的世界贸易中占据核心位置,它是中国、印度、俄国、西南亚和地中海区域商业网络的枢纽。16 世纪,通向印度的丝绸之路再次复苏,这条路经过萨法维帝国北部。阿拔斯一世支持发展与欧洲的贸易,强化了与英国东印度公司和荷兰东印度公司之间的贸易关系。波斯的地毯、丝绸等在英国和荷兰非常受欢迎,此外,萨法维帝国还出口马、羊毛、珍珠和在印度作为调味品的杏仁,进口硬币、纺织品、香料、金属、咖啡和糖。阿拔斯一世在位期间,将与英国的关系置于重要位置,英国向萨法维帝国出口火药并派军官帮助其进行军事改革,1622 年,英国海军协助萨法维帝国军队重新占领了波斯湾中的霍尔木兹。

17 世纪下半叶,萨法维帝国与东南亚的阿瑜陀耶王国建立了密切的外交和经济关系。阿瑜陀耶王国于 1351 年创立,与中国长期保持良好的贸易关系。17 至 18 世纪,阿瑜陀耶王国成为东南亚强国。与古代泰国的各王朝一样,阿瑜陀耶王国充分利用自己处在中国、印度、欧洲连接点上的位置优势,与中国、日本、琉球等东亚国家,以及东南亚诸岛、西方国家等进行贸易。萨法维帝国通过建立与阿瑜陀耶王国的经济和文化纽带,将自己接入了与亚洲的联系。

三、伊斯兰世界的衰落

东西方之间的商路在 17 世纪转移到海上,这导致了萨法维帝国贸易和商业的衰落。此外,阿拔斯一世虽然不断取得军事胜利,但是长期战争带来的繁重的税收削弱了国家力量。除了阿拔斯二世,阿拔斯一世以后的历任统治者都极度昏庸。1666 年,阿拔斯二世去世,成为萨法维帝国衰落的开端。尽管国库空虚并且外患不断,这些继任的沙阿都过着十分奢侈的生活。他们对内赋以重税,打击投资,官员腐败不断加剧。帝国内部的各种危机导致外部的入侵,俾路支部落于 1698 年劫掠克尔曼,阿富汗人于 1717 年劫掠呼罗珊,美索不达米亚不断受到阿拉伯人的洗劫。内忧外患之下,帝国的政治局势开始走向动荡。1760 年,伊斯迈尔三世短暂的傀儡统治结束,卡里姆汗正式登基,萨法维帝国终结。

莫卧儿帝国在 1701 年到 1720 年间就陷入了各种危机,大兴土木带来了沉重的赋税。莫卧儿帝国皇帝奥朗则布去世后,莫卧儿帝国的社会经济状况江河日下。1757 年之后,莫卧儿帝国逐渐被英国的东印度公司掌控。1857 年,印度民族大起义爆发,英国平定叛乱,隔年流放没有实权的莫卧儿帝国皇帝巴哈杜尔·沙二世,直接统治印度。

奥斯曼帝国是 15 世纪至 19 世纪期间唯一能同崛起的欧洲基督教国家对抗的伊斯兰势力,但奥斯曼帝国最终不敌欧洲国家强大工业力量的冲击。19 世纪初,奥斯曼帝国开始成为英法等国家的近东战略的一环,英法利用奥斯曼帝国干扰俄罗斯在欧洲的扩张。第一次世界大战中败给协约国之后,奥斯曼帝国分裂。凯末尔成功推翻苏丹的统治并放弃部分帝国的疆域,建立主权独立但面积较小,仅控制色雷斯及小亚细亚的土耳其共和国,奥斯曼帝国至此灭亡。

三大伊斯兰帝国的灭亡有着共同的原因。一个原因是宗教矛盾。穆斯林领袖垄断教育,宗教人士与皇帝矛盾重重。宗教冲突同样困扰着莫卧儿帝国,18 世纪中期,奥朗则布压迫非穆斯林,加剧逊尼派、什叶派和苏非派间的矛盾,加深印度教徒和其他非穆斯林对穆斯林的仇恨。

经济和军事的衰败是导致三大帝国灭亡的另一个原因。帝国维持军队和政府部门所需的花费巨大,在遇到经济危机的时候,这个矛盾十分突出。为了满足政府和军队的开支需要,帝国不得不提高税收,甚至卖官鬻爵。另外,三大帝国均依靠向西方购买武器壮大自己的军队,帝国内部并没有建立大型的军工企业,以实现自力更生,单纯依靠武器进口,耗费大量的财力,实际上也并未提升本国的军事实力。

伊斯兰帝国抵制来自西欧社会的文化影响,阻碍某些理念传播,因为它们挑战了伊斯兰帝国的社会和文化秩序。伊斯兰帝国对欧洲的文化和技术进步不屑一顾,销毁已引进的自然科学仪器,认为它们亵渎真主。出于宗教信仰的原因,帝国政府禁止印刷突厥语或阿拉伯语书籍。帝国政府出于审美的需要,阻碍印刷出版行业的发展,因为与廉价印刷品相比,学者们和普通读者更偏爱典雅的手抄本书籍。

本 章 小 结

16 至 18 世纪,西班牙和葡萄牙在美洲建立了庞大的殖民地体系,殖民地在政治上高度复制了伊比利亚半岛两个国家的模式,使得美洲殖民地在政治、经济和文化上都从属于这两个国家。英国以新英格兰为中心的新殖民地社会在 17 世纪开始形成,随着美国独立战争的爆发,其对日后的历史产生了巨大的影响。美洲种植园经济的发展形成了对劳动力的巨大需求,欧洲殖民者开始从非洲贩卖奴隶。罪恶的三角贸易将大量的人从非洲转卖到美洲等地,对非洲本土社会造成了巨大的伤害,同时也强化了奴隶制和种族主义。在这一时期,西伯利亚广袤的土地被并入俄国,推动了欧洲东部乃至远东地区的发展。在东亚,朝贡体系遭遇了新的挑战,西学东渐的形成是西方在思想文化和科学技术上与中国进行接触的结果。而在日本,兰学的传入与兴起为日后日本脱亚入欧,走上资本主义近代化道路奠定了基础。在伊斯兰世界,三大帝国的辉煌时期终结。

思考题

1. 简述西班牙加强美洲殖民地的措施及其作用。
2. 比较英国和法国对北美殖民地的统治方式的异同。
3. 分析大西洋奴隶贸易的特点和影响。
4. 简述 16—18 世纪东亚与西方的关系。
5. 简述伊斯兰世界衰落的原因和表现。

扩展阅读

1. 张锡模：《圣战与文明：伊斯兰与西方的永恒冲突》，北京：生活·读书·新知三联书店，2014 年。

2. 马丁·梅雷迪斯：《钻石、黄金与战争：英国人、布尔人和南非的诞生》，李珂译，杭州：浙江人民出版社，2022 年。

第七章 全球互动

　　1750 年至 1870 年间，世界上几乎每个地区都经历了巨大的政治、经济和社会变革。从工业革命开始，美国革命、法国大革命，以及拉丁美洲的独立革命，改变了这些国家所在地区乃至整个世界的政治和经济生活。欧洲国家逐渐将它们侵略的魔爪伸向非洲、亚洲等地，而俄国通过武力征服大量土地，成为横跨欧亚大陆的帝国，美国则不断向北美西部推进，获得广阔的新领土。

　　工业革命带来新的技术和生产模式，相关国家社会财富增加，军事力量增强。西方的生活变得更加世俗化。大西洋奴隶贸易和奴隶制度陆续被废除。始于 18 世纪中叶的经济、政治和社会革命动摇了欧洲文明的基础，并导致西方势力在全球的扩张。文明和地区互动不再局限于欧亚大陆内部，开始呈现全球互动的模式。在这种新型的全球互动中，亚洲、非洲和拉丁美洲的一些国家试图以改革的方式巩固摇摇欲坠的帝国基础，而另一些国家则推动更彻底的革命。在这样的全球互动中，西方国家的主导地位显得格外突出。

第一节　全球政治的形成

　　从美国革命到法国大革命，从法国大革命到海地革命，政治革命在大西洋世界形成多米诺骨牌效应，是全球政治形成的标志性事件。经济、政治和社会生活也发生深刻的变化。工业革命提高制造业生产率，导致全球各国相互依存程度提高，出现新的消费模式，并改变了社会结构。与此同时，知识分子对君主制和宗教在社会中的地位提出质疑。启蒙运动中的新观点实际上指导了 18 世纪末的革命运动。

在以西方为主导的全球政治的形成过程中,这种根本性的转变并非从一开始就是全然正确的,也并非从未遭遇挫折。老牌帝国极力阻止殖民地的丧失;君主和贵族努力保持他们古老的特权;教会反对科学的主张。虽然在18世纪革命运动中诞生的"自由主义"和"民族主义"两大旗帜在欧洲和美洲时常遭遇旧势力的阻碍,但改革者们始终不断奋斗。

一、美国革命

欧洲18世纪的危机吹响大西洋革命的号角。欧洲列强展开对殖民地和贸易的争夺,并引发全球范围的战争,其结果是形成了从美国革命开始的"大西洋革命时代"。英国、法国和西班牙是这些全球斗争的主要参与者,其他帝国也参与其中。这些战争也教育了欧洲人民,推动欧洲思想和政治环境发生关键性变化。启蒙运动之后,任何扩大君权或征收新税的企图都会引起人们对君主权力和政治机构权威的质疑。

1763年击败法国后,英国政府发布公告,限制白人向西部迁移定居。这既未满足农民的要求,又未有效地保护美洲印第安人的土地,在殖民地激起强烈的不满。另一个让殖民者深感不满的法令是1765年的《印花税法案》。该法案对所有法律文件、报纸、小册子等几乎所有印刷品征税。1770年3月5日,英国士兵向愤怒的波士顿人群开枪,造成5名平民死亡。殖民地与英国彻底决裂的呼声空前强烈。

英国授予东印度公司北美茶叶垄断权的行为,再次向殖民地人民表明议会有权向殖民地征税。当抗议者向波士顿港中倾倒茶叶时,危机达到了顶点。1775年,大陆会议的代表们在费城开会;与此同时,爱国民兵已经在莱克星顿和康科德与英军作战。这些事件推动殖民地走向革命。大陆会议行使政府权力,创造殖民地货币,并组织一支由乔治·华盛顿领导的军队。乔治·华盛顿是弗吉尼亚州的种植园主,曾在抗击法国和印第安人的战争中服役。

刚从英国移民北美不久的托马斯·潘恩撰写了具有煽动性的小册子《常识》,促进了民众对北美独立的支持。1776年7月4日,大陆会议批准《独立宣言》,该文件声明,我们认为下列真理不言而喻:人人生而平等;造物主赋予他们若干不可剥夺的权利,其中包括生命权、自由权和追求幸福的权利;为了保障这些权利,政府得以建立,其正当权力来自被统治者的同意。《独立宣言》对人民主权和个人权利的肯定即将影响世界各地革命。

英国迅速增派军队镇压殖民地的反抗。但 1777 年末,英国将军伯戈因在萨拉托加被霍雷肖·盖茨将军击败。1778 年,英国在萨拉托加的战败也促使法国作为美国的盟友参战。事实证明,法国的军事援助至关重要,它为大陆军提供物资,迫使英国人抽调兵力保护他们在加勒比海的殖民地。

1781 年,在弗吉尼亚州约克镇战役中,法军的贡献最为明显。在法国士兵和法国舰队的支持下,乔治·华盛顿接受查尔斯·康沃利斯将军的投降。这一战役的胜利有效地结束了北美独立战争,大陆会议派代表参加和平谈判,并指示与法国合作。美国和议代表团认为,法国更关心的是遏制英国的力量,而不是保证美国强大,因此选择直接与英国谈判,并于 1783 年达成《巴黎条约》。条约约定殖民地无条件独立,并将西部边界向密西西比河推进。作为回报,美国承诺偿还战前欠英国商人的债务,并承诺效忠派可取回被大陆军没收的财产。

早在 1777 年,第二届大陆会议就将《邦联条例》这部美国第一部宪法送交各州批准,但其直到 1781 年才被接受。按照《邦联条例》,这个新国家建立起一个一院制的立法机构,每个州都有一票。行使行政权力的是一个委员会,而不是总统,据此,美国建立了一个软弱的政府。

美国许多有权势的政治人物认识到,邦联政府无法执行《巴黎条约》中那些不受欢迎的条款,例如,承认效忠派的财产要求,支付战前债务,向退伍军人支付军饷和养老金。弗吉尼亚州于 1786 年 9 月邀请其他州召开一次会议,讨论政府无法解决贸易问题的议题。会议呼吁在费城召开一次新的大会;而与此同时,在马萨诸塞州西部,一场由老兵谢斯领导的叛乱使新的大会的召开更具必要性和紧迫性。

1787 年 5 月召开的制宪会议是美国革命的继续,可谓实现非暴力的第二次美国革命。代表们宣布大会的宗旨:使联邦政府的宪法足以满足联邦的迫切需要。

大会辩论的重点是代表权、选举程序、行政权力以及联邦政府与各州之间的关系;最终达成妥协,实行行政、立法和司法三权分立,并在联邦政府和各州之间划分了权力。总统作为行政长官,将由各州通过投票选出的"选民"间接选举产生。

《签署美国宪法》

二、法国大革命

法国大革命破坏了传统的君主制和世袭贵族制度及天主教会的权力,但与美国革命不同,法国大革命并没有建立持久的制度和机构。北美殖民地的革命并不像法国那样,需要直接面对和反抗教会、君主和贵族根深蒂固的特权。不过,法国大革命也堪称世界现代史上的经典革命,提升了大众对政治生活的参与度,并使从英国革命和美国革命的经验中继承下来的民主传统更加激进。法国大革命释放出的政治激情也最终导致乌合之众的革命和拿破仑的独裁。

(一)法国社会与财政危机

法国社会分为三个等级。第一等级是神职人员,在法国的 2 800 万人口中,这个等级大约有 13 万人,拥有全国约 10% 的土地,并以什一税和教会费的形式获取大量财富,几乎不纳税。第二等级是庄园贵族,他们有 30 万人,大部分保留古代特权。贵族拥有最高的行政、司法、军事和教会职位。第三等级包括其他所有人,从富有的金融家到乞丐都属于这个等级。

奥地利王位继承战争引发王室的财政危机。路易十五试图对贵族和其他特权阶层征收新税,导致广泛的抗议。七年战争产生的新债务加深危机,迫使国王采取紧急财政措施。巴黎高等法院抵制这些措施,王室随即解散了法院,并推行一系列不受欢迎的财政措施。

1787 年,绝望的国王路易十六召集贵族大会,计划对经济政策进行彻底而全面的改革。尽管国王的顾问们从贵族、司法机构和神职人员中选出代表参会,但事实证明,这些特权代表不愿意支持改革。

(二) 1789—1792 年抗议转向革命

在失望中,国王解散贵族大会,并试图自己实施改革,但他的努力遭到司法部门和民众的抗议。精英阶层拒绝给予必要的税收优惠,迫使国王重新召开三级会议,这是一个传统的咨询机构,但自 1614 年以来从未召开过。一方面,富人自私自利、贪婪无度,他们不愿增加税收;另一方面,普通大众陷入极度贫困之中。这都为革命创造了条件。

1788 年末和 1789 年初,来自全国三个等级的代表聚集一堂,讨论时局,并选举代表在凡尔赛会面。第三等级的代表大多是富有的人,一些人对国王的大臣感到愤怒,并倾向于通过选举产生的立法机构促使法国实行君主立宪制。许多庄园贵族和神职人员同情第三等级的改革诉求,但在程序和政策问题上存在深层次分歧,因为这些改革措施限制第一等级和第二等级的权力。然而,一些神职人员和庄园贵族最终加入了第三等级。

在六周的僵局之后,第三等级与其他等级的盟友自行召开国民大会。他们的威信越来越高,国王遂将他们的会场锁了起来。他们不得不到一个室内网球场开会,并承诺要起草一部宪法。1789 年 7 月 14 日,一群人袭击了巴士底狱,巴士底狱是中世纪专制堡垒的象征。与此同时,农民起义爆发。农民洗劫庄园,销毁记录他们传统义务的文件。他们拒绝向土地所有者缴纳税费,并没收公共土地。国民大会不得不正视这些农民的诉求,通过投票取消贵族和教会的特权,从根本上结束封建制度。

这些起义加强了国民大会的力量,国民大会最终通过《人权与公民权宣言》(一般称为《人权宣言》),其中规定未来宪法的原则,列举的自然权利包括“自由、财产、安全和反抗压迫”。国民大会更名为立法议会,议员们接管教会,没收其土地作为新纸币的抵押品,授权选举牧师,由政府付薪。当议会迫使牧师宣誓效忠时,许多天主教徒加入了日益壮大的反革命运动。起初,欧洲许多君主坐视法王君主权力被削弱,但到 1791 年,奥地利和普鲁士威胁要干预革命,支持君主制。立法议会以宣战作为回应。战况一开始对法国军队很不乐观,但全国人民同仇敌忾,组建了庞大的志愿军,举全国之力迎接挑战。

攻占巴士底狱

（三）1793—1794 年的"恐怖"

在国内外双重危机和压力下,法国大革命进入最激进的阶段。国王和王后试图逃离巴黎,使王室彻底失去民众的支持。1792 年 8 月 10 日,一群人攻入国王在巴黎的宫殿,迫使国王向立法议会寻求保护,议会终止他的权力,并下令将他监禁。这些行动推动建立新的立法和执行机构,即国民公会。

在民众情绪的驱使下,新组建的国民公会判定路易十六犯叛国罪,判处他死刑,并宣布法国为共和国。1793 年 1 月,国王被送上断头台。这些事件引发了一场范围更广的战争,几乎所有欧洲大国都加入了反法同盟。

法兰西共和国的新立法机构——国民公会召开会议。几乎所有成员都来自中产阶级,几乎所有人都是雅各宾派——最不妥协的民主派。然而,深刻的政治分歧将雅各宾派分裂为温和派与激进派。温和派被称为"吉伦特派",以法国南部的一个地区命名;激进派被称为"山岳派",因为他们的座位位于议会大厅的最高层,领导人是罗伯斯比尔。

面对各省的叛乱和外国入侵,罗伯斯比尔及其盟友发起恐怖镇压行动,这一时期被称为"恐怖统治时期"(1793—1794)。

1794 年春,革命已经摆脱国内外的敌人,但镇压仍在继续。受害者中有罗伯斯比尔在恐怖统治时期最亲密的政治盟友。这些前盟友被处决削弱了罗伯斯比尔的力量,预示着他的倒台。1794 年,法国的胜利使迫在眉睫的外国威胁得以消除,保守派在国民公会中投票批准逮捕罗伯斯比尔,并于 1794 年 7 月下令处决罗伯斯比尔及其近百名盟友。

(四)1795—1815 年拿破仑统治的兴衰

国民公会清除罗伯斯比尔的盟友后,开始废除激进的改革措施;取消抑制物价和保护工人阶级的紧急经济令,也不再放任民众的暴力游行。1795 年,当巴黎工人阶级起来抗议时,国民公会以压倒性的军事力量做出回应,允许天主教会恢复其以前的大部分势力,但没有归还没收的教会财产,还制定了一部更为保守的宪法,保护财产,创立削弱民众力量的投票程序,并创设一个新的执行机构——督政府。

1797 年大选失利后,督政府拒绝放弃权力。政治权威依赖强制力量,而不是选举。两年后,法国军队中的年轻将军拿破仑·波拿巴夺取政权。

拿破仑试图实现法国统治欧洲的梦想,同时为国内人员和财产提供有效保护。他与天主教会展开谈判,于 1801 年签订协议。这项协议赋予法国天主教徒自由传播宗教的权利,但也承认法国政府有权提名主教,并由政府向牧师付薪。

拿破仑在 1804 年颁布《法国民法典》,坚持两项基本原则——法律平等和财产保护,赢得农民和中产阶级的支持。1804 年,拿破仑宣布自己为皇帝,建立法兰西帝国,争取到一些贵族的支持。

《法国民法典》剥夺妇女的基本政治权利,只允许她们在父亲和丈夫的指导和监督下参与经济生活。

1807 年,拿破仑入侵葡萄牙,1808 年入侵西班牙,并且希望再次将法国的势力扩展到美洲。英国支持的西班牙和葡萄牙爱国者力量最终在一场代价

《拿破仑越过圣贝尔纳山》

高昂的冲突中牵制住法国军队。由于对伊比利亚半岛发生的事件感到沮丧,面对严峻的经济形势,拿破仑做出入侵俄国的决定。1812 年 6 月,他率领欧洲有史以来规模最大的军队,入侵俄国。他的军队占领莫斯科,但五周后放弃这座城市。在撤退期间,俄国的严冬和俄军的袭击摧毁了拿破仑的军队。3 万人疲惫不堪地回到法国。

法国在俄国溃败后,奥地利和普鲁士抛弃拿破仑,与英国和俄国结成联盟对抗法国。由于无法保卫巴黎,拿破仑于 1814 年 4 月退位,被流放到意大利海岸外的厄尔巴岛。获胜的盟国随后恢复法国君主制。次年,拿破仑逃离厄尔巴岛回到法国,但 1815 年,反法盟军在比利时滑铁卢击败他的军队。他被放逐到南大西洋的圣赫勒拿岛,直至 1821 年去世。

三、革命后的全球秩序

美国革命和法国大革命是世界近代史上的"经典革命",不仅因其联系性而具有全球互动的意义,而且产生了全球影响。即使拿破仑的独裁统治削弱了法国大革命的民主遗产,革命意识形态仍在欧洲和美洲传播和扎根。在欧洲,法国大革命促进了民族主义和自由主义的传播。在美洲,美国革命和法国大革命的遗产引发了独立斗争。法国发生革命的消息动摇了法国殖民地海地的殖民政权,这里发起了一次成功的奴隶起义。然而,在欧洲,革命的传播受到保守君主联盟的一致遏制,该联盟致力于阻止进一步的革命爆发。

(一)海地革命

1789 年,法国殖民地海地是美洲最富有的殖民地之一。其蔗糖、棉花、靛蓝和咖啡的产量占法国热带进口产品量的三分之二,占法国全部对外贸易量的近三分之一。这些财富依赖于残酷的奴隶制度。海地奴隶遭受的严厉惩罚和恶劣的生活条件在整个加勒比地区都是臭名昭著的。奴隶的高死亡率和低生育率导致对非洲奴隶无休止的需求。1790 年,这块殖民地约有 50 万奴隶。

法国的政治动荡削弱了海地殖民管理者的权威。1791 年,海地革命爆发。一场始于北方种植园的奴隶叛乱改变了这场冲突的走向。反叛的奴隶毁坏种植园,杀害他们的主人和监工,烧毁庄稼。新兴的领导层依靠在非洲的政治实践和法国的革命意识形态来动员和指挥反叛的奴隶。1804 年,海地宣布独立,海地成为继美国之后西半球第二个独立国家。

（二）维也纳会议

1814 年至 1815 年，英国、俄国、奥地利、普鲁士和其他欧洲国家的代表在维也纳举行会议，以重建欧洲的政治秩序。之前，法国大革命和拿破仑的帝国野心威胁着欧洲旧秩序。旧的君主制和长期存在的政治制度被推翻，国际边界被忽视。贵族和教会的存在似乎正处于危险之中。在奥地利外交部长梅特涅亲王的领导下，获胜的盟国努力制订全面和平的解决方案，以维护保守秩序。

维也纳会议的中心目标是建立一个强大和稳定的法国，作为未来和平的最佳保障。它重建法国君主制，大多数盟国获得了一些领土利益。奥地利、俄国和普鲁士结成联盟，以镇压所有试图模仿法国大革命的革命和民族主义运动。1820 年起，这个"神圣同盟"用武力镇压西班牙和意大利的自由革命。"神圣同盟"还试图通过压制大学和媒体中的共和主义和民族主义思想来削弱革命思想的力量。虽然梅特涅的遏制计划在短期内取得成功，但与自由主义和民族主义相关的强大思想，仍然是整个 19 世纪欧洲政治生活的重要组成部分。

维也纳会议

（三）民族主义、改革和革命

尽管保守派君主拥有强大的权力，但欧洲各地对民族自决和民主改革的支持不断增强。自 15 世纪以来，希腊一直处于奥斯曼帝国的控制之下。1821 年，希腊爱国者发起一场独立运动。梅特涅和其他保守党人反对希腊独立,但痴迷于古希腊文化遗产的欧洲艺术家和作家为独立行动争取政治支持。经过多年的斗争,俄国、法国和英国迫使奥斯曼帝国承认希腊独立。

1848 年,对民主改革和民族自决的渴望导致了整个欧洲的剧变。1848 年的革命始于巴黎,中产阶级和工人联合起来推翻路易·菲利普政权,建立了法兰西第二共和国。改革者给予成年男子投票权,废除法国殖民地的奴隶制,并立法规定了 10 小时工作制。但是,巴黎工人对降低失业率和物价的要求引发其与中产阶级的冲突,中产阶级希望保护财产权。当工人起来反对政府时,法国军队镇压了他们。为重建秩序,法国人于 1848 年 12 月选举拿破仑的侄子路易·波拿巴为总统。三年后,他推翻宪政,在作为独裁者短暂执政后,在法国称帝。

1848 年,匈牙利、意大利、波希米亚和其他地方的改革者要求奥匈帝国实现更大程度的民族自决。当君主制无法满足他们的要求时,维也纳的学生和工人走上街头,呼吁进行类似巴黎所寻求的政治改革。随着革命在整个帝国的蔓延,梅特涅逃离维也纳。然而,革命没有持续太久,奥地利皇帝弗朗茨·约瑟夫一世(1848—1916 年在位)利用俄国的军事援助和效忠他的奥地利军队重建他的权威。

尽管 1848 年的革命者在巴黎、维也纳、罗马和柏林表现出英雄气概,但他们未能实现民族主义和建立共和国的目标。君主得到贵族的支持,也得到了军队的支持,这些军队中的军人主要是从对城市工人毫无同情心的农民中招募来的。相反,城市中的革命联盟是脆弱的,当工人要求提高工资和改善劳动状况时,他们的中产阶级盟友却被反动派收买。

18 世纪的最后几十年,大西洋世界开始了一场漫长的革命。美国革命引发了大西洋世界的变革。击败英国后,这个新的美利坚合众国创建了当时最民主的政府。虽然权利仍受到限制,奴隶制依然存在,但许多欧洲人认为这证明了启蒙运动中最具革命性的政治思想的效力。

第二节　全球经济的发展

19 世纪早期,曼彻斯特只是英格兰北部的一个小镇。一百年后,它发展极快。大量的棉纺厂被创建,工人的住房也以尽可能便宜的方式被建造出来。曼彻斯特作为一个大型工业城市的崛起是历史学家所说的工业革命的结果,这是自农业产生以来人类生活中最深刻的变革。这场革命涉及制造业、采矿业、运输业和通信业的巨大创新,以及社会和商业的快速变革。新技术和新的社会经济结构使工业化国家和地区——首先是英国,然后是西欧和美国——得以大幅提高产品产量和生产率,前所未有地开发自然资源,并以前所未有的方式改变环境和人类生活。

工业化扩大了贫富差距。拥有和控制生产资料的人积累了财富和权力,控制着自然和其他人。虽然有些人生活奢侈,但是工人,包括儿童,每天都要在危险的工厂里工作很长时间,挤在不卫生的公寓里生活。世界各地工业革命的影响也非常不平衡。第一批工业化国家变得富强起来。在埃及和印度,欧洲国家凭借经济和军事实力扼杀其工业化的萌芽。今天存在的发达国家与发展中国家之间的差距便起源于 19 世纪初。

一、欧洲的工业革命

是什么导致了工业革命,为什么工业革命始于 18 世纪末的英国,这是历史上的两个重大问题。工业革命这一重大事件的基本前提似乎是由人口增长、农业革命、贸易扩张和创新开放推动的经济发展。

欧洲人口在 18 世纪开始增长,1780 年后增长加快,19 世纪初增长更快。如英格兰和威尔士的人口从 1700 年的 550 万增加到 1801 年的 900 万,到 1851 年增加到 1 800 万,这在欧洲历史上是前所未有的。

农业革命为城市居民提供食物,迫使贫困农民离开土地。这场农业革命早在 18 世纪之前就开始了。在欧洲凉爽潮湿的地区,马铃薯是 16 世纪从南美洲引进的。每英亩马铃薯产出的食物量是它们所替代的小麦、黑麦和燕麦的两到三倍。从伊比利亚半岛北部到巴尔干半岛,整个欧洲都种植来自美洲的玉米。种植芜菁、豆科植物和三叶草,不会耗尽土壤肥力,它们可以用于喂牛,牛进而产出牛奶和肉,牛粪又可以用来为土壤施肥。拥有土地所有权的富裕地主可以承担尝试新方法和新作物的风险。因此,富裕地主"圈住"土地,巩固他们的财产权,并让议会授予他们土地所有权。一旦控制土地,他们可以排水和改善土壤,饲养更好的牲畜,并实行轮作。这种"圈地运动"把佃农和自耕农变成无地的农场劳动者。许多人搬到城市找工作,一些人成为流浪者,还有一些人移民到加拿大、澳大利亚和美国。

工业化并不是在各国同时发生的。要理解其原因,我们必须了解英国的特殊情况。由于丰收和海外贸易的繁荣,18 世纪,英国的经济水平不断提高。英国是世界上枪支、五金、钟表等产品的主要出口国。在采矿和金属行业中,出现了愿意创新的工程师。英国拥有最大的商船,生产的船只、海军用品和导航仪器比其他国家都多。

总体来看,五大因素推动了工业化:① 通过分工实现的大规模生产;② 新型机器和机械化;③ 钢铁制造业的发展;④ 蒸汽机;⑤ 电报。

二、全球产业部门的发展

(一) 纺织业

这一时期的棉花产业证明了机械化的作用,即使用机器来完成以前手工完成的工作。长期以来,中国、印度和中东等国家和地区都种植棉花,并手工纺织棉布。棉布比羊毛凉爽、柔软、干净得多,富裕的欧洲人喜欢这种昂贵的进口商品。当强大的英国羊毛业主说服议会禁止进口棉布时,这一禁令刺激人们试图进口棉纤维并在当地生产棉布。这为有进取心的发明家提供了一个利用节省劳动力的机器降低成本的机会。

英国织布棚内的罗伯茨织布机

从 18 世纪 60 年代开始,一系列发明彻底改变了棉线的纺纱工艺。第一种是 1765 年发明的珍妮纺纱机,它通过机械方式抽出棉纤维并将其拧成线。1769 年,理查德·阿克赖特发明了另一种纺纱机——水力纺纱机,这种纺纱机生产的线足够结实。1779 年,塞缪尔·克伦普顿申请了一项专利,该机器结合珍妮纺纱机和水力纺纱机的优点,被称为"骡机"。1815 年后,动力织机得到完善。19 世纪 30 年代,由蒸汽机驱动的大型纺织厂已经掌握将原棉变成印花布的新方法。

工业化使棉花成为美国最有价值的农作物。1793 年,美国人惠特尼为他的轧棉机申请了专利。19 世纪 20 年代,在英国工匠的帮助下,美国人发展了自己的棉花产业。

（二）炼铁业

工业革命期间,炼铁业也产生了变化。在整个欧亚大陆和非洲,铁长期以来被用于制作工具、武器和家庭用品。然而,无论在哪里生产铁,森林砍伐最终都会推高木炭(用于冶炼)的成本,并限制铁的产量。此外,铁必须被反复加热和锤打以去除杂质,这是一个困难且成本高昂的过程。由于木材供应有限,熟练劳动力成本高,在 18 世纪之前,铁在中国以外是一种稀有的金属。

1709 年,亚伯拉罕·达比发现可以用焦炭(除去杂质的煤)代替木炭炼铁,由此生产的金属质量低于木炭炼铁,但由于煤炭丰富,其生产成本要低得多。1784 年,亨利·柯尔特用长棒搅拌熔融的铁来去除焦铁中的一些杂质,能以非常便宜的价格生产熟铁(一种柔软且可锻的铁)。到 1790 年,英国五分之四的铁是用焦炭烧制的,而其他国家仍然使用木炭。使用焦炭铁使单个高炉的尺寸大大扩大。英国的铁产量增长迅速,从 1740 年的 1.7 万吨增加到 1844 年的 300 万吨,与世界其他国家的总产量一样多。廉价铁的供应使得枪支、五金制品等物品得以大规模生产。

（三）蒸汽机

1712 年,托马斯·纽科门发明了第一台实用的蒸汽机,这是一种粗糙但有效的设备,可以快速地从矿井中抽水,并且可以日夜不停地运转。虽然纽科门蒸汽机对燃料有巨大需求,但燃料很便宜。詹姆斯·瓦特被要求改进他所在大学的纽科门蒸汽机模型。瓦特意识到发动机浪费燃料,因为气缸必须交替加热和冷却。他开发了一个单独的冷凝器,并于 1769 年申请到专利。1781 年,瓦特发明行星齿轮,它将活塞的往复运动转化为旋转运动。这使得蒸汽机可以为面粉厂、棉纺厂、陶器制造厂和其他行业的机械提供动力。

受瓦特蒸汽机的启发,一些发明家将蒸汽机安装在船上。第一艘获得商业上成功的汽船是罗伯特·富尔顿制造的,1807年,它在哈德逊河试航。19世纪20年代,伊利运河将大西洋沿岸与五大湖连接起来,并将俄亥俄州、印第安纳州和伊利诺伊州开放给欧洲人定居。到1830年,大约有300艘汽船在密西西比河及其支流上航行。"萨凡纳号"于1819年横渡大西洋,这是一艘配备辅助蒸汽机的帆船,但其29天航行中仅使用了蒸汽机近90个小时。工程师们很快开发出更高效的发动机,1838年,两艘轮船——"大西部号"和"天狼星号"仅依靠蒸汽动力就横渡了大西洋。

(四) 铁路

1804年,特里维希克制造出发动机,其耗煤量是纽科门蒸汽机的1/13;特里维希克采用这种发动机制造了几辆能够在公路或铁路上行驶的蒸汽动力汽车。

19世纪20年代,英国已经有了许多马拉重型货车使用的铁路。1829年,利物浦和曼彻斯特铁路的所有者组织了一场蒸汽机车之间的比赛。乔治·斯蒂芬森和他的儿子罗伯特用他们的火车头"火箭号"赢得比赛,"火箭号"以每小时30英里(约48千米)的速度拉动一列20吨重的火车。在那次比赛之后,一股铁路建设热潮席卷英国。19世纪30年代末,随着客运量激增,企业家们在大城市之间甚至小城镇之间大规模修建铁路。

在美国,企业家们以尽可能快的速度及廉价的方式修建铁路。到19世纪40年代,6 000英里(约10 000千米)的轨道从波士顿、纽约、费城和巴尔的摩辐射开来;19世纪50年代,美国铺设了34 000千米的新轨道,其中大部分向西穿过阿巴拉契亚山脉,到达孟菲斯、圣路易斯和芝加哥。从纽约到芝加哥的旅程,曾经靠坐船和骑马需要三个星期,1856年后可以在48小时内完成。正是铁路开辟了美国中西部,将广阔的大草原变成农场,为美国东部的工业城市提供食物。铁路也加快了欧洲的工业化。1830年独立的比利时很快效仿英国修建铁路。在法国和普鲁士,迟至19世纪40年代中期也开始修建铁路。铁路建设不仅满足了长期以来的运输需求,而且刺激钢铁业、机械业和建筑业的发展。

(五) 有线通信

1800年,意大利科学家亚历山德罗·伏特发明了能够产生电流的电池,此后,许多发明家试图将电应用于通信。英国和美国几乎同时开发了第一套实用的电报系统。1837 年,英国的查尔斯·惠斯通和威廉·库克推出一种电报,美国的莫尔斯则推出一种可以用"点"和"划"作代码的单线传输电报。

铁路公司允许电报公司在轨道上架设电报线,铁路可以利用电报线路告知大众列车出发和到达的时间。这些信息使铁路更加安全,也更加高效。到 19 世纪 40 年代末,电报线纵横交错地分布于美国东部和西欧。海底电报电缆横跨英吉利海峡,从英国铺设到法国。

三、工业化的全球互动

工业革命是进入农业社会以来最重大的变革。蒸汽机和其他新机器的使用大大降低了生产成本,增加了棉花和铁等商品的产量,提高了生产效率。然而,这一过程造成了社会动荡和环境问题。许多企业家和商人变得非常富有,而工业工人(其中许多是儿童)在恶劣的条件下工作,住在污染严重的城市和拥挤不堪的公寓里。

工业化在全球范围内也产生了政治影响。少数工业化国家,首先是英国,然后是西欧其他国家和北美的国家变得更加强大。世界其他地区被抛在后面,在政治和经济上依赖于欧美列强。

(一)埃及

19 世纪初,工业革命的蔓延改变了西欧、北美与世界其他地区的关系。自1798 年法国入侵以来,埃及深受欧洲思想的影响,于 19 世纪初开始工业化进程。其统治者穆罕默德·阿里在中东和东非历史上发挥了重要作用。

穆罕默德·阿里希望借助经济和军事的发展,减少埃及对奥斯曼帝国苏丹的依赖。为此,他从欧洲引进了顾问和技术人员,建立了棉纺厂、铸造厂、船厂、武器制造厂和其他制造企业。为了支付这些费用,他让农民种植小麦和棉花,政府以低价购买,将其出口获利。他还对进口商品征收高关税,以推动工业化的进程。

(二)印度

直到 18 世纪末,印度一直是世界上最大的棉纺织品生产国和出口国,拥有众多熟练的纺纱工和手工织工。英国东印度公司在英国工业革命开始之际就接管了印度大部分地区。它允许英国工厂制造的廉价纱线和布料免税进入印度市场,使印度纺纱工和手工织工失业。与英国不同,印度没有工厂可以让失业的手工艺人找到工作。他们中的大多数人过着朝不保夕的生活。

印度成为原材料出口国和英国工业品进口国。为加快其工业化进程,英国企业家和殖民地官员将铁路引入南亚次大陆。印度铁路网的建设始于19世纪50年代,同时,印度发展采矿业,以便为机车提供燃料。另外,印度还在主要城市之间铺设了电报线路。

一些印度企业家在英国工业革命中看到了机遇。1854年,孟买商人达瓦尔从英国引进一名工程师、四名熟练工人和几台纺织机,创办印度第一家纺织厂。这是印度棉花产业机械化的开端。然而,印度的工业化仍以缓慢的速度进行,因为政府被英国控制,英国没有采取任何措施鼓励印度发展工业。

(三) 中国

在西欧和北美开始工业化的时候,中国经济发展缓慢。在面对西方工业技术时,当时的中国变得更弱而不是更强。

英国一家造船厂推出一艘全新的船——"复仇女神号",它拥有一个铁船体,可以在浅水中航行,还配有蒸汽机,可以提供动力。1940年,它全副武装,抵达中国沿海。尽管来自欧洲的船只已经驶向中国三百年了,"复仇女神号"却是亚洲水域中第一艘蒸汽动力铁炮艇。"复仇女神号"和其他蒸汽动力战舰并没有给中国带来工业化的喜悦,而是迅速驶入中国的河流,轰炸了堡垒和城市,并将军队和物资沿海岸和河流从一个地方运送到另一个地方,速度远远快于中国士兵的步行速度。靠这种新式船舶,远在半个地球之外的一个岛屿国家——英国能够击败世界上人口最多的国家。

埃及、印度和中国的情况表明,西方国家的工业化给它们带来的军事优势让它们能够干涉非工业化国家的内部事务。这是西方主导的时代的开始。这样的全球互动以武力开始,对非工业化国家而言是苦难的开始。

第三节 全球政治与秩序的雏形

美国革命和法国大革命后,尤其是拿破仑帝国灭亡之后,现代国际政治秩序的雏形形成。欧洲陷入一系列追求民族主义和自由主义的战争中,而西半球所有新独立的国家在建立稳定政治体制的过程中都遇到了困难。19世纪,欧洲国家及其之间关系的变动、西欧国家资本主义的发展就像蝴蝶振翅,均能在西半球产生政治和经济效应。可以说,西半球19世纪的变化代表了全球主要变化,且加深了全球互动。随着所有新兴国家寻求建立宪法和民选议会，人民主权在西半球得到广泛支持。然而，这种对宪法秩序和代议制政府的广泛支持未能消除激烈的派系冲突、地区主义以及政治领袖和军事独裁所构成的威胁。

一、大西洋世界的宪政实践

殖民地政治经验的重大差异影响了美洲后来的政治发展。美国批准新宪法是漫长历史进程的结果，这一进程始于英国大宪章的颁布。英国对北美殖民地的统治相对宽松，提供了许多选举职位，到独立时，公民已经习惯选举和政党政治。相比之下，美洲其他地区的人在选举和代议制方面都没有什么经验。

对民主的热情和对有效自治的渴望在美洲引导着重大的政治改革。英属加拿大拥有许多分散的殖民据点和自治领地，每个殖民据点和自治领地都有一个独立的政府。在每个地区，民选议会行使的权力有限。1837 年，人们要求政府满足民众对议会要求的请愿，最终导致了武装叛乱。英国政府于是给予加拿大的每个省份有限的自治权力。19 世纪 60 年代，地区政治领导人意识到经济发展需要一个具有"民族"特征的政府。加拿大各地区领导人之间以及与英国王室之间的谈判导致了 1867 年的加拿大各省联盟，即加拿大联邦的产生。

南美洲通往宪政的道路更加崎岖。西班牙和葡萄牙都不允许设立类似英属北美殖民地的民选立法机构和自治市，拉丁美洲宪法的起草者缺乏政治经验。因此，许多新独立的拉丁美洲国家所建立的政治体制被证明是经不起考验的。

拉丁美洲国家发现，在独立后很难界定天主教会的作用。在殖民时期，天主教会是一个宗教垄断组织，控制着各级教育，主宰着知识生活。许多早期宪法通过使教育世俗化和允许其他宗教传播来削弱这种权力。教会则通过组织和资助保守派运动来回应。19 世纪，寻求政教分离的自由主义者与支持教会主导政治生活的保守主义者之间常常发生冲突。

限制军队的权力是拉丁美洲建立宪政后另一个迫切需要解决的问题。独立战争提升了军事领导人的威望，战争结束后，军事领导人几乎都不愿意服从文职官员。与此同时，许多公民对混乱的民主程序也感到失望，他们认为军事独裁可以更好地保护自己的生命和财产。

（一）独裁统治

美国和拉丁美洲的爱国领袖在争取独立的战争中获得了大批追随者，一些人利用这些追随者获得政治权力。军事声誉为个人政治权力奠定了基础。乔治·华盛顿在美国早期共和政治中拥有巨大权力,墨西哥的伊图尔维德和大哥伦比亚的玻利瓦尔等革命英雄也是如此,在各自国家政治中占据主导地位。

更常见的情况是,领导人依靠他们的群众追随者,而不是法律来治理国家。在拉丁美洲,在没有宪法批准的情况下获得权力并掌握政权的独裁领导人被称为"考迪罗"。

(二)地区主义的威胁

殖民地独立后,国家政府通常比他们所取代的殖民地政府力量弱。围绕关税、国内税收和货币政策,中央政府与地方之间存在很大分歧。在许多国家,奴隶制和奴隶贸易还导致地区精英试图使地区从统一的国家中分裂出去。西半球一些新独立的国家在这些斗争中未能避免国家分裂,一些国家则被邻国夺去领土。

在原属西班牙的美洲殖民地,很多地区试图像美国那样在独立后创建联邦,但结果都失败了。1823 年,中美洲联邦共和国成立。19 世纪 20 年代和 30 年代,新一轮的地区争端和内战导致了五个独立国家的诞生。在南美,玻利瓦尔试图通过创建大哥伦比亚来维护委内瑞拉、哥伦比亚和厄瓜多尔的统一。在他1830 年去世之前,委内瑞拉和厄瓜多尔已经成为独立国家。在殖民时代,阿根廷、乌拉圭、巴拉圭和玻利维亚被组织为一个总督区,首都位于布宜诺斯艾利斯。西班牙战败后,巴拉圭、乌拉圭和玻利维亚的领导人宣布脱离阿根廷独立。

地区主义也威胁着美国。捍卫国家和地区利益在美国宪法的制定中发挥了重要作用。许多重要的宪法条款代表了相互竞争的地区领导人之间达成的妥协。尽管美国宪法是各方妥协的产物,但地区对抗仍然威胁着国家。奴隶制将这个国家分裂为两个相互独立、相互竞争的社会。19 世纪 30 年代和 40 年代,涌入美国的移民、西进运动和工业化不断加强美国北方各州的力量,政治权力的天平向北方倾斜。南方领导人试图通过向西扩张来保护奴隶制。1803 年,他们支持购买路易斯安那,将从墨西哥湾延伸至加拿大的大片法国领土纳入美国,并于 1846 年支持美墨战争。这种领土扩张引发的关于奴隶制的全国性辩论,促使亚伯拉罕·林肯于 1860 年当选总统。

(三)外国干预和地区战争

战争往往决定西半球的国家边界、自然资源的归属和市场的控制权。即使在独立后,墨西哥和其他西半球国家也不得不抵御欧洲列强的干预和威胁。有争议的国家边界和地区竞争也导致了西半球国家之间的战争。到 19 世纪末,美国、巴西、阿根廷和智利都成功地对邻国发动战争,成为地区大国。

独立后三十年内,美国与英国进行了第二次战争,即 1812 年战争。1814年,英国军队烧毁了白宫和国会大厦,似乎预示着这个新生共和国的衰败。然而,到 19 世纪末,美国已拥有西半球最强大的军事力量。1898 年,它与西班牙的战争使其成为一个从太平洋的菲律宾到加勒比海的波多黎各的美洲帝国。

欧洲大国也对拉丁美洲国家的主权提出了挑战。独立后,阿根廷面临英国和法国的海军封锁。英国海军还有计划地侵犯巴西领海,阻止奴隶进口。墨西哥面临着严重的主权威胁,分别在 1829 年击败西班牙的入侵,在 1838 年挫败法国对韦拉克鲁斯市的袭击,并在 1862 年再次抵御了法国的入侵。

墨西哥还面临来自美国的严重威胁。1845 年,美国将得克萨斯接纳为州,引发了一年后与墨西哥的战争。美墨战争表明,西半球国家之间的战争可能会导致巨大的领土变化。智利在与秘鲁和玻利维亚联盟的两场战争中取得胜利,确立了自己在南美洲西海岸的军事和经济大国地位。19 世纪 20 年代,阿根廷和巴西争夺对乌拉圭的控制权,但军事僵局最终迫使它们承认乌拉圭独立。接着在 1865 年,阿根廷和乌拉圭加入巴西一方,对巴拉圭发动战争。1870 年,巴拉圭独裁者弗朗西斯科·索拉诺·洛佩斯被打死,同时也造成全国 20% 以上的人口死亡。巴拉圭随后经历了军事占领、领土丧失和经济制裁。

(四)土著民族和民族国家

外交和战争塑造了西半球新的民族国家和土著民族之间的关系。在殖民后期,西班牙、葡萄牙和英国殖民政府试图限制定居点的白人向美洲印第安人的领地扩张。随着殖民地的独立,殖民国家不再扮演调解人和保护者的角色。由于持续不断的内战和宪法危机,新成立的国家实际上比较软弱,比它们所取代的殖民政府更难维持边境和平。独立后,阿根廷、美国、智利和墨西哥的印第安人退回到边境定居点。尽管在早期取得胜利,印第安人的军事抵抗在 1890 年仍被击败。

二、社会和经济变革的挑战

在 19 世纪,西半球新独立的国家努力实现启蒙运动所倡导的自由理想,这些理想曾帮助其发动独立战争。奴隶制和殖民时代其他压迫性制度的持续存在减缓了这一进程。然而,到 19 世纪末,改革运动已经终结了奴隶贸易,废除了奴隶制,扩大了投票权,吸收了来自亚洲和欧洲的移民。世界经济的工业化和一体化时常挑战政治稳定和社会秩序。虽然少数西半球国家接受工业化,但大多数国家依赖农产品和采矿产品的出口。同时,工业化国家比仍然是原材料出口国的国家更加富裕。由于更加依赖外国市场,该区域所有经济体,无论其发展道路如何,都变得更加脆弱和不稳定。与当代社会改革运动一样,维护经济主权的努力催生了新的强大政治力量。

(一)废除奴隶制

美国和拉丁美洲独立运动的领导人主张实现普遍自由和公民权,奴隶制的存在却是赤裸裸的讽刺。那些试图结束这一制度的人被称为废奴主义者。尽管他们不断做出努力,直到19世纪50年代,奴隶制在西半球的大部分地区仍然存在。在美国、巴西和古巴等种植业产品出口最多的地区,废除奴隶制最为困难。

美国的奴隶制首先被北方一些州废除,并且在1808年,随着非洲奴隶贸易结束,奴隶制受到削弱。但1812年战争后,回报丰厚的棉花生产延缓了废奴进程。在原属西班牙的美洲殖民地,成千上万的奴隶在争取独立的战争中加入革命军,获得自由。独立后,大多数国家禁止奴隶贸易,但国际社会对糖和咖啡不断增长的需求,同样延缓了废除奴隶制的步伐。随着种植业产品价格的上涨,巴西和古巴增加了奴隶进口。在美国结束奴隶制的长期斗争中,美国废奴主义者认为,奴隶制侵犯基督教道德和《独立宣言》所主张的普遍权利。

19世纪50年代,新成立的共和党迫使蓄奴州和自由州之间发生对抗。1860年,亚伯拉罕·林肯当选总统后,南部11个州脱离联邦。内战期间,数万自由黑人和逃亡奴隶加入了联邦军。林肯颁布《解放宣言》,结束叛乱州的奴隶制。1865年,宪法第十三修正案彻底废除了奴隶制,但大多数非裔美国人仍然生活在恶劣的条件下。到19世纪末,南方各州已经制定"吉姆·克罗法",在公共交通、工作和学校中对黑人实行种族隔离。这些法律的实施导致种族暴力加剧,平均每年有50名非裔美国人被以私刑处死。

在巴西,它的主要贸易伙伴英国敦促其结束奴隶贸易。尽管1830年达成终止奴隶贸易的协议,但直到1888年,巴西才废除奴隶制。加勒比地区接收了被运往新世界的所有非洲奴隶的近40%,在这里,少数白人被奴隶和自由黑人包围。

1800年后,当英国西印度殖民地的甘蔗种植园盈利下降时,英国工会、新教牧师和自由贸易联盟推动废除奴隶制。英国是18世纪美洲奴隶制扩张的主要参与者,于 1807 年废除奴隶贸易。然后,它与西班牙、巴西等奴隶进口国进行谈判,推动废除奴隶贸易。

1834 年,英国在其殖民地废除奴隶制,但被解放的奴隶被迫作为"学徒"留在前主人身边。

种植园主的虐待和原奴隶对学徒制的抵制使奴隶制于 1838 年被完全废除。十年后,法国在加勒比海地区的殖民地废除奴隶制。1863 年,荷兰废除奴隶制,苏里南释放 33 000 名奴隶,安的列斯群岛释放 12 000 名奴隶。1886 年,西班牙才最终在殖民地废除奴隶制。

(二) 移民

在殖民时期,自由的欧洲白人是西半球移民中的少数。在 19 世纪 50 年代奴隶贸易结束之前,西半球的国家又进口了 400 万非洲奴隶。非洲奴隶贸易结束后,数百万欧洲人和亚洲人移民到达西半球。这些 19 世纪的移民促进了美国、加拿大、阿根廷、智利和巴西的经济快速增长和领土扩张。到 19 世纪末,"新世界"几乎所有发展最快的城市(例如布宜诺斯艾利斯、芝加哥、纽约和圣保罗)都有大量移民。总的来说,欧洲移民避开了那些以压迫和低工资为传统的奴隶制地区。而数万名来自中国和印度的移民带着契约合同来到加勒比海地区的种植园。

19 世纪,欧洲为西半球提供大多数移民。最初,大多数移民来自西欧,但 1870 年后,大多数移民是南欧或东欧人。美国在 19 世纪 30 年代接收了大约 60 万欧洲移民。到 19 世纪 90 年代,共有 520 万移民来到美国。移民使美国人口从 1871 年的 3 900 万增加到 1891 年的 6 300 万。大多数移民定居在城市。例如,芝加哥人口从 1870 年的 44.4 万人增长到 1900 年的 170 万人。

欧洲迁往拉丁美洲的移民也急剧增加。阿根廷和巴西的总迁入人数从 19 世纪 60 年代的不足 13 万增加到 19 世纪 90 年代的 170 万。到 1910 年,30% 的阿根廷人口是在外国出生的。阿根廷对欧洲移民来说是一个极具吸引力的目的地,1870 年至 1930 年间,阿根廷接收的移民数量是加拿大的两倍多。即便如此,在此期间,加拿大的移民人数也增加了十倍。

1850 年后,亚洲移民到西半球的人数也有所增加。1849 年至 1875 年间,约有 10 万中国移民抵达秘鲁,另有 12 万人进入古巴。加拿大在 19 世纪下半叶吸引了大约 5 万中国移民,美国在 1854 年至 1882 年间接收了 30 万中国移民。印度也为西半球的社会转型做出了贡献,向加勒比海地区输送了 50 多万移民。仅英属圭亚那一地就接收了来自南亚次大陆的 23.8 万移民,其中大部分是契约劳工。

三、不平衡发展

与欧洲国家一样,西半球各国也经历了一系列戏剧性的社会和经济变化。在倚重奴隶制的地方,如巴西、加勒比海地区和美国南部的种植园地区,种族偏见、种族歧视,以及持续的低水平教育投资使经济发展滞后,严重削弱了民主。到 1890 年,西半球许多极度贫穷的国家或者地区都是曾经依赖奴隶制的地方。而美洲印第安人也是西半球最贫穷的人群之一,遭受压迫,贫困,被剥夺选举权。一般来说,19 世纪进入西半球的数百万欧洲移民会避开奴隶制占主导地位或土著居民被迫劳动的地区。阿根廷、巴西、加拿大和美国是最受欢迎的目的地。

工业化推动全球变革加速。财富、政治权力和人口越来越多地集中在城市,银行家和制造商取代农民和种植园主,得以决定国家的命运。工业化极大地改变了自然环境。现代工厂消耗大量的原材料和能源。智利和墨西哥的铜矿、古巴的甘蔗种植园、巴西的咖啡种植园和加拿大的木材公司都在自然环境中留下自己的印记,并且与美国市场、欧洲市场甚至全球市场都有联系。

(一) 发达与不发达:富国家与穷国家

到 1900 年,几乎每个美洲国家都比独立时更富有、国民受教育程度更高、更民主、人口更多。但这些国家也更容易受到遥远的经济力量的影响,贫富差距拉大。少数位于温带地区的国家——加拿大、美国、阿根廷和智利——相对于其邻国而言,已成为繁荣的地区大国。虽然西半球的大部分增长依然依赖于农产品和原材料,如甘蔗、棉花、谷物、矿产和畜产品的出口,但到 1890 年,美国已成为一个主要的工业国家。

全球互动由于新兴国家对全球经济发展的推动而愈发强化。美国独立后,世界经济快速增长。美国拥有庞大的商业船队和多元化经济。在很大程度上,大量的移民、广泛的土地所有权、相对较高的识字率,以及人口的迅速增长,促进了美国经济的快速发展。铁路建设飞快,钢铁产量也迅速增长。

政府软弱、政局不稳,以及内战频繁都是减缓拉丁美洲经济发展的因素。由于拉丁美洲依赖外国资本和技术,英国和美国在 19 世纪末经常提出对其不利的贸易条件,甚至进行军事干预以保护本国的投资。当墨西哥、智利和阿根廷未能在制造业领域实现高水平国内投资时,这些国内外发展障碍的综合影响变得显而易见。

（二）环境和环境正义

全球互动主要是新旧世界的互动，这一互动的结果也体现为新世界环境被人类极大地改变了。人口增长、经济扩张、新技术以及外国动植物的引进均改变了美洲的环境。19世纪初，古巴种植园主砍伐森林，以扩大糖业生产。对肉类的需求不断增长，促使牧场主将畜牧业扩展到阿根廷、乌拉圭、巴西南部和美国西南部那些环境脆弱的地区。各种形式的商品化农业也对环境构成威胁。1870年后，南卡罗来纳州和佐治亚州的农民放弃轮作方式，追求棉花产量的短期增长，但这种做法很快导致土壤枯竭和水土侵蚀。同样，巴西的咖啡种植户耗尽地力，过度种植，使生态被严重破坏。他们还通过砍伐和焚烧方式清除森林保留区。人们为了促进畜牧业和农业发展而将土地从公有转变为私有，最终改变了原有景观。新技术对环境也有较大影响，例如，在北美大草原和阿根廷潘帕斯草原上，人们使用钢犁消除了许多原生草，加剧了土壤侵蚀的风险。

快速城市化也对自然环境造成破坏。纽约、芝加哥、里约热内卢、布宜诺斯艾利斯和墨西哥城是19世纪世界上发展最快的城市，各国政府都在努力提供下水道、清洁饮用水和垃圾处理服务设施。木材公司在密歇根州、威斯康星州和美国阿巴拉契亚山脉的大片地区进行砍伐，为铁路和住房建设提供木材，为造纸提供纸浆，并为机车和铸造厂提供燃料。与此同时，英属洪都拉斯（现伯利兹）、尼加拉瓜和危地马拉的林业迅速发展。随着西半球的森林被砍伐，动物栖息地和大量本地植物物种消失。

美国内华达州、蒙大拿州和加利福尼亚州的大规模采矿加速了土壤侵蚀和污染。其他矿区也导致了类似的后果。智利的硝酸盐开采和露天铜矿开采给环境造成污染。从17世纪末的黄金到19世纪的铁矿石，巴西米纳斯吉拉斯州经历了采矿业的繁荣；到19世纪末，该州的红土地上千疮百孔，森林被砍伐，水土流失严重。玻利维亚和墨西哥部分地区也遭受类似的破坏。

（三）妇女权利与社会正义斗争

1848年，一群因被排除在国际反奴隶制会议之外而感到愤怒的妇女呼吁召开一次讨论妇女权利的会议。由此产生的纽约塞内卡福尔斯会议发表了一份声明，提出"我们认为下列真理是不言而喻的，所有男人和女人都是平等的"。

虽然温和派关注经济独立和法律权利问题，但是越来越多的妇女要求投票权。其他人则游说为外出工作的女性提供更好的工作条件，尤其是在纺织厂。

在加拿大和拉丁美洲,追求男女平等的努力进展缓慢。加拿大第一批女医生在美国接受培训。阿根廷和乌拉圭是最早为女性提供公共教育的拉丁美洲国家,于 19 世纪 70 年代引入了男女同校制。19 世纪 70 年代,一些智利女性可以从事医学和法律职业。1899 年,阿根廷第一位女医生从医学院毕业。

四、新的理念

自美国革命以来,全球各地区的战争和革命频发,尤其是 19 世纪上半叶欧洲的一系列政治和社会革命几乎与工业革命并行,因此,19 世纪的政治、经济、社会和思想上的变革究竟是政治革命的结果还是工业化的结果,无法准确判断。但很明显,工业革命破坏了社会传统,导致贫富差距不断扩大,从而强化了自由放任的理念,产生了社会主义思想,工人运动逐渐兴起。

经济学家亚当·斯密是自由放任主义最著名的倡导者。在《国富论》中,亚当·斯密认为,如果允许个人追求个人利益,就像被一只"看不见的手"引导一样,总体福利将增加。政府应避免干预商业,除非是为了保护私人财产;甚至应该鼓励与外国进行免税贸易。通过提倡自由市场资本主义,亚当·斯密对盛行的重商主义经济学说提出挑战。重商主义理论认为,政府应该规范贸易,以最大限度地增加其贵金属储备。

在亚当·斯密思想的影响下,1815 年后的英国政府废除许多法规,甚至降低了进口关税。然而,工业化显然造成了越来越多的问题。另外两位思想家托马斯·马尔萨斯和大卫·李嘉图试图解释他们所看到的贫困的原因,但没有挑战自由放任的基本前提。他们说,造成工人困境的原因是人口激增,超过了食品供应量,导致工资下降。他们声称,工人的贫困是"自然法则"的结果,也是商人追逐财富的结果,工人阶级避免大规模饥荒的唯一途径是推迟结婚,实行自我约束和生育节制。

英国商人急切地采纳自由放任的思想,为他们所从事的活动辩护,并阻止政府干预。但并不是每个人都接受自由主义的经济学观点。英国哲学家杰里米·边沁建议,议会应当研究当时的社会问题,并通过适当地立法最大限度地实现"大多数人的最大幸福"。德国经济学家弗里德里希·李斯特反对自由放任主义和自由贸易,认为这是英国的一种伎俩:"让世界其他地区像印度一样,在所有的工商关系中都成为农奴。"他认为,为保护自己"处于襁褓中的产业"不受英国竞争的影响,德国必须对从英国进口的产品设置高关税壁垒。在欧洲大陆,他的思想与亚当·斯密和大卫·李嘉图的思想一样具有影响力,直接影响 1834 年德意志关税同盟的成立。

法国社会思想家则更多地关注穷人,提出一种全新的公正文明观。圣西门和他的弟子奥古斯特·孔德信奉实证主义哲学,认为科学方法可以解决社会问题和技术问题。他们建议穷人在科学家和艺术家的指导下,在仁慈的商业领袖的保护下组建工人社区。这些想法得到了银行家和企业家的热情支持。

本 章 小 结

18 世纪中叶到 19 世纪中叶是世界全球化加速和全球互动形成的阶段,按照马克思的观点,以美国革命和法国大革命为标志的 18 世纪革命比 17 世纪的革命对世界产生的影响更加深刻。大西洋世界的革命相互影响,民族主义、自由主义和共和思想随着西欧国家殖民事业的开展在全球传播,成为这些地区民族国家建构的政治基础。经济上,这一时期的人们见证了工业革命的发生。工业革命不只限于英国和其他欧洲国家,还传播到北美、印度、拉丁美洲等国家和地区,并形成深刻的社会影响。18 世纪中叶后,世界所有地区都呈现出参与全球互动的特点,思想观念交互,知识网络形成,政治理念传播。正是在文化多元性的发展中,一种联动的全球秩序正在形成。

思考题

1. 从跨大西洋革命的角度来看,美国革命的意义有哪些?

2. 拿破仑战争不仅对法国产生巨大影响,还在全球范围内引起了连锁反应。这些影响和反应包括哪些?

3. 在 18 世纪中叶至 19 世纪中叶的全球互动形成过程中,全球资本主义体系基本形成。在这场较量中,导致中国逐渐落后的因素有哪些?

4. 19 世纪中叶形成的全球秩序有哪些主要特征?

5. 试从经济、政治、文化和环境变迁等因素分析全球互动的表现、特征和意义。

扩展阅读

1. 于尔根·奥斯特哈默：《世界的演变：19 世纪史》，强朝晖、刘风译，北京：社会科学文献出版社，2016 年。

2. 威廉·麦克尼尔：《西方的兴起：人类共同体史》，孙岳、陈志坚、于展等译，北京：中信出版社，2015 年。

3. Richard Bulliet, Pamela Crossley, Daniel Headrick, et al.：*The Earth and Its Peoples: A Global History*，Volume B, Boston：Cengage Learning，2010.

4. Jorge Canizares-Esguerra：*The Atlantic in Global History*，*1500 - 2000*，New York：Routledge，2017.

第八章　全　球　体　系

1815—1914 年,工业革命使欧洲在全球范围内迅速崛起。数百万欧洲人移居海外,有的进入俄国的亚洲部分,有的移居大西洋另一端的美洲,尤其是美国、加拿大等发达国家。1850 年,整个世界呈现出社会和文化的多元景象。在随后的一个世纪里,欧洲国家、美国和日本主宰了世界大部分地区,并试图使其他民族接受它们的文化和生活方式。在欧洲,日益加剧的紧张局势导致了 1914—1918 年的世界大战,这是世界历史上第一场全球范围内的战争。俄国和中国爆发了革命,古老的帝国纷纷瓦解、崩塌。不久,奥斯曼帝国的腹地成为现代土耳其。

第一节　全球体系形成中的东方国家

全球体系建立于东西方的古老帝国瓦解、新的帝国主义国家崛起的基础上。1880—1900 年,面积四倍于欧洲的非洲大陆被欧洲列强瓜分殆尽,中国等亚洲国家也沦为西方列强的瓜分对象。美国效法欧洲列强,占领波多黎各、菲律宾和其他太平洋岛屿,并声称在拉丁美洲事务中有决定性发言权。从 1800 年开始,全球变革已经形成,它颠覆了存在长达几千年的农业社会,城市化、工业化和技术化的社会取而代之。

一、奥斯曼帝国

19 世纪,欧亚大陆所有陆地帝国的共同点是面临着欧美列强日益严峻的挑战,国库空虚,经济发展停滞不前,社会陷入困境。陈旧而低效的治理方式使国家陷入危险之中,日益成为西欧各国的海外殖民地、工业原料产地和制成品的销售市场。19世纪初,人口增长快速和农业发展缓慢影响着欧亚大陆的大部分地区。此外,早期的军事扩张已经耗尽古老帝国的国库资源,使其很容易受到欧洲军事压力的影响。它们对这一压力的反应各不相同,改革和调整在一些国家取得了进展,而一些国家仍然抱残守缺。

对比中国、俄国和奥斯曼帝国的经历,可以看到,中国清政府选择抵制,其他两国则做出了不同的尝试来调整和改革。俄国通过农奴制改革成为欧亚大陆上的帝国,其文化与欧洲文化在许多方面有共同之处。奥斯曼帝国和中国则受到越来越大的帝国主义压力。在18世纪,奥斯曼帝国的中央政府把许多权力下放给省长、军事指挥官、民族领袖和地方首领。在帝国的一些地区,地方官员和大地主试图保持他们的独立性,将帝国资金转移到自己的金库中。

战场上的失败、统治者的死亡等一系列因素使奥斯曼帝国危机重重,只能仰欧洲人鼻息而存活。马哈茂德二世的改革思想在"坦齐马特"("重组")中得到继承,他的继任者、16岁的儿子阿卜杜勒·迈吉德一世于1839年宣布实行一系列改革,并得到欧洲特使的大力支持。

1853年至1856年间,克里米亚战争爆发。克里米亚战争给全球体系带来重大变化。沙皇及其政府被关于农奴制、教育和军事改革的要求困扰,信誉进一步受损。在英国和法国,冲突伴随着大规模的宣传运动。报纸首次有效地动员公众支持战争。英国媒体的报道美化英国的参与,使得人们产生这样的印象:奥斯曼帝国军队在战争中扮演着微不足道的角色。只有英国和法国指挥官注意到奥斯曼帝国军队蒙受的巨大损失。在伊斯坦布尔占主流地位的法国媒体促进奥斯曼帝国和法国社会之间的联系。交战各方在巴黎举行会议,签订了《巴黎和约》。

克里米亚战争的更大意义在于,它是传统战争向现代战争的过渡。骑兵与火器共存,步枪的射击速度得到提升。克里米亚战争后,奥斯曼帝国加速融入欧洲的商业活动。但与此同时,奥斯曼帝国政府严重依赖外国贷款。

到19世纪末,奥斯曼帝国在经济、技术和军事上全面落后,欧洲人称其为"欧洲病夫"。1909年,由"青年土耳其党"控制的议会推翻阿卜杜勒·哈米德二世的统治。新政权开始着手推行在警察、官僚机构和教育系统等方面的改革,与此同时镇压希腊和亚美尼亚少数民族;由于在巴尔干战争中战败,他们雇佣了一名德国将军来实现武装力量的现代化。现代军队和民族主义的混合给帝国带来更大危险。

签订《巴黎和约》

二、大清帝国

1800 年,大清帝国面临许多问题,但在中国没有出现苏丹塞利姆三世式的改革运动。17 世纪,清朝皇帝巧妙地反击了俄国的战略扩张。清朝皇帝受到西方传教士的青睐,后者把清朝皇帝比作开明的哲学家国王。然而,1793 年,英国试图与大清帝国建立外交和贸易关系时,马戛尔尼使团将欧洲舆论转向反对中国。

清初的成功统治和领土扩张埋下了后期政治和社会混乱的种子。清初的几任皇帝鼓励恢复农田,开放以前未被开垦的地区,恢复和扩建道路和运河系统。这些措施强化了农业基础,使人口在 1650 年至 1800 年间剧增。大量的农民、商人和日工逃离拥挤的农村和城镇,出现了失业和无家可归的永久性流动人口。到 1800 年,这种人口增长模式在中国中西部的一些地区造成了严重的环境破坏。

1840—1842 年,清政府与英国发生鸦片战争。1842 年,清政府与英国人谈判,签订《南京条约》。1860 年,英法俄在第二次鸦片战争后迫使清政府签订《北京条约》。1864 年,根据《中俄勘分西北界约记》,清朝失去约四十四万平方千米的领土。从 1865 年起,英国逐渐控制了中印边境的领土。19 世纪末,法国迫使越南终止与清朝的朝贡关系,英国则妄图使西藏独立。

在广州、上海和其他沿海城市,欧洲人和美国人都建有商厦和工厂,雇当地的中国人作为劳工。外国人在中国土地上拥有使领馆、租借地、侨民区,并配备高档餐厅、酒吧等。基督教传教士在城镇和农村传教,他们的教会赞助医院、收容所等,甚至为去教堂的中国人提供补贴。但传教士本身也常常被视为一种侵略力量,与儒家信仰格格不入。越来越多的外国人进入中国,而且享有越来越多的特权。社会上的不满和外国入侵最终酿成一场内战,被称为太平天国运动。

1856年,英国和法国从克里米亚战争中抽身,将注意力转向中国。同年,英国和法国发动一系列袭击,挑起第二次鸦片战争,入侵北京,在1860年洗劫了圆明园。英国和法国军队在确保其主要目标实现后,加入清政府镇压太平天国的运动。欧洲武器和资金的注入帮助清政府平息了太平天国运动和北方捻军起义。

以曾国藩为代表的清朝官员主张"师夷长技以制夷",推动军事改革和武器制造工业化等,史称"洋务运动"。然而,清政府治下的中国已经无法与全球政治和经济体系脱钩。1894年,中日两国因朝鲜问题而爆发战争,史称"甲午战争"。战争以中国失败告终,日本迫使中国撤离朝鲜,割让中国的台湾和辽东半岛,并支付巨额赔偿。

1900年,慈禧太后企图利用义和团排外,遭到欧洲列强、日本和美国军事力量的侵略,其占领北京。在一场虚张声势的内阁改革之后,随着光绪皇帝和慈禧太后的去世,大清帝国瓦解的命运已不可避免。

三、俄国

1812年,拿破仑对莫斯科的进军以一场灾难性的撤退而告终,这场撤退使欧洲对俄国的印象发生改变。正如拿破仑从埃及撤军导致穆罕默德·阿里治下的埃及短暂成为一个政治大国一样,他从俄国撤军也赋予沙皇亚历山大一世治下的俄国欧亚大国地位。保守的欧洲人仍然将俄国视为一个落后和具有压迫性的国家,但他们意识到俄国幅员辽阔,并具有巨大发展潜力,于是把俄国拉入反扑整个欧洲革命的阵营之中。

虽然是横跨欧亚大陆的大国,但俄国与奥斯曼帝国、大清帝国同属东方型国家,即便不同于保守的欧洲国家,俄国也支持这些国家的专制统治和对革命采取的暴力镇压态度。俄国社会由贵族主导,工业仍处于发展的初级阶段,但比奥斯曼帝国的工业有活力。与埃及和奥斯曼帝国一样,俄国在亚历山大一世统治下开展自上而下的改革,直到尼古拉斯一世继承王位。

1700 年,俄国的城市化率很低,仅有 3％的人口居住于城市之中,其中三分之二住在莫斯科。到 19 世纪中期,城市人口增长了 10 倍,但仍然只占总人口的 6％,沙皇的领土通过战争和殖民统治的方式大量增加。这些数字表明,与奥斯曼帝国一样,俄国也是一个以农业为主的国家。然而,它的交通条件比奥斯曼帝国差,奥斯曼帝国的许多城市属于海港城市。19 世纪 30 年代,沙皇尼古拉斯一世修建了第一条铁路。直到 19 世纪末,俄国政府仍然不太重视工业发展。

18 世纪,俄国向东推进,在 18 世纪末将帝国边界推到太平洋和中国边境。19 世纪,俄国的扩张方向主要集中在南方。其他西方国家对俄国感到恐惧,英国尤其将俄国视为对印度的威胁,并鄙视农奴制度。1861 年,沙皇亚历山大二世施行农奴改革,俄国的农奴获得人身自由。

宣读俄国农奴解放宣言

亚历山大二世统治时期,文化事业蓬勃发展。越来越多的人投身于文化事业。大多数杰出的知识分子在莫斯科大学或德国的一些大学接受教育。乌克兰的哈尔科夫和伏尔加河沿岸的喀山等城市也出现了大学。俄国进入 19 世纪时是欧洲政治中公认的强势力量,但在其他方面与奥斯曼帝国相似。这两个帝国的统治者都进行了改革,战胜反对力量,并增强政府的权力。这些行动激发了思想和政治的活力,从长远来看,这些策略将撼动沙皇和苏丹的专制统治。最终,俄国与西欧建立起更密切的关系,而奥斯曼帝国屈服于欧洲帝国主义。

19 世纪上半叶,奥斯曼帝国、俄国和中国的大多数民众并不认为来自欧洲的挑战是他们生活中的决定性因素。他们继续按照从上一代那里继承下来的社会和经济制度生活。然而,到 19 世纪 70 年代,来自欧洲的挑战已被广泛认识。克里米亚战争证实了奥斯曼帝国和俄国的军事弱点,欧洲盟国在这场战争中为奥斯曼帝国赢得了胜利,然后迫使苏丹进行更多的改革。鸦片战争对中国也有同样的影响。但与其他帝国不同的是,中国遭受了激烈的内战的打击。

这三个帝国对全球体系的形成产生了重要的影响,它们在 19 世纪下半叶经历了类似的改革,建立了新军,面临着财政问题。但中国在地理上远离欧洲,因此被排除在英俄地缘战略角逐之外。虽然英国有俄国染指印度的顾虑,但沙皇还是作为欧洲大国的领袖,参与外交讨论。而曾经统治东欧的奥斯曼帝国基本上被排除在这些讨论之外。对许多欧洲外交官和海外投资者来说,它的最终消亡似乎只是时间问题,在全球体系形成的关键时期,看清谁将受益尚需时日。

第二节　全球体系转型中的新帝国

19 世纪下半叶,奥斯曼帝国、俄国和中国尽管进行了克服危机的改革,但它们被日益卷入由西欧列强主导的全球资本主义市场体系中。进入 20 世纪,这三个帝国摇摇欲坠,其统治王朝终被推翻。西欧列强通过希腊独立战争、克里米亚战争和鸦片战争,向奥斯曼人、俄国人和中国人展示了他们的军事优势。经历拿破仑战争扫荡,自由主义和民族主义对整个欧洲进行了洗礼,在一系列革命的战火中,欧洲民族国家也在克服各自的危机中经历重组。

工业革命标志着世界大规模变革的开始。在 19 世纪,技术,包括纺织机械、铁路、轮船、电报等从英国传播到世界其他地区。到 19 世纪末,美国已经超过英国,成为世界领先的工业强国。工业化还产生了全新的技术,彻底改变了人类日常生活,改变了世界经济。第二阶段工业化背后的动力是商业、工程和科学的有力结合。到 19 世纪中叶,这种结合在工程学校和研究实验室中得以制度化,其首先出现在德国,然后出现在美国。电力、钢铁和化学工业是这股新力量推动产生的第一批成果。

一、英国的海外殖民

1750 年,英国的对外关注点主要是美洲的奴隶种植园和殖民地。一个世纪后,它的对外关注点主要是东方的商业和殖民地。除了工业革命带来的明显优势,还有几方面的因素促进了英国的扩张和转型:一系列军事胜利将海外贸易和殖民的竞争对手推到一边;新政策有利于自由贸易而非重商主义;造船技术的进步提高了海上贸易的效率。与这些变化相关的是南非、澳大利亚和新西兰的定居点增多,以及新的契约劳动、远距离贸易的发展。

● 视 频

英国的海外殖民

1795 年至 1796 年间,英国军队迅速占领非洲南端的开普殖民地、马六甲和锡兰。接着,英国军队占领原属荷兰的圭亚那和特立尼达。1811 年,英国军队占领了爪哇。英国军队还占领了位于印度洋的法属毛里求斯群岛和留尼汪岛。1814 年,拿破仑战争结束后,英国将爪哇归还荷兰,但保留英属圭亚那(曾经是荷属圭亚那的一部分)、特立尼达、锡兰、马六甲和毛里求斯群岛等。1824 年,托马斯·斯坦福·莱佛士帮助英国在新加坡建立自由港。“海峡殖民地”形成,由英国东印度公司管理,一直到 1867 年。

在缅甸,英国的扩张速度更快,于 1852 年吞并缅甸沿海地区。到 1870 年,英国殖民地(在 1792 年的基础上)又增加了几十个。几十年来,英帝国扩张的根本目标是贸易,而不是领土。大多数新殖民地是不断发展的全球航运网络中的港口,成为全球体系中的生产和分销中心。

在曾经遥远的南太平洋,英国定居者取代澳大利亚和新西兰的土著居民成为这里的主要居民。17 世纪初,葡萄牙水手曾发现澳大利亚,但因为它太遥远,欧洲人对它不感兴趣。在英国船长詹姆斯·库克探索新西兰和澳大利亚东海岸后,不断扩大的航运网络带来越来越多的定居者。

1788 年,英国在澳大利亚的第一批永久定居者是 736 名囚犯,其中 188 名是女性。在接下来的几十年里,澳大利业发展缓慢。1851 年,黄金的发现吸引了大批自由的欧洲定居者(和一些中国人)。“淘金热”消退后,政府补贴使数万英国定居者“安顿下来”。虽然从英国到达澳大利亚仍然需要三个多月的时间,但到 1860 年,澳大利亚已有 100 万移民,定居者数量在接下来的 15 年里又增长了很多。

英国对新西兰的殖民速度较慢。一些殖民者仅在沿海暂时居住,他们屠宰海豹,并将毛皮出口到西方国家。到 19 世纪 20 年代初,过度狩猎几乎使海豹种群灭绝。他们还在新西兰附近广泛捕杀抹香鲸,以获取鲸油等。1860 年后,短暂的"淘金热"、更快的船只和政府补贴吸引了更多的英国移民来此。

英国鼓励澳大利亚和新西兰的定居者按照 1867 年的模式,即加拿大自治领的模式自治。英国对加拿大和南太平洋殖民地的政策反映了避免这些地区发生像美国革命一样的革命的愿望。英国逐步将统治权移交给殖民地居民,满足定居者对自己领土拥有更大控制权的愿望,压制其独立的要求,使得殖民地政府自己承担大部分开支。

二、1860—1870 年意大利的统一

19 世纪中叶,意大利各地的民众对统一的呼声越来越高。反对它的是教皇庇护九世,他憎恶一切现代事物,以及奥地利,后者控制着意大利的伦巴第和维尼西亚。

撒丁王国首相加富尔伯爵将法国和奥地利之间的竞争视为统一意大利的机会。他秘密与法国结盟,然后对奥地利发动战争。战争结束后,意大利北部和中部地区爆发起义,支持加入撒丁王国,这是埃马努埃莱二世领导下的君主立宪制国家。

意大利北方多数人主张自上而下的统一方案,但南方一些人在狂热的革命者朱塞佩·加里波第带领下仍然试图采取更激进的方案。1860 年,加里波第和一小队追随者登陆西西里岛,随后推翻了两西西里王国,并准备建立一个民主共和国。然而,保皇党加富尔利用这一悬而未决的局面,将加里波第排除在外,并将撒丁王国扩张为一个新的意大利王国。随着 1866 年威尼斯的加入和 1870 年教皇国的加入,意大利的统一完成。

三、1866—1871 年德国的统一

19 世纪 60 年代,在中欧地区,讲德语的包括普鲁士、奥地利帝国的西半部和许多小国。一些德意志民族主义者希望将所有德意志人统一在奥地利之下,其他人则希望将奥地利及许多非日耳曼民族排除在外,并将其他所有讲德语的地区统一到普鲁士之下。其在宗教上也是分裂的:奥地利和德意志西南部的人主要是天主教徒;普鲁士和德意志东北部的人主要是路德新教教徒。在领导统

一方面,普鲁士有两个优势:一是拥有莱茵兰的新兴工业;二是拥有第一支使用铁路、电报、步枪、钢炮和其他现代工业产品的欧洲军队。

在国王威廉一世统治时期,一位才华横溢的专制贵族——俾斯麦任普鲁士首相。俾斯麦决心利用普鲁士工业和德意志民族主义,使普鲁士成为德意志的主导力量。1866 年普鲁士进攻并击败奥地利。普鲁士没有占领奥地利领土,而是和一些较小的州组成了北德意志联邦,成为未来德国的核心。1870 年,普法战争爆发。普鲁士军队在德意志其他国家军队的配合下,利用其优越的火力和战术快速取得了胜利。"铁与血"是俾斯麦笃信的强力手段,成为新德意志帝国的基础。

在普法战争中,南德诸邦与北德并肩作战,1870 年 11 月,南德四邦与北德意志联邦合并,成立德意志帝国。1871 年,普鲁士国王威廉一世即位为德意志帝国皇帝,德国统一完成。

战胜法国后,普鲁士获得一大笔赔款以及法国与德国接壤的两个省份——阿尔萨斯和洛林。法国人对失去他们的省份感到不满。对德国人来说,这些地区是德国人的,因为大部分居民讲德语。对法国人来说,这些地区的居民是法国人,因为大多数居民认为自己是法国人。这两种相互冲突的民族主义定义使法国和德国之间的仇恨持续了几十年。在这种情况下,民族主义被证明是一种助推分裂而非统一的力量。

四、日本明治维新

1853 年,美国海军准将佩里抵达日本,要求日本开放港口进行贸易等。他承诺一年后回来接受日本人的答复。佩里的要求引发了幕府统治的危机。幕府的顾问在与大名协商后,主张向佩里投降,以避免像中国在鸦片战争中一样遭受屈辱性失败。1854 年,佩里返回后,幕府将军的代表表示愿意签署《神奈川条约》,仿效中国与西方列强之间的不平等条约。一些大名感到愤怒和失望,开始鼓动一场秘密运动,呼吁摧毁德川幕府,禁止外国人进入日本。

幕府与一些大名之间的紧张关系在 19 世纪 60 年代初加剧(特别是在长州和萨摩)。这些大名往往是年轻、有抱负、受过良好教育的人,但在僵化的德川幕府等级制度下,前途黯淡。1864 年,英国和法国船只炮击日本西南海岸,抗议外国人受到的待遇,此举激怒了拒绝《神奈川条约》的大藩武士,他们对幕府无力保护国家表示愤慨。1867 年,长州藩的大名山县有朋和伊藤博文终于意识到,他们应该停止与竞争对手萨摩藩的战争,联合起来领导倒幕运动。

1868 年,各藩叛乱分子推翻德川幕府,并宣布年轻的睦仁为天皇,年号为"明治",此后开展的改革运动称为"明治维新"。"明治寡头政治家"们目光远大。他们主张"富国强兵""殖产兴业"和"文明开化"。

日本成为君主立宪制国家。当时,日本的识字率是亚洲最高的,并且引进新的教育体系,建立征兵部队,创立新的通信系统。由于 19 世纪早期各藩数十年间的工业发展和融资,政府得以建立重工业。

第三节　全球体系中的国家变动

1870—1871 年的普法战争改变了欧洲的政治气候,使法国更加自由。意大利王国完成了半岛的统一。德国、奥匈帝国(1867 年建立)和俄国保守主义气息浓重,并利用民族主义维持统治。在许多国家,占主导地位的群体利用民族主义将其语言、宗教或习俗强加给少数民族。俄国试图将其不同民族的人口"斯拉夫化"。西班牙政府在讲巴斯克语和加泰罗尼亚语省份的学校和法院等中强制推行西班牙语。移民到美国的人需要学习英语。

英国生物学家达尔文是 19 世纪最有影响力的科学家之一,也是观点被广泛引用和曲解的科学家之一。哲学家赫伯特·斯宾塞等人接受了达尔文的"自然选择"和"适者生存"的思想,并将其应用于人类社会。社会达尔文主义者发展了关于种族差异的伪科学理论,声称这些理论不是历史学的成果,而是生物学的成果。他们认为社会和种族差异是自然发展造成的,反对国家干预。19 世纪末,西方文化尊崇强者胜过弱者、男性胜过女性、富人胜过穷人、欧洲人胜过其他种族、人类胜过自然的观念。一些人寻求科学对政治统治的支持。

一、欧洲列强

19 世纪中叶之后,政治家和记者发现,涉及外国人的小事件可能会被用来激起民众对外国的愤怒。军官们慑于武器的可怕威力,开始认为这些武器是不可战胜的。对殖民地的争夺、意识形态分歧、轻微的边境事件和贸易分歧都加剧了国际紧张局势。

（一）自由主义大国：法国和英国

法国曾是欧洲的主导国家。虽然法兰西共和国是一个繁荣的国家，农业发达，殖民帝国庞大，但它也有一些严重的弱点。例如，其人口在很长一段时间内几乎没有增长。在国家实力与军队规模大致成正比的时代，法国的军队规模小于德国的军队规模。

法国人民关于国家的本质也存在着深刻的分歧：一些人是君主专制主义者和天主教徒，但越来越多的人倾向于共和思想和反基督教的观点。法国的政治生活很脆弱，经常处于危机之中，民众参与政治的悠久传统和强烈的国家意识，再加上良好的公共教育体系，使法国社会具有更深层次的凝聚力。

英国在议会选举和政党竞争方面有着长期的经验。英国政府由自由党和保守党交替掌权，贫富之间的收入差距逐渐缩小。但随着时间的推移，英国的问题越来越明显。一个问题是爱尔兰人对英格兰统治的不满。民族主义加强了英格兰人、苏格兰人和威尔士人对英国国家的忠诚。但是爱尔兰人，因为是天主教徒，且主要是穷人，被排除在政治之外，他们将英格兰统治者视为外国占领者。

另一个问题是英国经济。英国在钢铁、化工、电力和纺织等重要行业落后于美国和德国。即使在造船和航运等英国的传统专业领域，德国也在迎头赶上。在 19 世纪的大部分时间里，英国奉行"光荣孤立"政策，英国政治家夸大俄国通过控制奥斯曼帝国和中亚，对印度造成的威胁。周期性的"俄国恐慌"、与法国关于海外殖民地的长期竞争，使英国忽视了德国的崛起。

（二）保守势力：奥匈帝国和俄国

民族主义削弱了奥匈帝国和俄国。与德国、法国或英国相比，它们的社会和种族更加分裂。民族主义在欧洲中南部最具分裂性，许多不同的语言群体居住在那里。1867 年，奥地利帝国更名为奥匈帝国，以平息匈牙利人的不满。奥匈帝国试图统治巴尔干半岛，激怒了俄国，俄国认为自己是各地斯拉夫人的保护者。

种族多样性也导致了俄国的不稳定。波兰人民在 1830 年和 1863—1864 年发动起义。俄国还包括芬兰、爱沙尼亚、拉脱维亚、立陶宛和乌克兰，以及高加索地区。1865 年至 1881 年间，中亚被征服。此外，俄国拥有欧洲最多的犹太人，其严格的反犹太主义法律促使许多犹太人逃到美国。沙皇试图将俄语强加于国民，造成更严重的分裂。

1861 年农奴制改革希望加强君主与人民之间的联系，增加劳动力，促进工业化。但绝大多数俄国人没有受过教育,几乎没有合法权利,在政治上也没有发言权。1881年,亚历山大二世遇刺后,他的继任者亚历山大三世和尼古拉斯二世半心半意地推行社会变革。俄国商业中产阶级规模小,影响力小。工业化主要由国家资助的项目,如铁路、铸铁厂和军火厂推动。富有的地主贵族统治阶级阻碍大多数改革。

在1904年和1905年与日本的战争中,俄国社会和政府的弱点变得显而易见。日俄战争发生在中国,俄国军队通过低效的跨西伯利亚铁路运送所有补给,被训练有素、装备精良的日本人击败。1905年,俄国海军经历了在欧亚大陆和非洲的长途奔波后,被日本舰队击沉在对马海峡。

1905年,俄国战败震惊朝野,并引发一场革命,迫使沙皇尼古拉斯二世批准了宪法和民选杜马。但他再次掌控军队和警察,又恢复沙皇专制。上层阶级财富暴增,普通民众却日益陷入贫困,这使得少数激进知识分子感到愤怒,他们开始策划暴力推翻沙皇专制的行动。直到第一次世界大战,俄国被战争拖垮,成为"帝国主义链条中最薄弱的环节",尼古拉斯二世的沙皇专制帝国随着"十月革命"的爆发而轰然倒下。

二、美国等美洲国家

美国内战结束后,北方资本主义集团对南方进行重建,尽管重建在某种程度上失败了,但南北方重新统一,并迅速融入全球体系。美国的"边疆"不断向西推进,美国人的视线早已抵达太平洋彼岸的中国和日本。1878年,美国获得萨摩亚的帕果帕果港作为燃料补给站和海军基地。1887年,美国获得夏威夷珍珠港的使用权。1898年,威廉·麦金莱总统公开采取帝国主义行为,吞并夏威夷,作为通往亚洲的跳板。随着美国越来越多地参与亚洲事务,夏威夷的战略位置凸显,美国的军事人员不断增多,种植园主从日本、中国和菲律宾引进劳动力。这些移民的人数很快就超过了当地的夏威夷人。

美国于1898年4月向西班牙宣战,并迅速击败在菲律宾和古巴的西班牙军队。西班牙战败后,麦金莱担心原属于西班牙的这些岛屿会落入其他帝国主义国家之手,比如日本和德国。日本通过甲午战争击败了中国,占据台湾。德国在19世纪80年代接管了新几内亚和萨摩亚的部分地区以及几个太平洋岛屿。为了防止出现这样的结果,麦金莱以2 000万美元从西班牙手里购买了菲律宾。

领导菲律宾人民起义并成立共和国的埃米利奥·阿吉纳尔多与美国人合

作,希望实现完全独立。他的计划落空,便再次领导人民反抗,宣布独立。美国政府认为菲律宾对全球利益很重要,极力镇压起义军。双方付出惨重代价,才在1902年结束战争。

菲律宾起义结束后,美国试图通过公共工程和经济发展项目来掩盖其统治。马尼拉市的新建筑拔地而起,修建了公路、港口和铁路,菲律宾经济与美国经济的联系越来越紧密。

1907年,菲律宾人被允许选举立法议会的代表,但最终权力仍掌握在美国手中。1916年,美国承诺会让菲律宾实现完全独立。

美洲国家遵循两条不同的发展道路。在加拿大和美国的制造业中,出现了强大的公司和富有的金融机构。

拉丁美洲出口原材料和食品,进口制成品。拉美国家的人民普遍贫困,日益依赖工业化国家。自然资源被包括美国在内的工业大国操纵,成为自由贸易帝国主义经济的一部分。在南美洲,压力主要来自经济。在中美洲,压力还来自美国的军事干预。

从19世纪70年代开始,几乎每个拉丁美洲国家都修建了铁路,将矿山、农业区与最近的港口连接起来。所有的设备、建筑材料、资金、负责项目设计和维护的工程师以及管理人员都来自英国、美国、法国。

阿根廷土地肥沃,出产小麦、牛肉和皮革,拥有美洲南部最发达的铁路网。到1914年,阿根廷86%的铁路为英国公司所有,40%的雇员是英国人,铁路系统的官方语言是英语。

美国长期以来都对古巴感兴趣。古巴是加勒比海群岛中最富有的地区,也是西班牙的殖民地。

美国企业在古巴的蔗糖业和烟草业中投入了大量资金,成千上万的古巴人移民到美国。古巴民族主义者何塞·马蒂投身反对西班牙统治的革命。美国报纸以耸人听闻的方式报道西班牙在古巴的暴行,商人担心他们的投资,政客们要求美国政府帮助"解放"古巴。

美西战争结束后,古巴成为一个独立的共和国,但饱受美国的干涉。

中美洲国家小而穷,政府腐败,政权不稳定,经常破产,常常公开邀请外国势力干涉。政府借钱修建铁路、港口和其他象征现代化的设施。当政府无法偿还贷款时,欧洲国家或美国的银行会鼓动本国政府提供援助,时常对其进行直接干预,美国经常派遣海军陆战队抢在欧洲人之前侵略这些国家。

20 世纪初,美国的几任总统——西奥多·罗斯福、威廉·霍华德·塔夫脱和伍德罗·威尔逊都对该地区进行过干预。罗斯福支持对美国友好的政权;塔夫脱通过"金元外交"来影响它们;威尔逊则试图通过军事手段来迫使它们的政府免于腐败。

美国将古巴从西班牙手中"解放"出来,迫使古巴政府接受"普拉特修正案",该修正案赋予美国"干预权",以维持古巴的秩序。美国利用这一借口多次对古巴进行军事占领。古巴名义上独立,实际上美国成为其保护国。

美国曾占领多米尼加、尼加拉瓜、洪都拉斯、海地。美国也促进了其公共卫生和物质进步,但没有推动这些国家改善政治。对于哥伦比亚的巴拿马省,美国政府态度强硬。在美国获得夏威夷和菲律宾后,政府认为需要一条运河,使军舰能够在大西洋和太平洋之间快速航行;但哥伦比亚拒绝。1903 年,美国政府支持巴拿马人反抗哥伦比亚,并迅速承认巴拿马独立。作为交换,美国获得修建一条运河的权利,并在运河两侧占据区域。巴拿马运河工程于 1904 年开工,并于 1914 年 8 月 15 日通航。运河在给美国带来重大利益的同时,也给该地区带来不少麻烦。

三、亚非国家

1869 年,埃及总督伊斯梅尔策划举办苏伊士运河的落成仪式。伊斯梅尔借此机会强调非洲、亚洲和欧洲人民之间的和谐与合作,并表明埃及不仅独立,而且与各大国平等。这条运河的建设取得了巨大的成功,但并非伊斯梅尔所希望的那样。运河非但没有带来三大洲和三种信仰的人民之间的和平,反而引发了欧洲国家对非洲和亚洲的瓜分浪潮。

1869 年至 1914 年间,德国、法国、英国、俄国等国利用工业技术将自己的意愿强加于非洲和亚洲的国家和地区。

(一)争夺非洲

直到 19 世纪 70 年代,非洲历史在很大程度上是由其内部力量和伊斯兰教的传播塑造的。除了阿尔及利亚和南部非洲,欧洲人很少前往非洲内陆,一般来说,这些欧洲国家只在非洲海岸上拥有一小块"飞地"。到 1879 年,非洲人仍然统治着非洲大陆 90% 以上的土地。但此后,在不到十年的时间里,非洲被西方列强入侵并被瓜分,此即 19 世纪末的非洲瓜分浪潮。

具有讽刺意味的是,欧洲介入埃及是埃及试图摆脱奥斯曼帝国统治的结果。

在整个 19 世纪中叶,埃及总督一直试图使其武装部队现代化;修建运河、港口、铁路和其他公共工程;农业发展转向出口农作物,尤其是棉花。他们支持苏伊士运河的开凿也是为了实现现代化目标。

这些雄心壮志耗费了大量资金,这些资金是以高利率从欧洲债权人那里借贷的。到 1876 年,埃及的外债已增至 1 亿英镑,仅利息支出就消耗其大量的出口收入。为了避免破产,埃及政府将其苏伊士运河的股份出售给英国,并接受了四名外国"债务专员"来监督其财务状况。

由于担心自己的投资受损,英国于 1882 年向埃及派遣一支军队。在接下来的 70 多年里,英国间接统治着埃及。也就是说,埃及政府和埃及人的主权是虚假的,实权掌握在英国政府手中。19 世纪 90 年代,不断升级的矛盾,使得埃及政治家和知识分子纷纷要求英国人离开。

当英国接管埃及时,法国正计划将其帝国扩展到西非内陆。几个世纪以来,塞内加尔海岸一直在法国人手中,他们希望修建一条从塞内加尔河上游到尼日尔河上游的铁路,以便和内陆进行贸易。其结果是法国军队征服苏丹西部。

1879 年,美国记者亨利·莫顿·斯坦利说服比利时国王利奥波德二世将其个人财富投资于赤道非洲。1879 年至 1884 年,斯坦利带着利奥波德二世的钱回到非洲,在刚果河南岸建立贸易站。与此同时,在法国军队服役的布拉柴从刚果河北岸的一位非洲统治者那里获得特权,将该地区置于法国的"保护"之下。这些事件引发了一系列外交活动。德国总理俾斯麦于 1884 年至 1885 年召集各国在柏林召开瓜分非洲的会议。主要大国确立了"有效占领"的原则。

在西非内陆地区,穆斯林统治者抵抗法国入侵长达 30 年之久。法国的推进也刺激着德国对该地区的部分区域提出主权要求,英国则从西非沿海向北推进,直到整个地区被英国、法国和德国占领。

西非长期以来贸易繁荣,而赤道非洲的居民很少,贸易量也很小。刚果自由邦、法属刚果以及葡萄牙殖民地安哥拉和莫桑比克的政府没有直接管理这些广阔的领土,而是将大片土地出租给私人特许公司,让它们垄断其领土上的自然资源和贸易,并有权雇佣士兵和向居民征税。由于缺乏监督,这些公司以武力强迫非洲居民生产经济作物,激起多重矛盾。

1869 年至 1914 年间,南部非洲的发展与非洲大陆其他地区的发展有所不同。这块土地长期吸引着定居者。非洲牧民和农民在该地区居住了几个世纪。

英国探矿者和定居者在 19 世纪末到达;印度人被英国人带来并留下来。南部非洲因其良好的牧场和农田以及惊人的钻石、黄金、铜、煤炭和铁矿石储量吸引了欧洲定居者。

在金伯利发现的钻石吸引数万欧洲探矿者和非洲人前来寻找机会。1871年,英国作为开普殖民地的统治者吞并钻石产区,激怒布尔人。

1877 年和 1878 年,英国人在内陆打败科萨人。1879 年,他们与祖鲁人对抗,祖鲁人是该地区非洲民族中军事力量最强的民族。他们在国王塞奇瓦约的领导下与英国开战,结果是交出土地。英国与布尔人的德兰士瓦共和国关系原本就紧张,1886 年,在德兰士瓦共和国发现黄金后,英国与布尔人之间的关系更加恶化。在随后的淘金热中,英国人的数量很快超过布尔人。

漫画《巨人罗得斯》

依靠金伯利钻石矿大发横财的塞西尔·罗得斯创立戴比尔斯联合公司,主导着世界钻石贸易。他鼓动英国南非公司向北进军中非,建立两个新殖民地南罗得西亚(今津巴布韦)和北罗得西亚(今赞比亚)。入侵虽遭当地人反抗,但英国人最终击败了他们。另外,英国试图吞并德兰士瓦共和国和奥兰治自由邦这两个南非白人的统治地区,以及讲英语的白人涌入黄金和钻石矿区,导致了"布尔战争"。这场战争从 1899 年持续到 1902 年。布尔人失败,但英国也被迫给予布尔人有限的自治权。1910 年,欧洲定居者创建南非联邦,布尔人是统治力量。1913 年,南非议会通过《土著土地法》,将非洲人分配到保留地,并禁止他们在其他地方拥有土地。这一政策加上其他种族主义政策,使南非成为一个种族隔离和压迫严重的国家。

(二)亚洲和太平洋的帝国主义

自十六世纪初以来,欧洲人一直在亚洲进行贸易。中国幅员辽阔,在 19 世纪末的瓜分浪潮中,列强利用清王朝的衰弱,瓜分中国。到 1869 年,英国已经控制印度和缅甸的大部分地区;西班牙占领菲律宾;荷兰占据了东印度群岛(今印度尼西亚等)的大部分地区。1862 年至 1895 年,法国征服中南半岛东部(今越南、柬埔寨和老挝)。在全球体系的建构中,亚太地区也是一个重要部分,帝国主义对中亚、东南亚和夏威夷等地产生广泛影响。

1865 年至 1876 年间,俄国军队进军中亚。居住在里海以东的哈萨克人英勇作战,但徒劳无功。哈萨克斯坦肥沃的农田吸引了 20 万俄国定居者。尽管沙皇亚历山大二世和亚历山大三世声称不干涉当地人习俗,但他们把公有牧场移交给俄国农民。到十九世纪末,游牧民族陷入饥荒。

哈萨克草原以南是沙漠,绿洲星罗棋布(传说中的塔什干、布哈拉和撒马尔罕是中国和中东之间的商队进行贸易的重要城市)。到十九世纪六七十年代,俄国殖民者轻而易举地征服了这些地区,获得了适合种植棉花的土地,以及大量人口。俄国人废除了奴隶制,修建了连接该地区与欧洲的铁路,并种植了大量棉花。然而,与在印度的英国人不同,他们没有试图改变当地人的习俗、语言或宗教信仰。

几个世纪以来,东南亚的人民一直与中国人、印度人、阿拉伯人和欧洲人接触。与非洲一样,该地区不同区域的历史差异很大,但在十九世纪,所有地区都受到了来自帝国主义的强大压力。缅甸距离印度最近,在十九世纪逐渐被英国占领,直到 1885 年被完全吞并。中南半岛东部被法国控制。同样,马来亚在十九世纪七八十年代处于英国的统治之下。二十世纪初,荷兰人最终征服苏门答腊岛北部。在东南亚地区,只有暹罗(今泰国)保持相对独立。尽管政治、历史情况各不相同,但这些地区有共同的特点——土壤肥沃,风调雨顺,园艺、灌溉和梯田建设具有悠久的传统。欧洲人从中国和印度引进劳动力,并带来有商业价值的作物。

东南亚的大部分产品被出口到欧洲和北美。该地区的人数以前所未有的速度增长。殖民主义和人口增长带来许多变化。与在非洲一样,欧洲传教士试图在殖民保护伞下传播基督教。然而,伊斯兰教比基督教在该地区更成功,因为它已经在东南亚地区传播了几个世纪,人们并不认为它是外国人强加给他们的宗教。

印度兴起的民族主义运动,中国民族主义者的努力和向现代化的探索(瓦解清朝的统治),尤其是日本,快速工业化使日本在日俄战争中取得胜利,均对东南亚人民的政治观念产生影响。

19 世纪末,西方列强在非洲和亚洲掀起瓜分浪潮。受到帝国主义冲击的国家和地区的传统社会文化习俗受到影响,但对殖民统治的反应大相径庭。与拉丁美洲一样,无论是主动还是被动,非洲和亚洲都被卷入全球经济和政治体系之中,成为资本投资的对象。帝国主义,无论是正式的还是非正式的,都为发展贸易和交流打开了世界的大门。航运和铁路是全球化最明显的手段。农业、矿业、劳动力迁移和城市化也受到了深刻的影响。在此过程中,自然环境发生了前所未有的变化。森林被种植园取代;灌溉计划使旱地被用于农业经营;铁路和矿山建设则会破坏自然景观,造成污染。

四、全球体系的影响

全球体系的形成是 19 世纪中叶之后世界经济、政治最深刻的变化。这一体系的建立最终导致帝国主义的形成,德国历史学家兰克声称的"列强"(大国)已经不像 16 世纪的西班牙征服者。帝国主义列强征服的范围更广,它们的目标不仅是将权力扩大到新的领土和人民,还要控制自然世界和当地社会。

几个世纪以来,欧洲一直是香料、蔗糖、丝绸和其他产品的市场。工业革命极大地扩大了这种需求。19 世纪,茶叶、咖啡和可可等产品的进口量大幅增加。工业原材料贸易增长更快。

非工业世界的传统生产和运输方式无法满足工业世界日益增长的需求。19 世纪 60 年代,当美国内战中断了对英国的棉花出口时,英国人转向了印度和埃及,但他们发现,印度棉花在从内陆到港口的长途旅行中,会因雨水和灰尘而遭到破坏。为了防止其工业的扩张被新占领土地的落后技术扼杀,帝国主义国家竭尽全力将这些地方纳入世界资本主义市场。一个巨大的变化是在交通方面。苏伊士运河和巴拿马运河大大缩短了运输时间,降低了运费。越来越多的蒸汽船被用于远程航运,随着航运规模的扩大,更多深港城市发展起来。欧洲人还在世界各地修建铁路;到1915 年,印度的铁路网已经比较庞大。铁路延伸到拉丁美洲、加拿大、中国和澳大利亚的内陆地区。20 世纪初,俄国人建成了从莫斯科到太平洋沿岸的海参崴的跨西伯利亚铁路。

欧洲人和美国人带来的经济变化改变了世界各地的环境。中国有限的茶叶出口量无法满足英国人对茶叶的需求,他们将茶叶种植引入锡兰和印度东北部。在这些地区,数千平方千米的热带雨林被砍伐,为茶园让路。19 世纪,热衷于收集世界各地植物的欧洲植物学家在爪哇、印度、毛里求斯、锡兰、牙买加和其他热带殖民地建立了植物园,不仅收集当地植物,还将具有商业价值的植物在热带地区间相互引进。金鸡纳、烟草、甘蔗等在东南亚的殖民地被引进、改良和大规模种植。可可和咖啡种植遍及巴西和非洲大片地区;尼日利亚和刚果盆地建立了油棕种植园。1910 年后,用于制造防水服装和自行车轮胎的橡胶主要来自东南亚的种植园。

在整个热带地区,曾经被森林覆盖的土地被转变为永久性农场和种植园。即使在不发达的农作物出口地区,不断增长的人口也给土地带来了压力。在爪哇和印度,农民砍伐树木以获得耕地和木材。他们在山坡上修梯田,排干沼泽,打井取水。

灌溉改变了热带的干旱地区。在印度的英国工程师修建了新的灌溉渠,将原本贫瘠的土地变成了水源充足的农田。欧洲专家将灌溉的最新技术传播到世界各地。在埃及和中亚,得益于灌溉工程,在四十年的时间里开垦的耕地比以往任何历史时期都多。

铁路对土地和其他资源也有极大需求。铁路建设还消耗了大量的铁、枕木以及被用作燃料的煤或木材。人们在更广袤的地区寻找有价值的矿物。这些探矿者大肆开采和加工矿石,制造出大量的矿渣和有毒的废水或废气,污染了环境。人类对土地的改造速度在工业化时代急剧加快。

1850 年至 1914 年这段时期是全球体系建立的关键期,也被经历过第一次世界大战的欧洲人视为"黄金时代",在一定程度上确实如此。工业化是一股强大的洪流,它改变了欧洲、北美和东亚。正如航运和铁路增强了工业国家的全球影响力那样,新技术——电力、钢铁和化工以及全球电报网,则有助于工业国家财富的增加和权力的实现。清洁的水、电灯和铁路开始改善城市居民甚至穷人的生活。市政服务使城市生活变得不那么危险和混乱。来自世界各地的商品在大陆之间交换。

工人们获得了一定程度的认可和保障。自由主义政治改革在北美和西欧进行。意大利、德国、俄国、日本的统治者都是通过自上而下的方式确立帝国统治的。

全球经济、国际政治等都围绕着少数几个主要资本主义国家运行,这些大国认为自己控制了世界的命运。其中包括 19 世纪最强大的欧洲国家,以及三个"后起之秀"——德国、美国和日本。20 世纪初,世界似乎牢牢地处于大国的控制之下。20 世纪的第一个十年是世界大多数地区相对和平与经济增长的时期。飞机等几项新发明引起了人们的极大兴趣。大国巩固了过去几十年的殖民征服成果,它们纷纷组成势均力敌的联盟。

1910 年的福特 T 型车

全球体系的形成带来的另一个影响则是使世界走向战争。两大变化破坏了世界表面上的稳定。在欧洲,随着德国的工业和军事实力日益强大,它在海上挑战英国,在摩洛哥挑战法国,紧张局势加剧。奥斯曼帝国日渐衰弱,留下了危险的权力真空。由此导致的巴尔干地区的混乱逐渐将欧洲列强拖入战争之中。

1914 年 6 月 28 日,奥匈帝国王位继承人斐迪南大公乘坐敞篷马车来到萨拉热窝。当马车短暂停下时,亲塞尔维亚的普林西普两次开枪,杀死了大公和他的妻子,史称"萨拉热窝事件"。这一事件打破了欧洲相对和平的局势,引发全球冲突。暗杀升级为全球战争,是 19 世纪下半叶以来工业发展和帝国主义全球竞争的结果。19 世纪末业已形成的几个因素直接导致了全球战争。一是被强化的民族主义,它将公民与他们的种族群体绑在一起,并引导他们在被民族国家召唤时杀害他们的敌人。二是大国为保护自己不受竞争对手影响,纷纷组成联盟,并形成军事计划体系。三是德国渴望统治欧洲。

民族主义将法国、英国和德国公民团结在各自政府的周围,并赋予他们巨大的凝聚力和决心。民族主义也可能是一股分裂力量。俄国、奥匈帝国和奥斯曼帝国都是庞大而脆弱的多民族帝国,包括众多的少数民族和宗教群体。在压制其他少数民族几个世纪之后,政府无法指望这些民族全力支持自己。

持民族主义观点的大多数人将战争视为争取自由或是对过去的不公正进行

报复的手段。在 19 世纪,随着对拿破仑战争造成的苦难和屠杀的记忆的消退,人们对战争的反感逐渐减弱。1853—1856 年的克里米亚战争和 1870—1871 年的普法战争几乎没有造成大的人员伤亡。在帝国主义的战争中,欧洲人几乎总是以很少的金钱和人力代价取得胜利。

使巴尔干半岛的事件演变成涉及所有大国的冲突的是联盟体系。德国是这一联盟体系的关键因素。位于欧洲中心的德国是欧洲工业化程度最高的国家。其军队训练有素,装备精良,并通过建造战舰挑战英国的海军霸权。1882 年,它组建了包括奥匈帝国和意大利在内的"三国同盟"。法国与俄国结盟,1904 年,英国和法国签订了协约,1907 年俄国加入该联盟。因此,欧洲被划分为两大集团。由于列强的军备竞赛,联盟体系被逐渐拖入困境。1914 年,西欧和中欧拥有高度发达的铁路网,但机动车辆很少,欧洲军队已发展到拥有数百万士兵和预备役军人。动员这些部队并将其运送到战场,需要数千列火车按精确的时间表运行。一个国家的动员一旦开始,就不可能取消或推迟,以免造成混乱。

在第一次世界大战爆发前的几年里,法国和德国的军事策划人员制定了详细的铁路时间表,以便在几天内动员各自的军队。俄国是一个铁路系统不发达的大国,需要几周的时间来动员其军队。英国只有一支规模很小的志愿军,没有任何动员计划,德国的战争策划者认为英国不会参与欧洲大陆的战争。为了避免同时与法国和俄国作战,德国的战争策划者们希望在几天内打败法国,然后在俄国实现完全动员之前,用火车将军队运过德国,到达俄国边境。

1914 年 7 月 28 日,奥匈帝国向塞尔维亚宣战。宣战引发俄国、法国和德国开始实施总动员计划。俄国政府下令进行总动员。8 月 1 日,法国下令进行总动员。几分钟后,德国也这样做了。由于拥有严格的铁路时间表,战争一触即发。德国计划绕过中立的比利时,进入法国西北部。德国总参谋部希望法国在英国介入之前投降。但 8 月 3 日,当德国军队进入比利时时,英国要求他们撤军。当德国拒绝后,英国向德国宣战。随后,奥斯曼帝国宣布与英国开战,战争变成全球性战争。法国和英国全面动员殖民帝国的力量,将非洲人、印度人、澳大利亚人和加拿大人带到欧洲在前线作战,中国也派遣了大量劳工。1917 年,美国加入这场战争。

在这场战争中,经过四年的苦战,双方都没有取得胜利,没有收获,没有荣耀,只有数百万士兵的死亡。这场冲突在欧洲、中东和俄国均造成严重后果,也引发中国的动乱。

本 章 小 结

　　较之前一时期,从 19 世纪下半叶开始,欧美国家由于第二次工业革命的推动加速发展。全球互动增强,从而形成了全球体系。奥斯曼帝国等从强大的国家沦落为西方列强的附属国家。全球体系的形成犹如民族国家洗牌,一些国家衰落,而另一些国家通过自上而下的改革或"王朝战争"获得转型机会。日本、俄国、德国、意大利都属于此列,这些国家充分利用第二次工业革命的成果,大力推动制造产业的发展,并且走上海外殖民道路。19 世纪末,西方列强通过海外殖民扩张,掀起了瓜分非洲和亚洲的狂潮,资本输出使得亚非拉国家与欧美国家形成不平衡的发展状况。而在这些地区的竞争也加剧了西方国家之间的矛盾,随着军备竞赛的开展和局部战火的燃起,世界历史上第一次全球范围内的战争爆发。这场战争也为全球体系的构建画上了一个休止符。

思考题

　　1. 1861 年亚历山大二世农奴制改革的历史背景、主要内容和意义是什么?

　　2. 与第一次工业革命相比,第二次工业革命的主要特征有哪些?

　　3. 在全球体系形成的过程中,英国的主导作用十分明显,通过一系列海外殖民活动,它建立起了所谓的"东方帝国",请概括说明这一帝国的形态。

　　4. 19 世纪下半叶至第一次世界大战爆发期间,东欧地区积贫积弱,巴尔干半岛甚至成为"火药桶"。为什么会形成这样的结果?

　　5. 19 世纪末,美国通过哪些手段迅速崛起?

扩展阅读

　　1. 于尔根·奥斯特哈默:《世界的演变:19 世纪史》,强朝晖、刘风译,北京:社会科学文献出版社,2016 年。

2. 威廉·麦克尼尔:《西方的兴起:人类共同体史》,孙岳、陈志坚、于展等译,北京:中信出版社,2015 年。

3. 伊曼纽尔·沃勒斯坦:《现代世界体系》(第四卷),吴英译,北京:社会科学文献出版社,2013 年。

4. Jorge Canizares-Esguerra: *The Atlantic in Global History*, 1500 – 2000, New York: Routledge, 2017.

第九章　全球争端的开始

随着近代民族国家在生产力发展、民族意识觉醒之中纷纷崛起,民族、国家、区域间大规模的竞争也就此展开。伴随着工业革命的进一步发展,19世纪末20世纪初,资本主义向帝国主义过渡,资本主义政治经济发展的不平衡规律就此显现,而世界殖民体系已基本定型。资本主义国家之间的力量对比的改变,在全球范围内引发了新的矛盾。两大军事集团形成,终于酿成第一次世界大战,永久改变了20世纪以来的国际关系格局;而一战后世界局势的变化,为人类的发展展现了全新的可能性。

第一节　第一次世界大战

工业革命以来的一系列理论和技术创新,向人类展示着美好的发展前景。"美丽新世界"仿佛已经到来。但是,人类文明取得如此巨大的进步,并没能消灭战争。19世纪末至20世纪初,伴随着工业革命带来的生产力发展,资本主义向帝国主义过渡,垄断资产阶级控制政权,财富分配不均,各国资本主义改革和发展的力度不同,使得社会产生了广泛的不可调和的矛盾。而在马克思主义诞生、国际工人运动发生之后,各国工人阶级纷纷觉醒,斗争运动愈演愈烈。统治阶级意图通过战争转移社会矛盾,寄希望于利用战争所得的原料、产品和劳动力弥补资本主义经济发展模式的缺陷,并在外来威胁下转移矛盾,稳定民心。

与此同时,得益于地理大发现和铁路、轮船的发明,欧洲列强在亚洲、非洲、拉丁美洲建立起了殖民地和半殖民地,全球基本上被列强瓜分完毕。然而,在第二次工业革命中后起的资本主义国家对全球殖民态势不满,美国提出了"门户开放"的口号,要求平等共享殖民利益,统一后的德国则在威廉二世引领下推行"世界政策",与英国展开海军军备竞赛,以求称霸世界。在新旧殖民主义矛盾激化、各帝国主义国家经济发展不平衡、秩序划分不对等的背景下,为重新瓜分世界和争夺全球霸权而爆发了一场世界级帝国主义战争,开启了工业文明全球争端的时代。

●视　频

战前欧洲
三大矛盾

一、巴尔干危机与一战爆发

(一) 巴尔干危机

1908 年,"青年土耳其党"发动起义,奥斯曼帝国爆发革命。动荡的局势与执政者的单边民族主义政策,引发了国内希腊人、亚美尼亚人、阿拉伯人等其他民族的反抗,在民族矛盾下帝国疆域内出现了离心趋势,波斯尼亚危机爆发。欧洲列强认定瓜分奥斯曼帝国的机会已经到来,针对原属帝国疆域而民族情况复杂的巴尔干地区展开了争夺。统治奥匈帝国的哈布斯堡王朝历史上曾多次牵头反对其统治,借此占领了捷克、斯洛伐克、匈牙利、罗马尼亚及波兰的部分领土。巴尔干地区的民族独立运动使得奥匈帝国陷入矛盾:一方面,其希望通过反对奥斯曼帝国,取代奥斯曼帝国在这一地区的统治地位,通过吸纳独立民族拓展"二元帝国"。另一方面,奥匈帝国本身也是一个多民族国家,境内除以上各民族,还有斯洛文尼亚人、克罗地亚人、南部斯拉夫人等其他民族,民族矛盾也十分尖锐。一旦将民族独立运动引入国内,境内外民族团结起来反对王朝统治,则奥匈帝国势必重复奥斯曼帝国的命运,沦为饱受民族纠纷之苦的"欧洲病夫"。因此,奥匈帝国既积极向巴尔干半岛西北部扩张,又深恐治下的各民族脱离帝国统治。

相对于奥匈帝国的左右为难,沙皇俄国自 19 世纪初便力主削弱奥斯曼帝国,逐渐成为巴尔干地区活动的引领者。在日俄战争中失利后,俄国向远东开拓殖民地的举动受挫,转而将扩张重点放在了巴尔干地区。而 20 世纪初塞尔维亚独立后的一系列发展,使其成为巴尔干地区民族独立运动的象征与典范。主张塞尔维亚血统各民族统一的"大塞尔维亚主义"应运而生。俄国"泛斯拉夫主义"运动给予其极大支持,以图吸引奥匈帝国境内的塞尔维亚血统民族脱离帝国加入塞尔维亚。

奥匈帝国在德国支持下强硬应对,于 1908 年 10 月 7 日单方面宣布吞并塞尔维亚人聚居的波黑地区,迫使俄国和塞尔维亚让步。波斯尼亚危机爆发后,希腊、保加利亚、塞尔维亚、门的内哥罗联合组建巴尔干同盟,于 1912 年 10 月发起战争击败奥斯曼帝国。1912 年 12 月,巴尔干同盟与奥斯曼帝国和会,以及英、法、德、俄、奥匈、意大利六国大使会议在伦敦召开,形成了协约国支持巴尔干同盟、同盟国支持奥斯曼帝国的局面。1913 年 5 月,双方订立和约,奥斯曼帝国丧失了除伊斯坦布尔及海峡北面狭小区域外的全部欧洲领土,巴尔干地区各民族由此摆脱其统治,但巴尔干地区就此成为协约国、同盟国博弈的舞台。

获胜的巴尔干同盟各国在 1913 年 6 月又因争夺赢得的领土爆发了第二次巴尔干战争。因允诺支持的奥匈帝国和德国未完成世界大战准备,孤立无援的保加利亚被协约国支持的塞尔维亚、希腊击败,于 1913 年 8 月 10 日签订《布加勒斯特和约》,被迫重新分割战利品。至此,针对奥斯曼帝国的联盟体系瓦解,巴尔干地区形成了盘根错节的对峙局面:一边是协约国支持的塞尔维亚、希腊、罗马尼亚,另一边是同盟国支持的奥斯曼帝国、保加利亚。获胜的塞尔维亚领土、人口极大增加,国家威信上升,使得被奥匈帝国强占的波黑地区民众发出了摆脱奥匈帝国统治、并入塞尔维亚的呼声。认为受到其威胁的奥匈帝国为杜绝"大塞尔维亚主义"影响,防止波黑地区从帝国中分离,开始致力于打压塞尔维亚;德国也认定自己"被包围",战争即将到来,开始加紧战争准备,并且支持盟友奥匈帝国对塞尔维亚采取强硬态度。

由此可见,波斯尼亚危机与两次巴尔干战争虽属局部冲突,但背后体现的是同盟国与协约国的对立关系。而在德国支持下奥匈帝国对塞尔维亚发起的打击,势必引发塞尔维亚背后的俄国的报复,并进一步导致协约国与同盟国间的敌视。至此,巴尔干地区已经成了名副其实的"欧洲火药桶",缺少的只是一根引爆它的导火索。而在第二次巴尔干战争结束仅一年后,第一次世界大战便爆发了。

(二)一战爆发

1914 年 6 月,奥匈帝国在波斯尼亚举行针对塞尔维亚的军事演习。6 月 28 日,奥匈帝国王位继承人斐迪南大公来到萨拉热窝视察。大塞尔维亚主义者、"青年波斯尼亚"组织成员普林西普刺杀了大公夫妇。"萨拉热窝事件"成为第一次世界大战的导火索。7 月 28 日,奥匈帝国在德国的支持下,以萨拉热窝事件为借口,正式向塞尔维亚宣战。7 月 30 日,俄国进行战争总动员。8 月 1 日,德国宣布总动员并向俄国宣战,法国亦进行总动员。8 月 3 日,德国向法国宣战。8 月 4 日,英国以德国破坏比利时中立地位为由向德国宣战。至此,第一次世界大战正式拉开序幕。

第一次世界大战爆发后,战争主要在欧洲战场上进行,分为四条战线。英、法、比等国军队同德军在西线对抗,俄国军队同奥匈帝国、德国军队在东线对抗,意大利同奥匈帝国沿阿尔卑斯山在南线对抗,协约国支持的塞尔维亚、门的内哥罗、罗马尼亚、希腊与奥匈帝国及保加利亚在巴尔干战线对抗。其中东西两线是主要战线,西线具有决定性的作用,也是最为胶着僵持的战线。

从德国统一之时起,其总参谋长老毛奇等便已开始筹划应对法俄的两线作战。随着德俄关系不断恶化,德军总参谋部加紧制订并完善相关作战计划。1905年12月,时任总参谋长施里芬完成了最后一份两线作战备忘录,旨在利用德国兵力动员迅速的优势,先击败法国,而后回头集中力量对抗俄国。施里芬计划的中心与重点,是如何绕过法国漫长而坚固的防御体系直插其内地。基于此,施里芬计划将德国全部作战兵力分为对阵俄国的东线部队和对阵法国的西线部队。由于判断俄国军事力量的充分动员需要6到8周时间,施里芬计划中要求德国军队在这一时间内彻底击败法国,进而利用铁路网快速东进转身应付俄国。

然而到1914年,俄国在日俄战争中所受的创伤早已恢复,其兵力数量和动员速度都已超过施里芬当年的估计。而自普法战争结束后,法军为报失败之仇,从1872年起开始制订对德作战计划,到开战前已有17个作战计划。最新计划由法军总参谋长霞飞将军提出,即"第17号计划",其判断德军将集结在法德边境线上,因此法军要在这里展开积极攻势,一举收复在普法战争中失去的阿尔萨斯和洛林。为应对东线俄军意料之外的快速动员,防范法国规模巨大的陆军主动出击,德国继任总参谋长的小毛奇未能按照施里芬计划进一步加强右翼,反而减少右翼三分之一的兵力,抽调部队去东线。

1914年8月2日,德军入侵中立国卢森堡;4日入侵比利时,遭比利时军队顽强抵抗,用18天才通过比利时。右翼德军在占领了比利时后,其5个集团军像一把挥舞的镰刀,从比利时斜插入法国。8月20日起,在南翼处于守势的德军向按预定计划主动进攻中的法军发起反攻,经过一系列边境战役,法军损失惨重,被迫缩退到马斯河后面。法军司令霞飞承认"边境交战以失败而告终"。德国右翼主力克卢克指挥的第一集团军,被视为向巴黎进军的主攻部队。该集团军由比利时进入法国境内。1914年8月,法国边境之战后,法军和英国远征军于9月初撤至马恩河以南,在巴黎至凡尔登一线布防,并准备实施反攻。

1914年9月5日,法国第六集团军先头部队与德国第一集团军遭遇,法军首次使用大量汽车将第六集团军一部由巴黎运往前线。克卢克发觉右翼和后方受到威胁后,命令所部于 8 日全部撤至马恩河北岸,遂与第二集团军之间出现宽 50 千米的防御间隙。6 日,法国第五集团军和英国远征军从德军防御间隙地带穿插,8 日逼近马恩河,构成对德第一集团军的包围态势。同时,德国第二集团军已暴露的右翼也面临被围危险。9 日,德国第一、第二集团军被迫后撤,小毛奇于 10 日下令全线停止进攻,军队撤至努瓦永至凡尔登一线。包抄消灭法军,迅速攻入巴黎的施里芬计划化为泡影。

此次战役双方围绕巴黎城外的马恩河进行,马恩河会战以德军失败告终,成为一战的第一个转折点。英法联军在 200 千米的战线上推进 60 千米,伤亡 26.3 万人,德军损失 22 万人。英法虽遭受更大损失,但这是德军自开战后首次大规模撤退,其蓄谋已久、速战速决击败法国的企图就此破产。德军与英法联军不得不转入筑垒防御。西线战场形成了从北海到阿尔卑斯山的漫长堑壕,双方陷入僵持局面。

施里芬计划不仅在西线落空,在东线亦然,其最大的误算就是低估了俄军的动员速度。俄国从开战到总动员完毕,并没有如战前所料需要 6 到 8 周,而是仅仅用了 6 天。为了响应西线作战,俄国在并未完全做好准备的情况下发起进攻,但因德国防御力量薄弱得以形成强大攻击力。危局之中,德国任命兴登堡为东线总司令,鲁登道夫为参谋长指挥德国第八集团军,利用情报优势掌握了俄国两个集团军通信落后、缺乏配合的缺陷,在 8 月 26 到 30 日的坦能堡战役中,使俄国第二集团军覆灭;9 月初重创俄国第一集团军,其后收回东普鲁士。此战使得兴登堡、鲁登道夫在德国声名鹊起,战前被德军总参谋部视为"弃子"的东线派将领开始获得话语权。但实力相对薄弱的东线德军无力深入俄境击败俄国。

东西两线以外,一战的战火在全世界延伸。在奥斯曼帝国,其政府为推行改革,整顿海军,向法国贷款 300 万英镑以向英国订购战列舰阿金库尔号,然而在结清贷款后,一战爆发,战列舰被英国海军强制征收。此举激起其对协约国的极大不满。德国与在第一次巴尔干战争中获其支持的青年土耳其党人在 1914 年 8 月订立密约。奥斯曼帝国海军遂于 10 月 29 日炮轰俄国黑海港口,加入一战。在远东,日本为报复"三国干涉还辽",并趁机拓展在华势力范围,借口"英日同盟",于 8 月 23 日对德宣战。之后,日军在 10 月 31 日发起青岛战役,至 11 月 7 日,取代德国占领中国青岛。在巴尔干地区,奥匈帝国军队于 12 月 2 日攻入塞尔维亚首都贝尔格莱德,但首都很快又被塞尔维亚收复。

总体而言,1914 年战争爆发后,东西两线的战局决定了战争的走向。德军根据战前制订的施里芬计划在西线发动大规模进攻,越过比利时攻入法国境内,意图直驱巴黎,结束战争。但由于马恩河战役等战役中霞飞率领的法、英、比三国军队的抵抗和俄国在东线的进攻牵制,德军速战速决的计划破产。虽然施里芬计划破产,德国未能在开战之初的 1914 年实现西线速胜,但也在东线免遭失败。自此,东西两线作战的双方开始修筑堑壕长期对峙,转入漫长的阵地战,并尝试通过各种渠道寻求破局之法。

二、堑壕战僵持与突破尝试

(一) 堑壕战僵持

1915—1916 年间,战争进入相持阶段,双方都在寻求突破口,以求打破僵持局面。在 1914 年的速决战破产后,同盟国军队于 1915 年开始转变视野,寄希望于打垮俄国后再应对西线。德军封锁了波罗的海出海口,奥斯曼帝国的参战又阻断了黑海出海口,俄国在东线承受的压力进一步加大。在西线,1914 年的马恩河战役之后,协约国和同盟国也陷入了僵持状态。为打破僵局,法国提出采取"外围战略",寻求突破点改变战局。1914 年 10 月,奥斯曼帝国参战引发了协约国的关注,英国海军大臣温斯顿·丘吉尔于 11 月提出,可凭借英国海军的实力打开达达尼尔海峡,在加里波利登陆,直取伊斯坦布尔,把奥斯曼帝国逐出战争,减轻俄国在高加索战线的压力;且得到伊斯坦布尔控制的金角海就可直通黑海,支援俄国军队,借此开辟南线直接攻打奥匈帝国的通道。1915 年 1 月 2 日,英国政府同意了沙皇尼古拉二世的请求,决定按照丘吉尔的建议在达达尼尔海峡开辟一条新战线以支援俄国。1915 年 2 月,加里波利战役开始,以协约国彻底失败告终。

由于在坦能堡的惨重损失,且加里波利战役迟迟未能达成打通与俄国间的通道的目标,1915 年的俄军军火、给养不足,战斗力迅速下降。1915 年 5 月 2 日至 6 月 22 日,德奥发动果尔利策战役,凭借优势兵力突破俄国防线,俄军后撤130 千米,退回了俄国境内,波兰、立陶宛、库尔兰、加利西亚均落入同盟国手中。但德奥借此将俄国赶出一战的企图并未成功,9 月中旬时双方再度陷入僵持局面。

值得注意的是,作为三国同盟一员的意大利借口奥匈帝国对塞开战未经协商,在 1914 年 8 月 3 日宣布中立,实际旨在以参战为筹码,待价而沽。为换取意大利向同盟国盟友反戈一击,协约国通过 1915 年秘密签订的《伦敦条约》,向意

一战堑壕

大利承诺,其可以获得奥斯曼帝国领土及奥地利的全部沿海地区,把阿尔巴尼亚变为意大利保护国。意大利随即向奥匈帝国宣战,在 6 月 29 日至 12 月 10 日期间发动了 4 次大规模进攻。

在一战中,意大利实际损失的兵员数达到 65 万,比主要参战国英国还多,大量士兵倒在了意大利与奥匈帝国之间的山地战场上,引发了意大利社会对当局的极大不满。

1915 年 9 月,保加利亚加入同盟国,与德国、奥匈帝国大举进攻塞尔维亚,被击败的塞尔维亚在协约国支持下,于 1916 年初在希腊科孚岛成立流亡政府。1915 年协约国在达达尼尔海峡、东线战场屡屡受挫,南线加入的意大利也未能取得重要进展,取巧的"外围战略"未能奏效,协约国开始准备凭借自身的实力优势展开大规模会战,谋取决定性胜利;同盟国在东线、巴尔干战线节节胜利,也致力于以新一轮大规模军事冒险掩盖两线开战与资源、人力方面的不利因素,迫使协约国结束战争。由此,1916 年,双方在东西两条主要战线相继发起了具有决战意义的大规模会战。

(二)突破尝试

1916 年,同盟国和协约国双方进行了三次大型的陆地上战役及一次大规模海战,即西线的凡尔登战役、索姆河战役,东线俄军的夏季攻势与日德兰海战,双方都寄希望于通过战略决战突破僵持对峙,彻底扭转战局。1916 年 2 月 21 日,德国在猛烈炮火掩护下以近乎其总兵力的一半猛攻法国凡尔登一带防御阵地，突破法军第一、第二道防线。凡尔登要塞司令菲利普·贝当指挥守军顽强抵抗，顶住了德军的攻势。在近 10 个月的交战中，德、法双方投入 200 万兵力，伤亡 70 多万人，惨烈程度史无前例，以致该战役被称为"凡尔登绞肉机"。凡尔登战役是第一次世界大战的转折点，此后战局愈向对同盟国不利的方向发展。1916 年，德国第三届战时最高统帅部提出了《兴登堡纲领》，要求不惜一切代价提高军需用品产量，研发新式武器，扩大兵役年龄范围，实行普遍强制劳动，关闭对战争不必要的产业，等等。该纲领实际上是鲁登道夫日后提出的"总体战"理念的预演，旨在动员德国全部资源投入战争，发动所有公民为战争服务，以谋求战争胜利。在"总体战"之下，战争得以延长，而战争带来的苦难也被转嫁到每一个德国人身上，矛盾与不满日益积累，一场革命由此开始酝酿。

自战争爆发以来，英国海军凭借海上优势封锁了德国港口，并寻求在有利条件下歼灭德国公海舰队的机会。德国则优先保存舰队主力，防卫海岸，寄希望于通过远洋破袭战削弱英国舰队实力，在优势条件下引诱英国舰队进行决战。因此，1914—1915 年间双方在海上虽有多次小规模冲突，但并未发生决定性海战。1916 年，在陆上战线僵持的局面下，主张积极行动的舍尔担任海军司令，决定主动出击，引诱英国海军进行决战。破译了德军密码的英国海军也决定派出主力舰队歼灭德国海军。1916 年 5 月 31 日至 6 月 1 日，双方打响了第一次世界大战中最大规模的海上决战——日德兰海战。英国出动战舰约 150 艘，德国出动战舰约 100 艘。战后英国损失战舰 14 艘，阵亡 6 094 人；德军损失战舰 11 艘，阵亡 2 551 人；英国损失战舰的吨位近乎德国 2 倍，伤亡更是远超德方，德国取得了海战的战术胜利。但由于德国公海舰队被迫返回港口，仍处在英国海军的封锁之下，英国虽遭受巨大损失，但仍牢牢控制着制海权。此战后，德国舰队未再出港寻求海上战略决战，转而开始以更易隐蔽的潜艇打击协约国军舰及商船。

西线凡尔登的惨烈厮杀，使德国不得不把东线部队调往西线部署，这让在 1915 年遭受重创的俄国获得了 5 个月的喘息之机，武器、粮食和兵员得到了一定补充。为了减轻协约国在西线的压力，俄国于 1916 年 6 月至 9 月初发起夏季攻势。在布鲁西洛夫指挥下的俄西南方面军在布科维纳一举击败奥匈帝国军队。俄国重新占领加利西亚大部，此战成为第一次世界大战中俄军获得的最大胜利。但俄军本身也损失约 100 万人，自 1916 年初积累下来的军事物资也几乎消耗完。此战将奥匈帝国推到了战败边缘，但也给沙皇俄国埋下了覆灭的种子。

凡尔登的战争陷入僵局后，为分散德军兵力，减轻守军压力，英法于 1916 年在索姆河一线发动攻势，并且投入了全新的发明——坦克，以打破堑壕战的局面。德军进行防御。索姆河战役是第一次世界大战中规模最大的一次战役。英法军队虽未达到突破德军防线的目的，但牵制了德军在凡尔登的进攻，并使其产生重大伤亡。此役英法在军事和经济上均占据绝对优势，已然取得了西线战场的战略主动权。

1916 年的历次大规模战役造成了巨大的人员伤亡与物质损失。同盟国方面，德国在西线毕其功于一役的计划再次破产，并且丧失了战场主动权，国内开始转入穷兵黩武的“总体战”体制；奥匈帝国则在东线陷于颓势，难以为继。协约国方面也在会战中遭受惨重损失。战前的盲目乐观与好战情绪被一扫而空，各国民众普遍质疑本国参与这场大战的正义性。从 1916 年起，第一次世界大战各参战国均在不同程度上产生了社会危机，并向欧洲战场以外的世界寻求结束战争的助力，这在之后潜移默化地影响了大战的进程。

三、1917 年变局与一战结束

（一）1917 年变局

1917 年，一战各参战国无不陷于政治经济困境，开始尝试以不同方式结束战争。

同盟国中，在 1916 年夏季攻势中损失惨重的奥匈帝国于 1917 年初试图与法国和谈，国内斯拉夫人也掀起了独立浪潮，帝国濒临崩溃。德国虽未在 1917 年的战局中落于下风，但“总体战”下国内经济困难加剧，社会民生遭到严重破坏。为压制国内反战呼声，集中力量进行战争掠夺，在第三届战时最高统帅部中握有实权的鲁登道夫主张政治“为军事服务”，架空帝国政府，建立起了军方的独裁统治。

在协约国方面，索姆河战役的失败使得英国政府内阁更替，劳合·乔治担任英国首相，为继续战争加强了首相实权，扩大了政府对经济的控制权。在俄国，长期的战争使得本就薄弱的俄国经济陷于崩溃，反对战争的士兵、工农运动风起云涌。1917 年 3 月 8 日(俄历 2 月 23 日)“二月革命”爆发，彼得堡的工人、士兵推翻沙皇专制统治，但在革命中取得政权的资产阶级临时政府仍投身一战。该政权遂于 11 月 7 日(俄历 10 月 25 日)被以列宁为代表的布尔什维克党领导的

"十月革命"推翻,实现了由资产阶级民主革命向社会主义革命的转变,俄国建立起苏维埃政权,成立了世界上第一个社会主义国家。十月革命爆发第二天,苏维埃俄国要求进行和平谈判;1918 年 3 月 3 日,与德国签订了《布列斯特和约》,正式退出帝国主义战争。《布列斯特和约》使得新生的苏维埃俄国丢失了相当于德国面积两倍的土地,以及三分之一的人口、73％的钢铁工业、89％的煤炭工业和绝大多数工业区。

俄国革命爆发后,东线压力减轻的德国以为看到了胜利的曙光,开始加紧反击。在海上,德国于 1917 年 1 月 31 日恢复了"无限制潜艇战"以抗衡协约国的制海权,旨在通过海上封锁迫使英国停战。实际上,德国在 1915 年 2 月起便宣布,英国周围海域为战区,进行了"无限制潜艇战"。但 1915 年时载有大量美国旅客的英国"卢西塔尼亚"号邮轮被德国潜艇击沉,美国政府就此提出抗议并发出参战威胁,迫使德国一度取消了"无限制潜艇战"。"无限制潜艇战"的恢复使得美国威尔逊政府获得了对德宣战的口实,加之 3 月 1 日美国总统威尔逊公布了德国外交大臣引诱墨西哥对美作战的密电《齐默尔曼电报》,引起了美国社会的参战热潮。1917 年 4 月 6 日,美国对德宣战,中国及美洲多国相继投入战争,协约国阵营增加到 27 个国家。对德宣战后,美国开始以海军护航运送大量部队和物资到欧洲战场,同盟国与协约国间的实力差距进一步扩大。德国潜艇造成的商船损失吨位数从 1917 年 4 月的 86 万吨迅速下降,德国的"无限制潜艇战"就此破产。

1917 年俄国革命与美国参战成为第一次世界大战中最大的变局。俄国退出战争使觉得胜利在望的同盟国孤注一掷,以最后的资源进行战略决战,加速了其败亡。而美国的参战实际上显示了帝国主义全球秩序在一战过程中的重构。由于战争的削弱,英国全球霸主的地位下降,美英之间的矛盾缓和;而同属新兴帝国主义国家的美德两国之间的矛盾积累,协约国对美国物资的依赖,以及美德在拉丁美洲的竞争关系,使得美国必然选择加入协约国阵营与德对抗。至此,同盟国的失败已成定局。

(二) 一战结束

1917 年俄国革命后,德军便开始在西线集中兵力。1917 年 4 月,西线德军已达 190 个师近 160 万人,而协约国军队仅 124.5 万人,德军首次在西线取得了兵力优势。1918 年,德军发起第二次马恩河战役,亦称"皇帝攻势",以求在美国全面投入欧陆作战前尽快击败协约国军队。但德军在发起的四次进攻中损失巨大,兵力近乎枯竭。而早在 1917 年 6 月,美国远征军便已开赴西线,到 1918 年 8 月底兵力已近百万。双方的实力对比再次发生了决定性转变。

1918 年 3 月,法国元帅福煦任协约国军队最高统帅,于 1918 年下半年指挥协约国军队发起连续反攻。在亚眠战役中,德军主力迅速瓦解,被迫撤出法国。在其他战线上,9 月,保加利亚接受协约国停战条件退出战争,10 月,奥斯曼帝国投降,奥匈帝国则伴随境内各民族独立土崩瓦解,奥地利政府于 11 月 3 日无条件投降。

在军队节节败退、盟友纷纷投降之时,德国国内危机进一步加深。从 1916 年 12 月《兴登堡纲领》正式通过开始,在"总体战"战时体制之下,德国社会承受的灾难更加深重,社会矛盾急剧激化。1916 年,德国发生各类罢工 240 次,1917 年激增至 562 次,参与人数达 50 万;1918 年,柏林大规模罢工人数达 50 万,全国达 100 万。1918 年 10 月,败局已定的军方孤注一掷,命令缺油少弹的公海舰队出海迎击英国海军。11 月,不愿为帝国主义战争陪葬的基尔军港海军舰队水兵举行起义,"十一月革命"开始。11 月 9 日,柏林工人和士兵举行总罢工和武装起义,德皇威廉二世在内外交困的情况下宣布退位。1918 年 11 月 11 日,德国代表在巴黎东北部福煦元帅的行军火车上签署了停战协定,德军正式投降。第一次世界大战至此结束。

签署停战协定

　　第一次世界大战是一场非正义的帝国主义战争,给世界各国人民带来了深重的灾难。科技的进步为战争服务,大大提升了一战的残酷性:为迫使英国退出战争,德国利用齐柏林飞艇、轰炸机对英国本土进行狂轰滥炸;为打破阵地战的僵持局面,双方大量使用机枪、重炮、喷火器乃至毒气,使得战场成为人间炼狱。在欧洲战场之外,列强在其殖民地与势力范围内展开激烈争夺,使得这场战场主要位于欧洲的战争具有了波及世界的影响力。一战中全世界死亡约 1 000万人,伤残 2 000 多万人,经济损失达到 3 400 多亿美元。大战后的世界人民憧憬战后的和平,战后的决策却让战争的威胁相伴而生。

第二节　一战后的国际新格局

　　第一次世界大战使得战后各国实力对比发生了深刻变化,德意志帝国、奥斯曼帝国、奥匈帝国、沙皇俄国就此覆灭。英法的传统强权被战争削弱,国力衰退,整个欧洲的工业发展倒退了 8 年。而美国凭借强大的工业实力走向了国际政治舞台的中心。战争之后,一部分国家的命运转折中酝酿着全球格局的潜在变化。

一、战后的世界

　　第一次世界大战是英国全面衰落的开端。作为主要参战国,英国在战争中伤亡惨重,蒙受巨大损失。为了维持战争,英国向美国大量举债,国际金融中心从英国伦敦向美国纽约转移,英镑的国际地位下降,英国的国际金融垄断地位已然不保。在海上霸权方面,虽然通过战争解除了德国海军的威胁,但英国海军在一战中的日德兰海战等一系列海上斗争中的表现乏善可陈,陈旧的海战理念制约了其海上力量的发展。英国仅存的优势便是在维持欧陆平衡方面的策略与经验,以及老道的外交决策人员,以此维持英国在战后欧洲乃至全球格局中的传统影响。

　　一战中,围绕西线的反复鏖战使得法国经济遭到重创,工业和基础设施遭到严重破坏。法国最重要的东北部工业基地在战争中损毁严重,直接导致法国工业严重衰退。同时,法国的农牧业也遭到了重创,1919 年,法国的小麦产量还不到战前的一半,陷入了严重的饥荒。法国的国库被战争掏空。一战前,法国是世界上最著名的"高利贷帝国主义"国家,凭借金融放贷、资本输出聚敛财富。但在一战中,法国不仅把巨额的外汇消耗一空,把股票、有价证券等海外资产抛售殆尽,而且欠了美英大量外债。一战后,法国欠了美国 39.91 亿美元的债务,欠了英国 30.3 亿美元的债务。为了弥补巨额的财政赤字,法国不得不通过发行公债、向外国借款、增加税收来维持运转。这又引发了国内严重的社会矛盾,使得法国陷入了长期的动荡不安。此外,惨烈的一战让法国损失了大量的人口,在战争中,法国动员的兵力占到男性劳动人口的 50％ 以上,其中死亡 131.5 万,伤残超过 280 万,战时生产和前线勤务等原因导致劳动人口损失 130 多万,伤亡总数超过 500 万。而当时的法国人口仅 4 000 万左右。巨大的人口伤亡给法国社会留下了长期难以愈合的创伤。战后法国长期被劳动力不足和人口增长缓慢问题困扰,这对法国的社会发展和战争决策产生了严重影响。

相较英法,美国在一战末期才加入战争,其本土远离欧洲战场,未受战火波及,其损失相对不大。而一战对欧洲工业的破坏与巨大的物资需求,使美国的资本主义发展迎来了一个"战争繁荣期"。通过战时贸易,美国在成为世界第一经济体、第一工业强国的基础上掌握了大量硬通货,黄金储备不断积累,到 1930 年占到了世界的 40％。军事方面,借对德开战之机,美国颁布了《国防法》,建立起了正规化、职业化的庞大陆军;更通过《1916 年海军法》提出建设"不亚于任何国家的海军",直接挑战英国的海上霸权。时任总统威尔逊提出的"十四点原则"更是极大影响了同盟国的停战投降,美国由此对国际社会产生了巨大影响,并在作为世界政治中心的欧洲获得了极大响应。

1915 年,意大利得到了协约国的明确承诺,通过秘密签订的《伦敦条约》获得奥斯曼帝国的领土及奥地利的全部沿海地区,把阿尔巴尼亚变为意大利的保护国。南线战场开辟后,意大利在战争中遭受了惨重的损失,但始终未能取得决定性的突破。由于战争的残酷性,意大利提高了自己的期望值,希望在战后把势力拓展到匈牙利境内的阜姆港,从而获得在东地中海、亚得里亚海的支配地位。为此,意大利甚至在停战后未签署和约的情况下,直接把军队开进原奥匈帝国和奥斯曼帝国境内,激起了反抗。要求协约国兑现《伦敦条约》的承诺,并且承认其提出的新势力范围要求,成了意大利战后的首要外交任务。

在一战中,日本利用列强忙于欧战无暇东顾的时机,在亚洲展开殖民渗透,并通过俄、英军事订货与物资海运实现了经济发展,工农业生产空前繁荣。一战期间,日本工业总产值增长 1.8 倍,变为工业国;对外贸易增长 4 倍,国际收支顺差有 30 多亿日元,不但抵偿了战前外债,还摇身一变成为协约国的债权国。但获利的日本各财阀势力凭借其产业、经济上的优势地位，残酷地剥削劳动群众，而且极力影响政府的对内、对外政策。财阀控制国家经济命脉，民众成为恶劣生产条件下和对外作战中的牺牲品。1918 年，经济发展势头良好的日本爆发了历史上第一次全国性的大暴动。这次暴动从渔村妇女抢米开始，在各地一般也以抢米形式爆发，所以被称为"米骚动"。"米骚动"从抢米发展到与地主、资本家进行面对面的斗争，群众公开提出了"打倒寺内内阁"的口号，暴动演变为具有革命性的政治斗争。在国内矛盾深刻之际，日本欲借一战协约国取胜之机，以战胜后的分赃缓解国内矛盾，将从德国手中夺取的势力范围合法化，跻身战后构建国际秩序的列强行列。在一战中通过投机获益鼓励了日本，在军国主义指挥下进行军事冒险成为其消除国内危机、促进垄断资本主义发展的固有伎俩。

第一次世界大战爆发之初，各参战国都曾深信可以通过这场战争消除长期以来累积的矛盾。然而，伴随着帝国的消逝与新兴强权的崛起，在资本主义经济政治发展不平衡的固有规律之下，帝国主义间因分赃不均而产生的角逐仍在国际舞台上延续。这场"终结一切战争的战争"没能真正消除世界大战再度爆发的可能性。

二、凡尔赛-华盛顿体系的建立

第一次世界大战颠覆了旧的世界统治秩序，战后的资本主义世界需要重建新的国际秩序，以适应一战带来的诸多变化。1917 年十月革命后成立的社会主义国家——苏维埃俄国，也招致了协约国列强的敌视。各帝国主义国家策划反苏，需要就出兵干涉苏俄革命及扶持白军反对势力达成一致。

1919 年 1 月 18 日，战后协约会议在巴黎凡尔赛宫召开，即巴黎和会。会议由 27 个战胜国的代表参加，苏俄没有受到邀请，德国作为战败国也被拒之门外。作为一次强权之间的会谈，会议一开始就被四巨头——英国首相劳合·乔治、法国总理克列孟梭、美国总统威尔逊、意大利首相奥兰多把持。然而，此时意大利的国力难以与英美相提并论，加之其在战争初期摇摆不定，参战后又未能在南线战场取得关键进展，因而在会议后期，其诉求连连遭到美英法的拒绝，作为四巨头之一的奥兰多也被列强抛弃。自此，意大利政府在意大利社会中的声名一落千丈，以墨索里尼及其"意大利国家法西斯党"为代表的极端民族主义势力借机抬头，法西斯主义在欧洲的扩散开始。

日本希望通过巴黎和会获得占据中国青岛、胶州湾等德国势力范围的合法性,提高自身国际地位。然而预料之外的是,尽管其领土要求得到了满足,但其在谋求西方协约国承认其为完全平等的伙伴方面并未取得进展。英国坚决反对日本向其统治的自治领移民,澳大利亚则坚决捍卫白种人特权,拒绝日本平等与会的要求,并获得了西方代表团的一致认同。日本因这种冷遇而对巴黎和会开创的国际外交格局产生抵触,开始计划以自己的军事冒险挑战巴黎和会确定的世界秩序。

可以说,对巴黎和会炮制出来的世界新秩序不满的不仅仅是战败国,还包括一些战胜国。战胜国分赃不均,战败国则愤恨处置不公,德国是其中代表。

1918 年 11 月 11 日,战争正式结束前,协约国士兵并未踏上德国土地,这给德国右翼势力造谣生事创造了条件。新成立的魏玛共和国一度热切期望能够按照威尔逊战时的和平呼吁,在德国建立共和国、实行民主化的情况下获得相对宽容的待遇。德国为此逼退了皇帝,解散了帝国,建立起民主政体,以求获得宽大处理。然而魏玛政府被"出卖"了,德国人不再记得它的民主,而只看到了它与《凡尔赛条约》紧紧相连的耻辱象征,心有不甘的右翼军人高呼着和约的不公与"叛徒"的出卖,忘记了自己在过去这场战争中犯下的罪责,而这一信条恰恰成了两次世界大战间德国右翼思想的基石。

至此,巴黎和会对德和谈完全成了英法美三国之间的对话与分赃。经历唇枪舌剑,6 月 28 日,各战胜国终于签订《凡尔赛条约》。和约规定,德国及其各盟国应承担战争罪责;重划德国疆界,使德国丧失了 13.5% 的领土;瓜分德国殖民地;限制德国军备;并就赔款和其他经济条款向德国提出要求。由于美国借机夺取世界霸权的计划未能实现,美国参议院拒绝签署《凡尔赛条约》,美国另于1921 年 8 月 25 日与德国单独签订和约。

《凡尔赛条约》可以说是帝国主义重新瓜分世界的真实记录。和约不但大举削弱、压榨战败国,敌视新生的苏维埃俄国,更是在战后世界体系的构建上奉行强权原则。由于大会将战前德国在山东的特权转交给日本,严重损害了中国的利益,中国人民得知消息后忍无可忍,于 1919 年 5 月 4 日爆发了轰轰烈烈的"五四运动"。在全国人民反帝爱国运动的感召下,中国代表拒绝在《凡尔赛条约》上签字。这次运动作为中国旧民主主义革命和新民主主义革命的分水岭,直接影响了中国现代历史的走向。

和约并没有消除帝国主义之间争夺殖民地的矛盾,对战败国德国的苛刻勒索也使其种下了复仇的种子。法国元帅福煦事后评论说:"这不是和平,这是二

巴黎和会

十年的休战。"列宁说:"靠凡尔赛和约来维系的整个国际体系、国际秩序是建立在火山上的。"如前所述,战败国面对如此空前绝后的羞辱和掠夺,复仇意识萌发,民族主义甚嚣尘上。因战胜国争权夺利而建立起的所谓民族自决独立国家中,诸多民族矛盾错综复杂,为以后大国打破凡尔赛体系,挑起新的争端制造了机会和口实。同时,其反苏反共及殖民地争夺的性质,使得一战后的无产阶级革命和民族解放运动得以蓄积力量,开始冲击这一体系。由此可见,和约本质上是战胜国,尤其是少数大国间妥协分赃的产物,矛盾并未从根本上消除,争霸斗争仍在继续,这一点在日后的华盛顿会议中显现得淋漓尽致。

巴黎和会签订的《凡尔赛条约》与针对奥地利的《圣日耳曼条约》、针对匈牙利的《特里亚农条约》、针对保加利亚的《纳依条约》、针对奥斯曼帝国的《色佛尔条约》,以及针对土耳其资产阶级革命后的凯末尔政府的《洛桑条约》,共同构成了凡尔赛体系。这一体系以老牌资本主义国家英、法为主导,在惩治以德国为首的战败国、宰割弱小民族的基础上,确立了帝国主义在欧洲、中东和非洲统治的新秩序。

然而,凡尔赛体系的构建并不能满足美、日这些后发资本主义战胜国的需要。1921年11月12日,美、英、日等帝国主义国家为重新瓜分远东和太平洋地区的殖民地和势力范围,在美国建议下在华盛顿召开国际会议。华盛顿会议实质上是巴黎和会的继续,其主要目的是要解决《凡尔赛条约》未能解决的彼此间关于海军力量对比及在远东太平洋地区,特别是在中国的利益冲突。会议最后签订了三个条约:《四国条约》《五国海军条约》《九国公约》。《四国条约》拆散了英日同盟,日本的扩张野心受到遏制,但其太平洋权益得到列强承认,在国际上第一次与欧美列强平起平坐。《五国海军条约》限制了一战后的海军军备竞赛,是现代大国间签订的第一个裁军协议。《九国公约》则针对中国问题,打破了日本对中国的独占局面,由列强确认并同意将美国主张的"门户开放""机会均等"作为共同侵略中国的原则,而并未取消其强加给中国的不平等条约与在华特权。基于以上三个条约,华盛顿体系确立,标志着英国的海上霸权被打破,美国后来居上,在抑制英、日与宰割中国的基础上,确立起了帝国主义在东亚、太平洋地区统治的新秩序。

1919 年巴黎和会的实质是帝国主义分赃会议,构成了凡尔赛体系,确立了一战后由美国、英国、法国等主要战胜国主导的国际政治格局。1921 年的华盛顿会议对这一新秩序进行了再平衡,华盛顿体系的建立标志着战胜国在全球范围内基本完成了对战后列强关系的调整和对世界秩序的重新安排。由凡尔赛体系和华盛顿体系构成的帝国主义国际关系新格局,也就是"凡尔赛-华盛顿体系"。

第一次世界大战之后,胜利者拖着病体举杯庆贺,战败者跪伏之时仍攥紧双拳,如德国作家荣格所言:"这场战争是暴力的开始而非结束。在这个熔炉里,世界被锻造出新的边界和社会。新的铸模想要被鲜血灌满,而权力则欲被铁拳掌握。"

本 章 小 结

第一次世界大战是当时世界矛盾的总爆发,空前规模的残酷战争彻底打破了战前人类社会对工业革命下和平富足的"美丽新世界"的幻想,人们开始正视工业社会生产力发展背后滋生的种种不平等现象,并寻求解决之法,战争与革命浪潮开始席卷世界,全球争端由此开启。第一次世界大战结束后,形成了国际新格局,但并未真正化解全球性争端,反而在各个"战胜国""战败国"之间造成了更为深刻的矛盾与仇恨,使得全球性争端进一步加剧、升级,在 20 世纪 40 年代迎来了更为酷烈的世界性战争。

思考题

1. 第一次世界大战为什么首先在巴尔干地区爆发?

2. 第一次世界大战的各主要战线为何会陷入僵持局面?

3. 哪些原因导致了同盟国在 1918 年的失败?

4. 第一次世界大战中是否存在"正义"的一方?

5. 第一次世界大战给人类社会带来了怎样的影响?

扩展阅读

1. 艾瑞克·霍布斯鲍姆:《帝国的年代:1875—1914》,贾士蘅译,北京:中信出版社,2014 年。

2. 弗尔克·贝克汉恩:《第一次世界大战》,华少库译,上海:三联书店,2018 年。

3. 詹姆斯·乔尔、戈登·马特尔:《第一次世界大战的起源》,薛洲堂译,北京:商务印书馆,2021 年。

4. 亚当·图兹:《滔天洪水:第一次世界大战与全球秩序的重建》,陈涛、史天宇译,北京:中国华侨出版社,2021 年。

5. 徐国琦:《亚洲与一战:一部共有的历史》,尤卫群译,成都:四川人民出版社,2020 年。

6. Willmott:*World War I*,London:DK publishing,2009.

第十章　全球争端的升级与
全球共同发展

在一战给人类展示了工业时代大规模总体战的可能性后,全球性争端不断升级,在 20 世纪 40 年代以人类历史上前所未有的规模和剧烈程度爆发出来。而凭借反法西斯同盟协力制服了法西斯主义与军国主义的全世界人民,在战后大国建立的雅尔塔体系下逐渐陷入了意识形态对抗的阴影。第二次世界大战之后的人类社会虽未再面临世界性热战,却在全球冷战之中步履维艰。美苏两极对峙下,核战争的"达摩克利斯之剑"高悬于人类文明之上。1991 年,苏联的解体宣告了冷战的结束,但美国一超独霸的格局也就此奠定。在霸权主义下,地区冲突、民族矛盾、恐怖主义层出不穷。但在世界多极化、经济全球化的趋势下,在第三、第四次工业革命推动下,和平与发展这一当今的时代主题得到了世界各国人民的普遍支持。人类只有一个地球,各国共处一个世界,在 21 世纪这一全新时期,人类纵然经历艰难险阻,仍应携手前进,命运与共。

第一节　矛盾与对抗的世界

1918 年 11 月 11 日,德国代表在巴黎东北部的贡比涅森林福煦元帅的行军火车上签署停战协定,第一次世界大战至此结束。二战中,希特勒又将其作为法国对德投降、签订停战协定的所在。1945 年 4 月,希特勒战败自杀前,下令烧毁了它。十月革命后新建立的苏维埃俄国进行了前所未有的社会主义建设尝试,但也面临着资本主义世界的围追堵截,经历了艰苦卓绝的前进探索。而经济危机作为资本主义国家不可避免的宿命,在 1929 年开始席卷全球,迫使各资本主义国家寻求破局之法。在部分难以自救的国家,法西斯主义大行其道,大肆鼓吹侵略扩张。世界在深重矛盾与激烈对抗中,迈向又一次更为惨烈的大战。

一、苏维埃俄国的巩固发展

1918年3月3日,苏维埃俄国与德国签订《布列斯特和约》,退出了第一次世界大战,为刚刚诞生的苏维埃政权争取了喘息的时间。然而,协约国的武装干涉接踵而至,意图将新生的苏维埃政权扼杀于摇篮中。为应对国内外反动势力的反扑,苏维埃俄国开始推行战时共产主义政策,在农村实行余粮收集制,要求农民按国家规定的数量交售粮食及其他农产品,政府组织工人征粮队下乡,以确保征粮任务的完成。在城市,中等工业企业被收归国有,对小型工业企业则实行国家监督。全国实行成年人义务劳动制、粮食和日用工业品全面配给制,取缔商品自由贸易。战时共产主义政策是在内外战争和经济严重破坏的条件下被迫采取的,对捍卫十月革命成果、保卫苏维埃政权、赢得国内战争胜利起了积极作用。但是,"战时共产主义"政策中的许多措施超出了战时需要的限度,而且在1920年底国内战争基本结束的情况下不仅没有结束,反倒进一步加强,说明制定这一政策的指导思想中也有重大失误,即"决定直接过渡到共产主义的生产和分配"。

1918年11月,苏俄宣布废除《布列斯特和约》,红军收复被德军占据的领土。而腾出手的协约国加紧武装干涉,于苏俄南部集结13万军队,准备向北推进攻灭革命政权。但大量经历世界大战的协约国士兵不愿继续参战。从1919年到1922年,红军粉碎了国内外敌人的轮番进攻,在危局中保卫了苏维埃政权。

十月革命的胜利与苏维埃政权的英勇斗争推动了共产国际的建立。1919年3月,世界各国共产党和左派社会民主主义组织在莫斯科举行第一次代表大会,列宁做了关于资产阶级民主与无产阶级专政的报告,指出共产国际的根本任务就是实现无产阶级专政。大会通过了布哈林的《共产国际行动纲领》与托洛茨基的《共产国际致全世界无产者宣言》,宣布共产国际成立,国际共产主义运动进入了全新阶段。

战时共产主义政策支撑着苏维埃政权取得了内战的巨大胜利,但使之在转向和平建设后面临了国内经济的全新困难与危机。随着战争结束,基于强制征收的余粮收集制不再为农民所接受,农民暴动屡屡发生;国家过度管制引发了工人罢工与抗议;取缔自由贸易与实行全面配给制导致物资紧缺。1921年3月,俄共(布)十大根据列宁的报告决定废止余粮收集制,实行粮食税,开始从战时共产主义政策向新经济政策过渡。实行粮食税后,苏维埃政权进一步调整其他经济政策:工业方面,除了掌握国家经济命脉的大厂矿企业仍为国家所有,由国家经营,中小企业及国家暂时无力兴办的企业允许私人和外国资本家经营;商业方面,允许农民和小手工业者把自己的劳动产品拿到市场上自由买卖,恢复国内自由贸易,重建银行系统,建立百货公司,活跃商业市场。新经济政策的推行具有重大历史意义:1921 年春天的经济政治危机迅速消失,国内生产稳步恢复,劳动者的经济要求得到了满足,政策受到广大农民、工人的欢迎,使苏维埃政权得到巩固。新经济政策为苏俄人民指明走向社会主义的正确道路,是对马克思主义的重大发展,对各国社会主义建设事业具有指导意义。

十月革命后,苏维埃政权于 1917 年 11 月发表《俄国各族人民权利宣言》,宣布各族人民均拥有平等和自主权;享有完全自决乃至分离并建立独立国家的权利;废除任何民族的和民族宗教的一切特权和限制;居住在俄国境内的各少数民族与部族可以自由发展。1918 年 1 月,全俄工兵农代表苏维埃第三次代表大会通过《被剥削劳动人民权利宣言》,明确肯定了联邦制原则,指出"俄罗斯苏维埃共和国建立于各自由民族之自由联盟基础上,而成为各民族苏维埃共和国联邦"。1922 年 12 月 30 日,在莫斯科召开了苏维埃社会主义共和国联盟第一次苏维埃代表大会。会上,斯大林做了关于成立苏联的报告。大会通过了苏联成立宣言和联盟条约。1924 年 1 月,苏联第二次苏维埃代表大会批准了苏联宪法,从法律上把苏维埃共和国联盟的形式固定下来。至 1929 年,苏联发展成为由 7 个加盟共和国组成的联盟。

1924 年 1 月 21 日,列宁逝世。1925 年 12 月 18 日至 31 日,联共(布)第十四次代表大会在莫斯科召开。斯大林代表党中央做了政治报告,阐述实现国家工业化的必要性,提出要把国家"从农业国变成能自力生产必需的装备的工业国"。大会肯定了这一路线,通过了社会主义工业化方针。1927 年底,联共(布)第十五次代表大会召开,决议明确规定党在农村的基本任务是"把个体小农经济联合并改造为大规模集体经济",通过农业集体化使农业适应国家工业化的发展。根据社会主义工业化与农业集体化的方针,国家开始着手制定发展国民经济的"五年计划"。1928 年 10 月,苏联开始实行第一个五年计划。到 1932 年底,政府宣布提前完成这一计划。1933—1937 年,苏联又实行了第二个五年计划。从 1938 年开始的第三个五年计划,由于德国侵略而被迫中断。到第二个五年计划结束时,苏联已有 93% 的农户参加了集体农庄。国营农场和集体农庄的播种面积达到总播种面积的 99％。两个五年计划期间,苏联实现了从农业国到工业国的转变,建立起飞机、汽车、拖拉机、重型和轻型机器制造业等部门。1940年的工业总产值比 1913 年增加 6 倍多,超过法、英、德,跃居欧洲第一、世界第二。农业方面,苏联机耕地占全国耕地比例由 1932 年的 20％增加到 1940 年的70％,初步实现了农耕机械化。然而,从人均国民生产总值来看,苏联仍远远落后于美国和西欧资本主义国家。

苏联社会主义建设的成就巨大,但也存在重大缺陷和问题。片面发展重工业,使农业和轻工业长期处于落后状态,国民经济比例长期失调。农业集体化的推行,使得农民生产积极性下降,粮食产量、畜牧存栏数锐减。由于片面强调产量产值,忽视质量与多样性,产品品质粗劣,在市场上流通不畅。经济计划排斥市场调节,国家经济粗放发展,行政命令统管僵化,严重压抑了地方、企业和广大群众的积极性,经济效率、效益低下,社会资源、财富浪费严重。

随着五年计划的开展、工业化和农业集体化的实施,苏联在经济和社会阶级结构方面发生了根本性变化。为从法律上肯定这一变化,1936 年,苏联通过新宪法,宣布苏联是工农社会主义国家,宣告了世界上第一个社会主义国家的建成,也标志着苏联高度集中的政治经济体制,即"斯大林模式"的形成。

"斯大林模式"之下,政治权力高度集中于中央,尤其是党中央的最高领导机构手中。苏维埃政权难以真正发挥人民政权的作用。经济方面,苏联建成了一个以国家为核心、高度集中的行政命令体制。国家实行工商企业的国有化和集体农庄的准国有化,一切不受国家直接控制的经济成分均被清除。政权通过剥夺农民和限制居民生活改善的办法实现高积累、多投资,发展粗放型规模经济,片面发展重工业,建立准军事型的经济结构,并以此提高国力,在短时间内赶超资本主义国家。"斯大林模式"是在苏联外有帝国主义包围干涉,内部经济文化长期落后的情况下问世的,曾对苏联的国家建设起到了巨大推动作用。斯大林凭借两个五年计划将苏联建成强大的社会主义工业大国。但这一模式并未解决社会主义民主政治建设和经济运行的一系列根本问题,违背了列宁把文化经济建设当作工作重心的指示,实际上仍把政治斗争放在第一位,出现个人集权现象。其忽视社会主义商品经济的客观要求,也不适应世界经济发展的集约化、一体化趋势,长远来看,阻碍了经济的发展和生产力的提高。

随着"斯大林模式"的建立,斯大林作为苏联最高领袖的地位确立。1938年,《联共(布)党史简明教程》经斯大林审定出版,把对斯大林的个人崇拜从历史和理论上完全确定下来。1934 年 12 月 1 日,列宁格勒州委第一书记基洛夫被暗杀。斯大林通过这一事件展开对"反革命案件"的肃反追查,并由叶若夫等人扩大化,造成了诸多冤假错案。在大清洗运动中,大量驻苏外国共产党组织人员及共产国际干部被控为外国间谍,受到监禁乃至被杀。大清洗运动使苏联损失了党、政、军的一大批优秀骨干,干扰了经济的正常发展,进一步破坏了社会主义民主和法治,强化了对斯大林的个人崇拜,影响了广大人民对社会主义的信任和追求,对苏联社会主义事业以及国际共产主义运动造成的破坏难以估量。

伴随着政权的巩固与国力的提升,苏联的国际影响力日渐提高。1927 年,苏联代表受邀出席国联裁军会议筹备委员会,并提出全面裁军动议,标志着苏联重返世界舞台,已成为国际社会上不可忽视的力量。1934 年 9 月,苏联被接纳为国联成员国,并担任常任理事国。自此,由苏维埃俄国发展而来的苏联完全走出了被各国孤立的境地,成为在全球政治中的重要角色。

二、"大萧条"与法西斯主义

在苏联蓬勃发展之时,20 世纪 20 年代末,资本主义世界发生了一场世界性的经济危机,史称"大萧条"。这场经济危机于 1929 年 10 月下旬首先在美国发生,后来波及整个资本主义世界,是一场农业危机、工业危机、金融危机并发的世界性经济危机。在 1929—1933 年的经济危机时期,工业品、农产品生产过剩,大量积压;货币迅速贬值,通货膨胀严重,银行、企业纷纷倒闭;大量工人失业,小农破产,穷人衣食无着;而农场主和工业家为防止产品降价贬值,大量倾倒食品物资。"大萧条"引发的工农业产值下降幅度巨大,危机波及整个资本主义世界,持续时间长且造成极高失业率,成为资本主义发展史上一次标志性的经济危机。

"大萧条"暴露了资本主义制度在社会化大生产和生产资料私人占有之间的矛盾。资本主义世界各国为维护本国利益,加强了贸易保护的措施和手段,在全球范围内展开激烈竞争,转嫁危机。各国间矛盾不断激化,彼此对抗加剧,凡尔赛-华盛顿体系建立起来的战后国际格局也由此被打破,进一步加剧了世界经济形势的恶化。这是第二次世界大战爆发的一个重要根源。

在这场经济危机的发源地美国,富兰克林·罗斯福于 1933 年就任总统,开始推行以"救济、复兴、改革"为口号的"罗斯福新政",颁布《紧急银行法案》《农业调整法》《全国工业复兴法》等法令,对工农业生产加以管控,依靠国家和垄断组织合作把资本主义生产从无政府状态纳入有序轨道。"罗斯福新政"大大扩展了联邦政府和总统的权力范围,成为美国国家垄断资本主义经济制度的开端,以大量政府投资和国家管制逐渐控制住了危机。但在其他一些无力应对经济危机的资本主义国家,如殖民势力范围较小、资源与资本相对不足且在当时世界格局中处于劣势的德、意、日等国,法西斯主义潜滋暗长,逐渐掌握政权,它们成为战争的策源地。

法西斯原意为"束棒",为古罗马执政官出巡时的权力标志,为战时独裁官卫队所用,象征着无上的权威。而在现代,法西斯成了恐怖政治、独裁统治和侵略战争的代名词。现代的"法西斯"一词源于意大利 1919 年 3 月 23 日在米兰成立的"战斗的法西斯",这是一个反自由主义、反社会主义的民间军事组织。一战后的意大利罢工运动频发,社会动荡不安,政府软弱无力,墨索里尼遂创建这一极端民族主义组织,以武力镇压左翼运动。1921 年,墨索里尼将其改组为"意大利国家法西斯党",使其成为一支正式的政治力量介入意大利政局。1922 年,意大利国王任命墨索里尼为总理。1925 年 1 月,墨索里尼宣布意大利国家法西斯党为意大利唯一合法政党,从而建立了意大利法西斯主义的独裁统治。1938 年,墨索里尼下令取消议会,在国内建立起他个人的独裁统治。他宣称"职团"是生产中代表各种力量的统一组织,由此缔造了可以操纵国内每一个人命运的"超级政府"。他自任领袖,将重要权力集于一身,任意大利国家法西斯党领袖、内阁总理兼陆海空军总长、内阁职团部大臣、职团全国评议会和职团中央执行委员会主席及全国 22 个职团的会长,实现了个人集权化。通过职团制,墨索里尼得以动员全国各项资源支援和保障侵略扩张,并依靠对外侵略建立的暴力机器压制反对意见,为加速职团化、把握国内政权保驾护航。

二十世纪二三十年代的世界经济危机严重打击了德国。危机期间,德国农业产值下降 30%,工业产值下降 40.6%,下降幅度仅次于美国,为资本主义世界第二。且从 1924 年"道威斯计划"实施起,德国依赖从美国获得的大笔借款支付对他国的一战赔款,对美国资本的极度依赖,导致危机对德国经济的打击尤为深重。

与此同时,右翼在社会上广泛散布"刀刺在背"的谣言,宣称德国在一战中并未失败,是十一月革命中的社会主义、共产主义革命者出卖了德国。此时的德国面临承担战争责任和战争赔偿,以及迁出非德意志人居住地等问题,经济上陷入困境,民族感情遭受挫折。1921 年 6 月 29 日,希特勒任民族社会主义德意志工人党(即纳粹党)领袖。1922 年 10 月,巴伐利亚和柏林中央政府之间的矛盾激化,希特勒利用这一矛盾,要求巴伐利亚趁柏林尚未动手,立即向柏林进军篡夺政权。1923 年 11 月 8 日晚,希特勒发动了啤酒馆暴动,意图挟持政府要员起事,但以失败告终。出狱后,希特勒称经济危机是因为"政府无能",是政府接受《凡尔赛条约》和战争赔款及奉行"社会主义"政策的结果,是共和国和历届政府毁灭了德国的一切。从 1930 年开始,纳粹党在国会选举中不断获得胜利,1932 年 7 月,纳粹党一跃成为国会中最大的党派。1933 年 1 月 30 日,德国总统兴登堡任命希特勒为总理。为打压当时德国国会中的左翼党派,纳粹党在 1933 年 2 月 27 日制造了"国会纵火案",于 3 月 1 日栽赃德共,对其进行取缔镇压。1934 年 8 月 2 日,兴登堡病死,希特勒作为直接继承人,总揽国家元首和武装部队总司令的权力,被称为"元首",实行法西斯独裁统治。

与德国类似,世界性的经济危机也极大影响了日本。由于生产过剩,各种商品价格纷纷下降。为摆脱危机,日本统治阶级在主要产业部门强制建立卡特尔组织,限制生产,淘汰中小企业,裁减员工,降低工资,导致数十万工人失业,在业工人工资下降三分之一以上。尽管 1930 年大部分地区农业丰收,但因农产品价格猛降,农民大量破产,三分之一的农民失去土地,工人、农民斗争不断。鉴于国内生产萎缩,国际竞争激烈,商品生产已无力挽救危机,日本统治阶级进一步推进国民经济军事化,扩大军事支出和武器订货,通过穷兵黩武保障工业生产与资产阶级利润,实际上形成了财阀与军部的联合。在当时的日本,军部是指日本政府中一个庞大的军事官僚机构,包括陆军省、海军省、陆军最高指挥部参谋本部、海军最高指挥部军令部等。日本军部是日本法西斯势力支持者的集中地。

1919 年,日本法西斯主义理论创立者北一辉撰写了鼓吹天皇专制、反对一切民主、主张以"天皇大权"改造日本并对外侵略的《日本改造法案大纲》。北一辉的理论获得了意图侵略扩张的军部的支持。第一次世界大战后,工业化战争的社会动员程度、武器装备的进步等无不给日本军队造成极大震撼。为革新陆军,应对战争,日本军部也随之兴起法西斯运动。在法西斯化过程中,军队内部产生了分歧,一派主张通过政变由天皇依靠军队进行统治,实现"昭和维新",称作"皇道派",以陆军大将荒木贞夫、教育总监真崎甚三郎为首,成员多为与民间法西斯组织过从甚密的下层军官;另一派主张利用军部地位,与官僚、财阀合作建立由军部掌握实权的"高度国防国家",称为"统制派"。"统制派"约束军队,以加快侵略步伐,准备战争,以当时的陆军大将林铣十郎为首,成员为永田铁山、东条英机等军部中层干部。与此同时,法西斯思想的传播使得日本政坛暗杀、政变成风。1932 年 5 月 15 日，以海军少壮军人为主要参与人员的"五一五"法西斯政变爆发。政变者袭击首相官邸、警视厅、内大臣牧野伸显邸宅、三菱银行、政友会总部以及东京周围变电所，首相犬养毅被杀。政变由于规模小，缺乏建立政权的具体计划，未达目的，政变者自首。在审判中，军部大肆煽动舆论为政变者开脱罪责。结果，5 月 26 日，以海军大将斋藤实为首的所谓"举国一致"的内阁成立，政党内阁时代结束。

1934 年 1 月，荒木贞夫辞职，由林铣十郎大将接任陆军大臣，把统制派中坚人物永田铁山提升为军务局长（仅次于陆军大臣和次长的实权职位）。1935 年 8 月 12 日，永田铁山被刺，引发了皇道派和统制派的矛盾。1936 年 2 月 26 日，皇道派青年军官率士兵分别前往东京各地刺杀高官元老。"二二六"兵变虽最终被镇压，但政府从此对军部多有退让，至此，统制派取代皇道派，确立了对陆军的绝对支配权。1936 年，广田弘毅上台组阁，标志着日本建立了军事法西斯专政。日本军部法西斯政权得以建立起来，标志着第二次世界大战的亚洲策源地形成。

在建立起对内独裁统治、对外侵略扩张的法西斯政权后，德、意、日三个法西斯国家为争霸世界，狼狈为奸。1936 年 10 月 25 日，德国和意大利在柏林签订协定，结成双边同盟，名为"柏林-罗马轴心"。同年 11 月 25 日，德国又同日本签订了《反共产国际协定》。1937 年 11 月 6 日，意大利也加入其中，并互相约定：意大利承认德国在中欧和巴尔干半岛的行动自由，支持日本侵略中国；德国愿意帮助意大利在地中海一带活动；日本承认意大利吞并埃塞俄比亚。至此，德、意、日法西斯侵略同盟正式形成。为扩大侵略战争，1940 年 9 月 27 日，三国又在柏林签订了《德意日三国同盟条约》，通称《三国轴心协定》。"柏林-罗马-东京轴心"的形成，形成了二战中的轴心国阵营，促成了第二次世界大战的爆发。

第二节　第二次世界大战

随着德、意、日三国的法西斯化，第二次世界大战的欧亚策源地形成。二战战火遍及欧亚非三洲与太平洋、大西洋及地中海 60 多个国家，全世界五分之四的人口被卷入战争。全球性争端至此升级到了前所未有的程度，为二战后世界体系的变化奠定了基础。面对法西斯国家的野蛮侵略，世界反法西斯国家联合起来，在坚决的斗争中赢得了彻底的胜利。二战造成的巨大破坏、抵抗侵略付出的惨重牺牲,以及共同奋战中的休戚与共,使得战后的人类更为珍视和平,促使各国携手走上了共同发展之路。

一、第二次世界大战的爆发

20 世纪 30 年代,德、意、日三个法西斯国家结成侵略性的军事政治集团——轴心国集团,开启了对外侵略扩张。日本发起和扩大侵华战争,早在 1931 年 9 月 18 日,日本军队就在军部指引下发动"九一八"事变,占领东北,开始侵略中国。1937 年 7 月 7 日,日军制造卢沟桥事变,发动全面侵华战争。

意大利在墨索里尼上台后,开始寻求称霸地中海,在东非建立殖民帝国。与此同时,世界性经济危机打击了墨索里尼政权,为转移国内矛盾,意大利开始进行殖民侵略。1934 年 12 月 5 日,意大利军队蓄意袭击埃塞俄比亚军队,后者进行反击,被称为"瓦尔瓦尔事件"。事件发生后,以英法为首的国联推行绥靖政策,未能阻止意大利发起战争。1935 年 10 月 3 日,意军不宣而战,大举进攻埃塞俄比亚,次年 5 月 9 日正式吞并埃塞俄比亚。吞并埃塞俄比亚后,看穿英法软弱态度的墨索里尼于 1936 年成立了武装干涉西班牙委员会,与德国一起出兵干涉西班牙内战,支持佛朗哥夺取政权。德意两国在西班牙战场试验了新武器、新战术,为日后的世界大战做了预演。而持"不干涉"立场的英法坐视西班牙共和国灭亡,助长了法西斯国家的侵略气焰。

在轴心国集团体系下,纳粹德国也开始冒险扩军备战。1935 年,德国撕毁《凡尔赛条约》,开始疯狂扩军备战。1936 年,希特勒派军队进入莱茵非军事区。1937 年,希特勒提出向外武力扩张以换取德意志生存空间的具体侵略方案,被称为《霍斯巴赫备忘录》。1938 年 3 月,德国吞并奥地利。英法的绥靖政策更助长了希特勒的侵略欲望。接着,希特勒以保护苏台德地区的德意志民族为借口,对捷克斯洛伐克提出领土要求。面对德国法西斯咄咄逼人的侵略,英法两国企图通过牺牲捷克斯洛伐克的利益与希特勒达成协议,把德国的侵略矛头引向苏联,祸水东引。

1938 年 9 月,英国首相张伯伦、法国总理达拉第与希特勒和墨索里尼在德国慕尼黑开会,在没有捷克斯洛伐克代表与会的情况下签订《慕尼黑协定》,强行把苏台德等地区割让给德国。历史上把这次会议称为"慕尼黑阴谋"。英法的对德绥靖政策至此臭名昭著。绥靖政策,就是姑息纵容侵略者,对其退让、妥协,不惜牺牲他国的领土、主权甚至本国人民的利益以求自身安全的妥协政策。慕尼黑会议后返回伦敦的张伯伦在机场,得意地宣称:"我带来了整整一代人的和平!"然而,法西斯的欲望永无止境,战争已无法停下脚步。1939 年 3 月,希特勒违反《慕尼黑协定》再度出兵,吞并捷克斯洛伐克全境。通过吞并捷克斯洛伐克,德国掌握了其强大的军工业,军事实力获得极大提升。

在吞并捷克斯洛伐克后,纳粹德国已对波兰构成威胁,如梦初醒的英国开始尝试援助波兰,与其达成《英波互助条约》。然而,1939 年 5 月 22 日,德国与意大利签订《德意同盟条约》,承诺缔约一方开战,另一方应给予陆海空军支援。为避免在和波兰开战之后陷于东西两线作战的境地,德国进一步向苏联抛出橄榄枝,而此时的苏联看到了"慕尼黑阴谋"的结果,对英法"祸水东引"的策略十分警惕,双方在 1939 年 8 月 23 日签订了《苏德互不侵犯条约》。至此,纳粹德国达成了"中立苏联""孤立波兰"的目的,不再有两线作战的后顾之忧。1939 年 9 月 1日,德国闪击波兰,很快占领了波兰西部,苏军也进入波兰,占领了波兰东部。战争以波兰亡国而结束,英法因实行绥靖政策咽下了苦果。9 月 3 日,英法依据同波兰签订的条约对德宣战,二战至此全面爆发。

德国发起对波兰的进攻后,英法对德宣战。但英法是援引条约被迫宣战,并未做好战斗准备,实际上仍在奉行绥靖政策,寄希望于希特勒继续东进进攻苏联。于是,西线陷入了宣战却未大规模交战的"静坐战""假战争""奇怪的战争"。在东线,苏联为防御德国可能的进攻,先后通过战争和外交施压手段迫使芬兰、罗马尼亚割让部分领土,并迫使爱沙尼亚、拉脱维亚、立陶宛作为加盟共和国加入苏联,与新占据的波兰领土相连,形成了从波罗的海到黑海的"东方战线"。此举并未起到制止德国侵略的作用,反而在国际社会上形成了苏联武力扩张的大国沙文主义形象,不利于国际反法西斯统一战线的形成。

侵吞波兰之后,纳粹德国原本打算按照《霍斯巴赫备忘录》的计划入侵西欧,但为了确保北海、波罗的海的海上航路畅通,保证瑞典铁矿石的战略供应,希特勒改变计划,向丹麦和挪威首先发起进攻。1940 年 4 月 9 日,德国陆海空三军入侵丹麦、挪威,迅速占领丹麦,至 6 月 10 日占领挪威全境,建立起以吉斯林为首的傀儡政府。英法为争夺这些战略要地,也派兵登陆挪威,并与德国海军进行海战,但未能挽回局势。德军依仗空中掩护,在英国海军占优势的情况下穿越北海远程突击北欧国家,显示了空中优势对于争夺制海权的重要意义,传统的制海权争夺开始让位于制空权争夺。

攻略北欧期间,纳粹德国依据"曼施坦因计划"于 5 月 10 日在西欧发起攻势,凭借装甲部队和空军的战略优势继续采用闪电战进行快速穿插。5 月 15 日,荷兰被击败,5 月 17 日,比利时首都布鲁塞尔沦陷。只有 30 万人口的卢森堡不战而降。在法德边境,古德里安率领的德国装甲兵团绕开了法国的马奇诺防线,分割了英法联军。英法比约 40 万军队被包围在敦刻尔克地区。由于德军装甲部队突进过快,唯恐其孤军深入遭到侧击的希特勒在 5 月 24 日下令,先头部队暂缓前进,等待主力到达,使得英法联军得以在 26 日开始执行从敦刻尔克撤退的"发电机计划"。敦刻尔克大撤退动用了英国几乎所有的运输船只,撤出 30 多万人。尽管辎重装备遗失殆尽,但保留的有生力量成为日后反攻欧陆的骨干。

6 月 5 日,德军开始南下突破法军防线,直至巴黎。墨索里尼也趁火打劫,从南部阿尔卑斯地区对法国发起进攻。在德军打击下,法国政府于 6 月 10 日宣布巴黎为不设防城市,德军不费一枪一弹便占领了法国首都。马奇诺防线被德军突破,法军被合围,失去了抵抗能力。6 月 17 日,新任法国总理贝当向德国投降。6 月 22 日,法德签订停战协定,法国北部、西部约占全部领土五分之三的工业区、首都巴黎及沿海地区由德国占领,法国南部则建立起法西斯傀儡——维希政权。法军国防部副部长戴高乐则逃亡英国,组织起了抵抗德国侵略的"自由法国"运动。

在德国开始进攻西欧的 1940 年 5 月 10 日,丘吉尔接替张伯伦担任英国首相。法国投降后,丘吉尔拒绝了希特勒的虚假谈判,坚持抵抗德国侵略。1940 年 7 月 16 日,希特勒发布对英国作战的"海狮计划",企图逼迫英国求和,使其退出战争。但由于船只后勤准备不足,"海狮计划"受挫。此后,希特勒将作战矛头指向了其他战线。1940 年 6 月,意大利为争夺殖民地,在北非发起攻势,但 1941 年 1 月,英军先后在东非、北非发动反攻,接连取胜。为维持轴心国士气和国际影响力,1941 年 2 月,希特勒派出隆美尔率领 2 个师(非洲军团)进入利比亚作战,一再取得对英军的胜利。在东欧,匈牙利、罗马尼亚、保加利亚分别于 1940 年 11 月 20 日、23 日及次年 3 月 1 日加入轴心国阵营,成为法西斯的附庸国。南斯拉夫被迫于 1941 年 3 月 25 日加入轴心国阵营,但不愿与法西斯为伍的南斯拉夫人民旋即发动政变推翻了亲德政府,德军遂计划入侵南斯拉夫。但此前于 1939 年 4 月侵占阿尔巴尼亚的意大利,在 1940 年 10 月 28 日从此地入侵希腊时遭受希腊军队迎头痛击,于是,德国不得不于 1941 年 4 月 6 日同时进攻南斯拉夫和希腊,17 日南斯拉夫投降,23 日希腊投降。对南斯拉夫、希腊的进攻打乱了德国原定的军事部署,希特勒不得不延迟了进攻苏联的"巴巴罗萨计划"。

二、第二次世界大战的扩大

反对共产主义是法西斯主义的核心内容,消灭苏联是希特勒的既定目标,也是其称霸世界必须扫除的障碍。签订《苏德互不侵犯条约》本质上是纳粹德国避免两线作战的权宜之计。在经历了敦刻尔克的失利与"海狮计划"的失败后,希特勒在 1940 年 7 月的军事会议上指出德国必须消灭苏联,以破除英国在欧洲获得盟友支持的最后希望。战争规模进一步扩大,法西斯在欲壑难填的侵略中自取灭亡的命运亦成定局。

1941 年 6 月 22 日,希特勒启动了延迟已久的"巴巴罗萨计划",以德军为主的法西斯侵略军 550 万人在波罗的海至喀尔巴阡山脉宽约 1 500 千米的战线上向苏联发起进攻。进攻主力——"中央"集团军群分南北两路对苏军实施钳形突击,6 月 28 日,攻占明斯克;7 月 16 日,攻克斯摩棱斯克。

鉴于侵略的迅速进展与苏联蒙受的巨大损失,纳粹德国开始妄想在 1941 年结束对苏作战。9 月 6 日,在希特勒命令下,德军实施"台风行动"向东突击,前锋直逼莫斯科。希特勒得意忘形,于 9 月 30 日集中中路军 180 万人、坦克 1 700 辆、飞机 1 390 架直驱莫斯科,以为马上即可占领莫斯科,甚至命令报纸空出版面等待发布消息。希特勒认为时机稍纵即逝,不顾低温天气,一意孤行要求德军士兵继续进攻。危机之中,斯大林于 11 月 7 日照常举行十月革命庆典,受阅的苏军队伍在朱可夫率领下直接开赴城外作战。在苏军抗击下,德军未能再进一步。12 月 6 日,苏军转入反攻,苏军取得了莫斯科会战的胜利。自此,德国速战速决的计划在东线破产,德军不可战胜的神话就此被打破,纳粹德国不得不陷入两线作战的困境。

纳粹德国在欧洲扩大战争之时,日本法西斯正陷于中国战场。在正面战场,从 1939 年 9 月起,中日两国军队陆续进行了第一次长沙会战、桂南战役、枣宜战役、豫南会战、中条山战役、第二次长沙会战等,在亚洲孤军奋战的中国以极大牺牲抵挡住了日本法西斯的进攻。在敌后战场,1940 年 8 月至 1941 年 1 月,八路军在华北发动大规模对日攻势,陆续参战的部队达到 105 个团 20 余万人,史称"百团大战",到 1940 年 12 月初,进行大小战斗 1 824 次,毙伤日、伪军 25 000 多人,破坏了河北与山西的交通,铲除了近 3 000 个敌伪据点。为避免陷入中国战场的拉锯战,日本一直在寻求其他突破口,希望通过其他战线的迅速胜利获取资源,促使中国战场的局势改观。

事实上,早在 1939 年,日本便就未来扩张拟定了"北上""南下"两个作战方向。1939 年 5 月至 9 月,日本向诺门坎地区发动了大规模试探性进攻。日本与苏联等动用了数十万精锐部队和先进军事装备进行了一场长达 4 个多月的激烈交锋。日本由于军事思想和战术技术落后,遭到了日俄战争以来的首次惨重失败。"北上"受挫后,进攻苏联占领西伯利亚的梦想化为泡影。日本帝国转而掉头策划"南下",旨在凭借海军夺取东南亚地区的战略资源,以便为后续侵略扩张储备资源。而当时东南亚的英国、荷兰、美国殖民地,给日本执行"南下"计划造成了阻碍。日本慑于列强合击,迟迟未能实践扩张计划。

然而 1940 年以来,在纳粹德国于欧陆取得巨大胜利的刺激下,日本按捺不住野心,开始寻求向太平洋方向侵略扩张。1940 年,日本正式提出了建立所谓"大东亚共荣圈"的口号。所谓"大东亚共荣圈"的建设,在经济上,可以为日本的制造业提供巨大和可靠的市场以及稳定的原材料来源。在军事上,东南亚地理位置十分重要,占领东南亚可以切断美英等国援华的两条重要的陆上交通线——滇越铁路和滇缅公路;又可以向西进入印度洋威胁印度,并与德军在中东会师,两面夹击苏联;向南则可以攻占澳大利亚,称霸西太平洋。因此,日本要把东南亚和西太平洋地区变成日本的殖民地,进而建立一个"自给自足"的经济体系。

执行"南进"计划,建设所谓"大东亚共荣圈",势必触及美英荷等国的殖民利益。尤其是对于美国来说,日本的侵华战争破坏了《九国公约》中"门户开放""机会均等"的原则。因此自"九一八"事变后,日美矛盾逐步升级。1940 年,日本确定"南进"方针后,于 9 月进驻法属印度支那北部,接管了原法国殖民地。以此地为桥头堡,日军可威胁泰国、缅甸、马来亚及菲律宾,直接危及美国在亚洲太平洋地区的势力范围。9 月 26 日,美国宣布对日本禁运钢铁。但日本仍为"南进"继续筹划,于 9 月 27 日与德意缔结同盟,共同对付美英;又于 1941 年 4 月与苏联签订了承认伪满洲国、破坏中国主权的《苏日中立条约》。1940—1941 年,美国在亚洲太平洋地区进一步采取行动遏制日本,加紧援助中国抗战,加大对日经济制裁。1941 年 8 月 1 日,美国宣布对日实行石油禁运;9 月,美英两国停止了与日本的所有贸易。

在受到贸易制裁和资源枯竭的情况下,日本军国主义者最终决定进行战争冒险。1941 年 12 月 7 日 7 时 55 分,日本联合舰队用舰载机对美国珍珠港基地发动突然袭击,导致港内的美国太平洋舰队几乎全军覆没。这是二战中继德国进攻苏联后又一次让世界震惊的突然袭击。日本对珍珠港的袭击从短期来看是一次胜利,其带来的战果远远超过了计划。在此后的六个月中,无论是美国还是其他列强的海军都无力在太平洋战场上对日本的扩张形成威胁。但从长远来看,偷袭珍珠港对日本来说是一个彻底的灾难:日本未能摧毁美国的航空母舰,也没有对珍珠港的港口设施进行破坏,美国在之后的战争中很快凭借强大的工业能力恢复了太平洋舰队的实力。从军事角度来看,对珍珠港的袭击标志着航空母舰、潜艇及舰载机取代战列舰成为海战的主力。大舰巨炮的时代过去了,战列舰由此开始被淘汰,海军航空兵作为新的决定性力量登上海战舞台。

偷袭珍珠港

日本偷袭珍珠港,标志着太平洋战争的爆发。日本不宣而战,突然袭击,激发了美国民众的爱国主义情感和反法西斯热情,孤立主义与反战情绪一扫而空。12 月 8 日,美国对日宣战,荷兰、英联邦及拉丁美洲的一些国家也相继对日宣战。12 月 9 日,中国政府也正式对日、德、意宣战。从此,亚洲太平洋地区的对日作战有了两个主战场,即除了已单独抗日十年之久的中国战场,又有了另一个包括东南亚战区在内的太平洋战场。12 月 11 日,德、意也对美宣战。至此,第二次世界大战的覆盖范围达到了真正的世界规模。

三、第二次世界大战的转折与终结

1941 年 8 月 14 日,英、美两国公布了联合宣言,即《大西洋宪章》,宣布两国不承认法西斯国家通过侵略造成的领土变更,并且表示了反对纳粹暴政的决心。正处于卫国战争阶段的苏联也声明支持此项决议。三国逐渐开始在反法西斯战争中采取联合行动。太平洋战争爆发后,26 个国家的代表于 1942 年 1 月 1 日在华盛顿签署了《联合国家宣言》。宣言表示赞成《大西洋宪章》,并决心共同打败德、意、日法西斯侵略者,决不和敌国单独议和。此宣言标志着反法西斯同盟正式形成。《联合国家宣言》是反法西斯同盟对德、意、日法西斯国家作战的第一个共同纲领性文件。《联合国家宣言》的发表壮大了反法西斯国家的力量,鼓舞了世界人民反法西斯的斗志,加速了世界反法西斯战争的胜利进程,为战后创建联合国组织奠定了基础。

反法西斯同盟成立后,其人力、资源、军备等远远超过轴心国阵营,欧洲、亚洲、北非和太平洋战场的局势迎来转折。1942 年 6 月,中途岛海战爆发,美军利用情报优势,以仅损失一艘航空母舰——"约克城"号的代价击沉日本四艘重型主力航空母舰,取得了初步扭转太平洋战局的胜利。中途岛海战改变了太平洋地区日、美海军实力的对比。日军仅剩大型航空母舰 2 艘、轻型航空母舰 4 艘。从此,日本在太平洋战场开始丧失战略主动权,美军在太平洋战场节节胜利,并以跳岛作战的战术攻入日本自认为牢不可破的绝对国防圈,太平洋战局中盟军取胜的走向就此奠定。

在北非战场,1942 年 10 月至 11 月,英国第八集团军在蒙哥马利指挥下对隆美尔统率的德、意"非洲军团"发起攻击,给德、意法西斯以沉重打击,史称阿拉曼战役。这场战役的胜利彻底扭转了北非战场的形势。盟军在阿拉曼的胜利致使纳粹德国和意大利占领埃及、控制苏伊士运河、占有战略资源丰富的中东的希望破灭,与日本东西夹击攻灭苏联的设想成为泡影。1942 年 11 月盟军在北非登陆,1943 年,无力守住突尼斯又无船只可供撤退的 25 万德意军队全部投降,北非战场的战争以盟军取胜告终。

1942 年春,希特勒再次对苏联发动大规模作战。由于兵力、武器不足,德军不再全面进攻,而是重点攻击,兵分两路,一路攻取高加索,占据石油资源与周边的工农业产地,另一路进攻斯大林格勒这座苏联的工业重镇、交通枢纽和战略要冲。与此同时,斯大林决定在克里米亚和哈尔科夫发动局部进攻,与德军集结重兵的方向针锋相对,导致苏军损失巨大。但在高加索方向,德军的攻势导致战线拉长,补给随之出现问题,进攻能力减弱的德军难以突破此条战线,遂将兵力集中于斯大林格勒方向,意图通过攻占斯大林格勒扭转东线战局。

1942 年 8 月 23 日,德军在斯大林格勒发起强攻。苏军防守部队退入城内,利用城市展开争夺战,双方围绕街区、楼道甚至房间展开反复争夺,德军始终无法控制该城。希特勒出于宣传需要,宣布德军已经取胜并大肆渲染。但与此同时,苏军最高统帅部抓住战机,利用斯大林格勒保卫者与敌艰苦鏖战争取的时间,围歼斯大林格勒附近的德军主力。1943 年初,德军投降。斯大林格勒战役既是欧洲战场的转折点,又是二战的转折点,是法西斯国家开战以来遭遇的最具决定意义的失败,不仅大量军队成建制被俘,还在重点进攻方向上遭到迎头痛击。在德国内部,希特勒的个人神话色彩也就此消退,反对希特勒的密谋活动加强。

在斯大林格勒惨败后,希特勒寄希望于以 1943 年春夏的"堡垒"作战扭转战局。然而,掌握了相关情报的苏军对准备发起进攻的德军进行了大规模的炮火压制,迫使其推迟进攻,放缓其突击速度。7 月 12 日,进攻库尔斯克的德党卫装甲军及第三装甲军与苏军第五装甲集团军进行了二战中最大规模的坦克遭遇战,双方利用约 1 200 辆坦克和自行火炮在大量战机掩护下进行激战。德军遭遇惨败。24 日,苏军转入反攻,8 月 23 日,解放哈尔科夫,取得会战胜利。库尔斯克会战打破了德军在东线最后的胜利迷梦,自此之后,德军在东线上再无招架之力。东线是二战期间德国法西斯的主战场,东线的败局注定了纳粹政权的灭亡。

1943 年,意大利罢免了墨索里尼。8 月,盟军占领西西里岛。9 月,盟军在意大利半岛登陆。意大利于 1943 年 10 月 13 日宣布退出法西斯集团,并对德国宣战,法西斯轴心国集团开始瓦解。意大利投降后,1943 年 11 月 22—26 日,中美英三国首脑蒋介石、罗斯福、丘吉尔及其随从人员在埃及首都开罗会晤,签署了《开罗宣言》,声明全世界反法西斯同盟国将坚持对日本作战,直到日本法西斯无条件投降,明确规定日本侵占的包括东北三省、台湾、澎湖列岛在内的中国领土必须归还给中国。1943 年底,为加速纳粹德国的败亡,美英苏三巨头举行德黑兰会议,决定开辟欧洲第二战场。12 月,美国陆军上将艾森豪威尔被任命为盟军最高司令,开始考虑从法国北部登陆进攻德国,该计划代号为

"霸王行动"。

1944年1月23日,盟军决定从诺曼底发动攻击;按照计划,进攻时间为1944年6月5日。在空降作战和大规模轰炸后,1944年6月6日,盟军在诺曼底登陆成功。在盟军海空军绝对优势火力下,德军无力发动决定性的大规模反击。诺曼底登陆战役是20世纪最大规模的登陆战役,也是战争史上最有影响力的登陆战役之一,宣告了盟军在欧洲大陆第二战场的开辟,意味着纳粹德国陷入两面作战。1944年,盟军解放法国、比利时,12月,击退德军在阿登的反扑,并在1945年1月3日进入反攻阶段,德军至此在西线失去还手之力。

1944年底,第二次世界大战进入了最后阶段,德、意、日法西斯败局已定。随着反法西斯同盟军事行动的发展,关于结束战争和安排战后世界的一系列政治问题需要迅速解决,美、英、苏三大盟国遂于1945年2月举行了雅尔塔会议。会议涉及战后处置德国问题、波兰问题、远东问题、联合国问题等。三大国在会议上做出的对战后世界秩序的安排被称为雅尔塔体系,对第二次世界大战后的世界局势产生了深远的影响。依据雅尔塔会议的基本原则,美、苏重新划分了战后世界,逐步形成美苏争霸的新格局。会议中牺牲中国主权换取苏联出兵东北等做法,无疑体现了大国强权意志,损害了弱小国家的利益。

1945年4月,美、苏军队在易北河会师。同时,苏军猛攻柏林。1945年4月27日,墨索里尼在逃往德国途中被意大利游击队捕获,次日被处决示众。4月30日,苏军攻占柏林,希特勒在总理府地下室自杀身亡。1945年5月8日,德国正式签署无条件投降书。至此,欧洲战场的战事结束。

在太平洋战场,1942到1943年的海上失利,迫使陷入被动防御的日本不断将军力调往太平洋战场,在中国的兵力被削弱。1943年,盟军支持下的中国驻印军、中国远征军发起缅北滇西作战,在正面战场开启对东南亚的反攻。与此同时,中国敌后抗日根据地军民扩大根据地,主动展开攻势,配合正面战场进攻。可以说,自1944年春季起,在中国战场就已经开始了局部反攻。从1945年5月8日起,随着欧战结束,美军在太平洋战场展开猛烈攻势,向日本本土逼近。1945年7月26日,中、美、英三国发布《波茨坦公告》重申《开罗宣言》精神,规定该宣言之条件"必将实施",要求日本立即无条件投降。但日本军国主义者苟延残喘,拒绝做出回应,盟国随之进一步加强攻势。

1945年8月6日,美国投掷代号为"小男孩"的原子弹轰炸日本广岛。8月8日,苏联对日宣战,苏军围歼了在中国东北的日本关东军。1945年8月9日,

苏军占领柏林

毛泽东发表《对日寇的最后一战》，八路军、新四军等中国人民抗日武装向日、伪军大举反攻。当日，美国投掷了代号为"胖子"的原子弹轰炸日本长崎。至此，日本法西斯陷入穷途末路。1945 年 8 月 15 日，日本裕仁天皇宣布无条件投降。9 月 2 日，日本政府代表在美国战舰"密苏里"号的甲板上签署无条件投降书。至此，第二次世界大战结束。

　　二战是人类历史上规模最大、损失最惨重的一次战争，波及 60 多个国家，20 多亿人口被卷入战争，占世界总人口的 80% 以上。各国参战兵力超过 1.1 亿人，9 000 万士兵和平民伤亡，3 000 多万人流离失所。全世界直接军费消耗达 1 万多亿美元，占所有参战国国民收入的一大半。大量物质财富在战火中被毁坏，人类社会多年积累的财富毁于一旦。可以说，二战给人类带来了前所未有的灾难。

　　战争也使世界经历了前所未有的变革，如同一战摧毁了四个专制帝国，二战也摧毁了战前滋生的人类社会毒瘤——法西斯主义，和平进步的思想从此深入人心，世界各国人民开始在二战中奠基的联合国框架之下，为维护战后世界和平、促进经济发展而努力。而曾经称霸世界、殖民全球的帝国主义列强在战争中受到了极大削弱，近代以来以欧洲为中心的世界政治格局被彻底打破。广大殖民地、半殖民地国家的人民经历战争洗礼，民族意识觉醒，独立思潮盛行，促进了战后民族解放运动的发展与第三世界的崛起。二战还使得国际社会主义力量发展壮大，二战中，有 20 多个国家的共产党领导人民开展反法西斯斗争，在战争中结成了反法西斯统一战线，建立起人民武装与民主政权。战后，以苏联为首的社

日本代表在"密苏里"号舰上签署投降书

会主义国家逐渐形成阵营,与以美国为首的资本主义国家阵营对峙,世界从欧洲列强主宰的时代,逐步过渡到美苏两极对峙的时代。

第三节　走向命运共同体之路

一、雅尔塔体系与冷战

20世纪是全球态势变化最为迅速的一个世纪,世界领导权往往会在数十年里迅速易手。第二次世界大战以一种最为痛苦惨烈的方式将这颗蓝色星球上的每个国家乃至每个人联系在一起。1945年,《联合国宪章》在美国旧金山签订生效,宣告了联合国的正式成立。作为在第二次世界大战后成立的一个由主权国家组成的政府间国际组织,联合国旨在维护国际和平与安全;发展各国间以尊重各国人民平等权利及自决原则为基础的友好关系;进行国际合作,以解决各国间经济、社会、文化和人道主义性质的问题,并促进对于全体人类的人权和基本自由的尊重。

然而,联合国作为雅尔塔体系的产物,并不能真正摆脱大国的影响,也无法保证世界的"联合"。二战后,意识形态之争将世界划分为两半。在西方,美国经济、军事实力急剧膨胀,成为世界头号资本主义强国;在东方,经历二战的苏联力量逐渐壮大,国际地位大大提高,社会主义也超越一国范围,在欧亚一系列国家扎根。从 1947 年美国总统杜鲁门发布国情咨文,要求遏制苏联开始,美苏战时同盟关系破裂,以美国为首的资本主义阵营与以苏联为首的社会主义阵营进行了长期对峙。1949 年,以美国为首的 12 个西方国家签订《北大西洋公约》,北大西洋公约组织建立;以苏联为首的 8 个社会主义国家也于 1955 年签订《华沙条约》,华沙条约组织形成。全球争端由世界性热战转入了全球冷战。

然而要指出的是,全球冷战并不意味着热战的消失。相反,冷战的进行使得各类地区冲突、代理人战争在全世界范围内不断爆发。1950 年 6 月,二战后被割裂的朝鲜半岛爆发了战争。美国、中国、苏联等多个国家不同程度地卷入其中,使其成为一场国际性的局部战争,它是在第二次世界大战结束初期爆发的一场大规模局部战争。为消除美韩进占朝鲜半岛对中国东北地区的威胁,中国人民志愿军应朝鲜请求于 10 月赴朝与朝鲜人民军并肩作战,经过历次战役,最终将战线稳定在三八线一带。1953 年 7 月 27 日,《朝鲜停战协定》签署。

冷战双方力量的此消彼长使得全球性争端不断升级。在欧洲,被盟国分区占领的德国于 1949 年分裂为德意志联邦共和国与德意志民主共和国。1961 年 8 月 12 日树立的柏林墙成为德国分裂的标志,也成了冷战意识形态割裂民族国家的象征。在 1959 年推翻了军阀独裁统治的古巴,在 1962 年 10 月爆发了震惊全球的"古巴导弹危机",苏联运输核导弹的货轮与美国封锁舰队的对峙,让古巴成了决定人类生死存亡之地。苏联撤回导弹的结局显示了美国在这一时期所处的优势。但在 1975 年的越南,美国在这场东南亚大规模局部战争(越南战争)中以失败撤军收场,越南人民军和越南南方民族解放阵线最终推翻了越南共和国,统一了越南。相对应的是,逐渐在常规军力与核武器库方面后来居上的苏联在 1979 年入侵阿富汗后,因与美国开展军备竞赛产生巨大消耗而陷入困境。1986 年 4 月 26 日,切尔诺贝利事件爆发,苏联被迫以巨大代价清理核泄漏造成的严重后果。而此时的苏联也恰如切尔诺贝利庞大的机组,千疮百孔的架构已然到了危险的边缘。20 世纪 80 年代末 90 年代初,东欧剧变,苏联解体,全球冷战结束。

二、世界殖民体系的解体

在两极之外,二战后的另一大全球格局变化,就是世界殖民体系的解体。两次世界大战使得欧洲的帝国主义国家再也难以维持其殖民帝国,为战后初期的民族解放运动提供了有利的时机。从 1945 年开始,亚洲、北非民族解放运动高涨并取得胜利,一系列国家独立。中国正是在这一波浪潮中,于 1949 年实现了新民主主义革命胜利,建立了人民民主专政的中华人民共和国。1955 年 4 月 18 日至 24 日举行的亚非万隆会议更是鼓舞了亚非国家的民族独立斗争,使得民族解放运动在非洲和拉美广泛开展。20 世纪 70 年代以后,民族解放运动实现了纵深发展,在世界殖民体系业已崩溃的背景下,在反对帝国主义、殖民主义的同时,反对冷战中出现的霸权主义成为新兴国家独立发展的重要诉求,要求建立国际经济新秩序的斗争开始了。

三、世界多极化的发展

而在曾经的世界中心——欧洲,1947 年美国的马歇尔计划推动了欧洲经济的复兴。1950 年 5 月 9 日,法国外交部长罗伯特·舒曼提出欧洲煤钢共同体计划,整合欧洲煤钢工业。1951 年 4 月 18 日,法国、意大利、比利时、荷兰、卢森堡及西德签署为期 50 年的《欧洲煤钢共同体条约》,于 1952 年成立欧洲煤钢共同体。1957 年 3 月 25 日,上述六国外长在罗马签署建立欧洲经济共同体与欧洲原子能共同体的两个条约,后来人们称这两个条约为《罗马条约》。1958 年,旨在创造共同市场,取消会员国间的关税,促进会员国间劳力、商品、资金、服务自由流通的欧洲经济共同体和欧洲原子能共同体正式成立。欧洲投资银行也于 1958 年 1 月 1 日成立。1965 年 4 月 8 日,西德、法国、意大利、荷兰、比利时、卢森堡六国签订《布鲁塞尔条约》,决定将欧洲煤钢共同体、欧洲原子能共同体和欧洲经济共同体统一为"欧洲共同体"。1990 年 6 月起,欧洲多国签署《申根公约》,消除过境关卡限制,使会员国间无国界。1991 年 12 月 11 日,欧共体马斯特里赫特首脑会议通过了建立"欧洲经济货币联盟"和"欧洲政治联盟"的《欧洲联盟条约》。1993 年 11 月 1 日,《欧洲联盟条约》正式生效,欧洲联盟正式成立。

冷战之后,美国成为世界上唯一的超级大国;俄罗斯出现了严重的经济、政治问题,但仍继续作为一股足以对等毁灭美国的军事力量而存在。20 世纪 70 年代以来,欧共体和日本经济发展速度加快,在很多经济领域赶上甚至超过美国,资本主义世界出现了美、日、西欧三足鼎立的局面;而以中国为代表的发展中国家的兴起,对全球的多极化格局产生了深刻的影响。当前,中国的综合国力在不断增强,在国际政治舞台上发挥着越来越重要的作用。

尽管冷战结束后世界呈现缓和态势,但实际上自20世纪80年代苏联衰落开始,美国便更加积极地推行霸权主义,充当"世界警察":1983年10月25日入侵格林纳达;1989年12月20日入侵巴拿马;在1991年的海湾战争中展现了在高科技战争中的巨大优势;1999年空袭南联盟,以78天空中轰炸,在未派出地面部队的情况下迫使南联盟全面让步。美国的霸权地位似乎已固若金汤,不可动摇。

然而,2001年"9·11"事件的爆发打破了美国本土所谓的"绝对安全",使得恐怖主义(非传统安全威胁)成为21世纪世界面临的一大挑战,并再次引发了全球冲突。美国于2003年发起的"全球反恐战争",随着2021年美军撤出喀布尔黯然落幕。伴随着地区冲突、民族矛盾、宗教纷争的加剧,恐怖主义极端组织涌现,国际上右翼势力沉渣泛起,试图篡改历史、重启侵略,全球秩序在21世纪面临着空前的困局,传统的争霸战争与地缘博弈无助于当前世界的稳定。然而苏联与华约解体后,北约从1999年开始针对原东欧社会主义阵营国家展开了五波扩张,一次次触动俄罗斯的战略神经,于2022年引发俄乌冲突;在亚太地区,美国驻军的增加、对台军售的扩大与"萨德"反导系统的部署,无不在挑战中国捍卫国家主权与领土完整的决心。由此可见,世界多极化态势的最终形成,势必经历一个漫长、曲折、复杂的演进过程。霸权主义与多极趋势的矛盾、称霸与反霸的斗争,将在很长时间里成为国际新秩序建构的焦点。

值得庆幸的是,人类长久以来积累的历史经验证明,霸权没有永恒,只有和平和发展才是人类永恒的追求。如习近平总书记所言:"世界命运握在各国人民手中,人类前途系于各国人民的抉择。中国人民愿同各国人民一道,推动人类命运共同体建设,共同创造人类的美好未来!"

本 章 小 结

第一次世界大战后,凡尔赛-华盛顿体系建立,但并未使得世界迎来长久的和平,而是进一步激化了战争。在俄国,伴随着布尔什维克的革命运动,苏维埃政权得以建立,并通过联盟国家建构与工业化建设逐步实现了长足发展,为广大在资本主义世界体系下饱受剥削的民族、国家展现了全新的道路。而1929年开始蔓延到整个资本主义世界的经济危机使得一战后未能消除的矛盾加剧,意大利、德国、日本相继建立起了法西斯政权,成为第二次世界大战的策源地,试图通过战争转嫁国内矛盾,其制造的侵略与屠杀造成了人类有史以来最大的惨剧。世界各国结成反法西斯同盟,共同击败了德、意、日法西斯,结束了这场人类历史上规模空前的残酷战争。二战中由大国决策形成的"雅尔塔体系",使得战后世界仍处在强权威胁之下。战后民族解放运动与共产主义运动的兴起,冷战下两极对峙的局面,乃至冷战结束后当今世界呈现的一超多强的多极格局,无不说明人类的历史并未"终结",世界格局存在着多元化的发展道路。回顾历史,面对未来,全世界人类需要携手共进,命运与共,方能应对种种挑战,共同走上繁荣发展之路。

思考题

1. 试述间战期苏维埃俄国的发展历程与对全球共产主义运动的影响。

2. 思考德、意、日三国走上法西斯道路的异同。

3. 分析英、法推行绥靖政策、纵容法西斯侵略行径的动机。

4.《联合国家宣言》的签订为何被视为第二次世界大战转折的前提?

5. 总结第二次世界大战对人类社会的影响。

6. 思考冷战对二战后世界秩序与局部冲突的影响。

扩展阅读

1. 艾瑞克·霍布斯鲍姆,《极端的年代:1914—1991》,郑明萱译,北京:中信出版社,2014 年。

2. 夏尔·戴高乐:《战争回忆录》,陈焕章译,北京:中国人民大学出版社,2015 年。

3. 理查德·J. 埃文斯:《战时的第三帝国》,陈壮、赵丁译,北京:九州出版社,2020 年。

4. 李德·哈特:《第二次世界大战战史》,钮先钟译,上海:上海人民出版社,2009 年。

5. 阿诺德·汤因比:《第二次世界大战全史》,周国卿、许步曾、劳景素等译,上海:上海译文出版社,2015 年。

6. Willmott:*World War II*, London:DK publishing,2009.

教学资源服务指南

关注微信公众号"高教社极简通识"，学生可学习名校通识课，教师可学习教师培训课程、免费申请课件和样书、观看直播回放等。

 ## 名校通识课

点击导航栏中的"名校通识"，点击子菜单中的"课程专栏"，即可选择相应课程进行学习。

 ## 教师培训

点击导航栏中的"教师培训"，点击子菜单中的"培训课程"，即可选择相应课程进行学习。

教学资源服务指南

 课件申请

点击导航栏中的"教学服务"，点击子菜单中的"资源下载"，注册并填写相关信息即可申请课件。

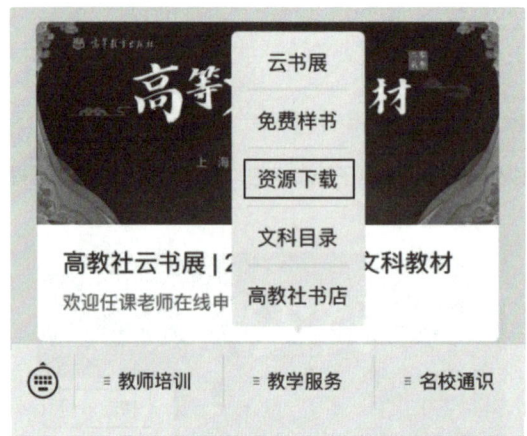

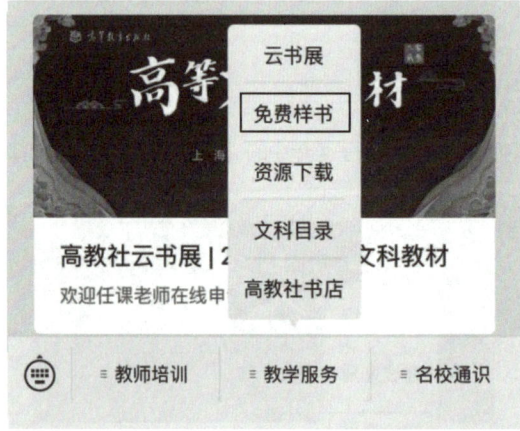 样书申请

点击导航栏中的"教学服务"，点击子菜单中的"免费样书"，填写相关信息即可免费申请样书。

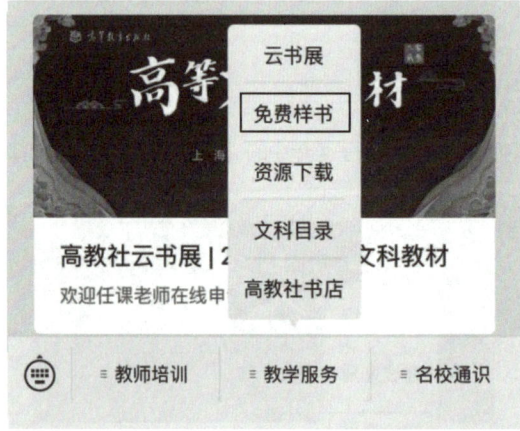